सचित्र विश्वकोश (पांच भागों में)

सचित्र विश्वकोश-1 : पृथ्वी-आकाश-खनिज
सचित्र विश्वकोश-2 : आविष्कार-खोज
सचित्र विश्वकोश-3 : जीव-जन्तु, पेड़-पौधे
सचित्र विश्वकोश-4 : विज्ञान-वैज्ञानिक
सचित्र विश्वकोश-5 : विश्व के देश और निवासी

सचित्र विश्वकोश

विश्व के देश और निवासी

संसार के सभी देशों का सचित्र परिचय
क्षेत्रफल, जनसंख्या, भाषाएं, प्रसिद्ध स्थान तथा अन्य
आवश्यक अद्यतन जानकारी

सम्पादक
डॉ. बालकृष्ण
एम. ए., पी-एच.डी

शिक्षा भारती

मूल्य : एक सौ पिचयासी रुपये (Rs. 185.00)

ISBN : 978-81-7483-120-0

SACHITRA VISHWAKOSH VOL. V
(Encyclopaedia of Lands & Peoples) Edited by Dr. Bal Krishna

शिक्षा भारती

मदरसा रोड, कश्मीरी गेट, दिल्ली-110 006

सचित्र विश्वकोश

विश्व के देश और निवासी

विषय-सूची

पृष्ठ

अज़रबैजान (AZERBAIJAN) 9
अफ़गानिस्तान (AFGHANISTAN) 9
अफ्रीका (AFFICA) 10
अमरीका, उत्तरी (NORTH AMERICA) 12
अमरीका, दक्षिणी (SOUTH AMERICA) 13
अमरीका, मध्य (CENTRAL AMERICA) 14
अमरीका, संयुक्त राज्य (U.S.A.) 14

संयुक्त राज्य अमरीका के राज्य

अटाह (UTAH) 17
अरकांसा (ARKANSAS) 15
अलाबामा (ALABAMA) 15
अलास्का (ALASKA) 15
आयोवा (IOWA) 16
इंडियाना (INDIANA) 16
इदाहो (IDAHO) 16
इलीनियास (ILLINOIS) 16
उत्तरी कैरोलिना (NORTH CAROLINA) 17
उत्तरी डकोटा (NORTH DAKOTA) 17
ऐरिज़ोना (ARIZONA) 17
ओकलाहोमा (OKLAHOMA) 17
ओरेगन (OREGON) 17
ओहियो (OHIO) 17
कनैक्टिकट (CONNECTICUT) 18
कैंटकी (KENTUCKY) 18
कैंसास (KANSAS) 18
कैलीफोर्निया (CALIFORNIA) 18
कोलोरैडो (COLORADO) 18
जॉर्जिया (GEORGIA) 18
टेक्सास (TEXAS) 18
टेनेसी (TENNESSEE) 18
डिलावेयर (DELAWARE) 18
दक्षिणी कैरोलिना (SOUTH CAROLINA) 18
दक्षिणी डकोटा (SOUTH DAKOTA) 18
नेब्रास्का (NEBRASKA) 18
नेवादा (NEVADA) 18

पृष्ठ

न्यू जर्सी (NEW JERSEY) 18
न्यू मेक्सिको (NEW MEXICO) 19
न्यूयार्क (NEW YORK) 19
न्यू हैम्पशायर (NEW HAMPSHIRE) 19
पश्चिमी वर्जीनिया (WEST VIGINIA) 19
पेंसिलवेनिया (PENNSYLVANIA) 19
फ्लोरिडा (FLORIDA) 19
मिनेसोटा (MINNESOTA) 20
मिशिगन (MICHIGAN) 20
मिसिसिपी (MISSISSIPPI) 20
मिसौरी (MISSOURI) 20
मेन (MAINE) 20
मेरीलैंड (MARYLAND) 20
मैसाच्यूसेट्स (MASSACHUSETTS) 20
मोंटाना (MONTANA) 20
रोडे आइलैंड (RHODE ISLAND) 21
लुइज़ियाना (LOUISIANA) 21
वरमौंट (VERMONT) 21
वर्जीनिया (VIRGINIA) 21
वायोमिंग (WYOMING) 21
वाशिंगटन (WASHINGTON) 21
विस्कौंसिन (WISCONSIN) 21
हवाई (HAWAII) 21

अर्जेंटीना (ARGENTINA) 22
अर्मीनिया (ARMENIA) 22
अल सल्वाडोर (EL SALVADOR) 22
अल्जीरिया (ALGERIA) 22
अल्बानिया (ALBANIA) 23
आइसलैंड (ICELAND) 23
आयरलैंड (IRELAND) 23
आस्ट्रिया (AUSTRIA) 23
आस्ट्रेलिया (AUSTRALIA) 24
इंडोनेशिया (INDONESIA) 25
इक्वेटोरियल गिनी (EQUATORIAL GUINEA) 25
इक्वेडोर (ECUADOR) 26

इज़राइल (ISREAL) 26
इटली (ITALY) 26
इथियोपिया (ETHIOPIA) 27
इराक (IRAQ) 27
इस्ताम्बूल (ISTANBUL) 28
ईरान (IRAN) 28
उज़्बेकिस्तान (UZBEKISTAN) 29
उरुग्वे (URUGUAY) 29
एशिया (ASIA) 29
एशिया, दक्षिण पूर्वी (SOUTH EAST ASIA) 32
एशिया, पश्चिमी (WEST ASIA) 32
एंटीगुआ और बारबूडा (ANTIGUA & BARBUDA) 33
एस्तोनिया (ESTONIA) 33
एरिट्रिया (ERITREA) 33
ऐंडोरा (ANDORRA) 33
ओसाका (OSAKA) 33
ओमान (OMAN) 33
अंगोला (ANGOLA) 33
कज़ाख़स्तान (KAZAKHSTAN) 34
कनाडा (CANADA) 34
कम्बोडिया (CAMBODIA) 34
कोलकाता (KOLKATA) 34
कांगो (REPUBLIC OF CONGO) 35
कांगो-किन्शासा (D. REPUBLIC OF CONGO) 35
क त (QATAR) 35
किरगिज़िस्तान (KYRGYZSTAN) 35
किरिबती (KIRIBATI) 35
कुवैत (KUWAIT) 35
केन्या (KENYA) 35
केप वर्डे (CAPE VERDE) 36
केमेरून (CAMEROON) 36
कोटे डी आइवोर (COTE D'IVOIRE) 36
कोमोरोस (COMOROS) 36
कोरिया-दक्षिणी (KOREA SOUTH) 36
कोरिया-उत्तरी (KOREA NORTH) 36
कोलम्बिया (COLOMBIA) 36
कोस्टा रीका (COSTA RICA) 37
क्यूबा (CUBA) 37
क्रोएशिया (CROATIA) 38
गाबून (GABON) 38
गयाना (GUYANA) 38
गिनी (GUINEA) 38
गिनी-बिसाऊ (GUINEA-BISSAU) 38
गैम्बिया (GAMBIA) 38
ग्रेनाडा (GRENADA) 38
ग्रीनलैंड (GREENLAND) 38
ग्रीस (GREECE) 38
ग्वाटेमाला (GUATEMALA) 40
घाना (GHANA) 41
चाड (CHAD) 41
चिली (CHILE) 41
चीन (CHINA) 41
चेक गणराज्य (CZECH REPUBLIC) 41
जमैका (JAMAICA) 43
जर्मनी (GERMANY) 43
जापान (JAPAN) 43
जांबिया (ZAMBIA) 44
जार्जिया (GEORGIA) 44
जिबूती (DJIBOUTI) 44
ज़िम्बाब्वे (ZIMBABWE) 44
जॉर्डन (JORDAN) 45
जेरुसलम (JERUSALEM) 45
जोहान्सबर्ग (JOHANNESBURG) 45
टुवालो (TUVALU) 45
टोगो (TOGO) 46
टोंगा (TONGA) 46
ट्यूनीशिया (TUNISIA) 46
ट्रिनीडाड और टोबागो (TRINIDAD & TOBAGO) 46
डेनमार्क (DENMARK) 46
डोमिनिका (DOMINICA) 46
डोमीनिकन गणराज्य (DOMINICAN REPUBLIC) 47
तंज़ानिया (TANZANIA) 47
ताइवान (TAIWAN) 47
ताजिकिस्तान (TAJIKISTAN) 47
तिब्बत (TIBET) 47
तुर्कमेनिस्तान (TURKMENISTAN) 48
तुर्की (TURKEY) 48
तोकियो (TOKYO) 48
थाईलैंड (THAILAND) 49
दक्षिण अफ़्रीका (SOUTH AFRICA) 49
दमिश्क (DAMASCUS) 50
दिल्ली (DELHI) 50
नाइजर (NIGER) 50
नाइजीरिया (NIGERIA) 50
नामीबिया (NAMIBIA) 51
नार्वे (NORWAY) 51
निकारागुआ (NICARAGUA) 51
नीदरलैंड (NETHERLANDS) 51

नेपाल (NEPAL) 52
नौरू (NAURU) 52
न्यूज़ीलैंड (NEWZEALAND) 52
न्यूयार्क नगर (NEW YORK CITY) 53
पनामा गणराज्य (REPUBLIC OF PANAMA) 53
पर्ल हार्बर (PEARL HARBOUR) 53
पलाऊ (PALAU) 53
पाकिस्तान (PAKISTAN) 54
पापुआ न्यूगिनी (PAPUA NEW GUINEA) 54
पुर्तगाल (PORTUGAL) 55
पेरिस (PARIS) 55
पेरू (PERU) 56
पेराग्वे (PARAGUAY) 56
पोलैंड (POLAND) 57
फ्रांस (FRANCE) 57
फिजी (FIJI) 58
फिनलैंड (FINLAND) 58
फिलिस्तीन (PALESTINE) 58
फिलिपीन्स (PHILIPPINES) 59
फ्लोरेंस (FLORENCE) 59
बंग्ला देश (BANGLA DESH) 59
बरकिना फासो (BURKINA FASO) 59
बरबडोस (BARBADOS) 60
बरमूडा द्वीपसमूह (BERMUDAS) 60
बल्गारिया (BULGARIA) 60
बर्लिन (BERLIN) 60
बहरीन (BAHRAIN) 61
बहामा द्वीपसमूह (BAHAMAS) 61
बुरुण्डी (BURUNDI) 61
बेथलहम (BETHLEHEM) 61
बेनिन (BENIN) 61
बेलारुस (BELARUS) 61
बेलिज़ (BELIZE) 61
बेल्जियम (BELGIUM) 62
बोत्स्वाना (BOTSWANA) 62
बोस्निया-हर्जेगोविना (BOSNIA-HERZEGOVINA) 62
बोलीविया (BOLIVIA) 63
ब्यूनोस आयर्स (BUENOS AIRES) 63
ब्राज़ील (BRAZIL) 63
ब्रुनेई (BRUNEI) 63
भारत (INDIA) 63

भारत के राज्य तथा संघीय क्षेत्र

अरुणाचल प्रदेश (ARUNACHAL PRADESH)65
असम (ASOM) 65
आन्ध्र प्रदेश (ANDHRA PRADESH) 66
उड़ीसा (ORISSA) 66
उत्तर प्रदेश (UTTAR PRADESH) 66
उत्तराखंड (UTTARAKHAND) 67
कर्नाटक (KARNATAKA) 67
केरल (KERALA) 67
गुजरात (GUJARAT) 67
गोआ (GOA) 68
छत्तीसगढ़ (CHATTISGARH) 68
जम्मू एवं कश्मीर (J&K) 68
झारखण्ड (JHARKHAND) 69
तमिलनाडु (TAMILNADU) 69
नागालैंड (NAGALAND) 69
पंजाब (PUNJAB) 70
पश्चिम बंगाल (WEST BENGAL) 70
बिहार (BIHAR) 70
मणिपुर (MANIPUR) 71
मध्य प्रदेश (MADHYA PRADESH) 71
महाराष्ट्र (MAHARASHTRA) 71
मिजोरम (MIZORAM) 72
मेघालय (MEGHALAYA) 72
राजस्थान (RAJASTHAN) 72
सिक्किम (SIKKIM) 72
हरियाणा (HARYANA) 73
हिमाचल प्रदेश (HIMACHAL PRADESH) ... 73
त्रिपुरा (TRIPURA) 73
अंडमान तथा निकोबार
(ANDAMAN AND NICOBAR) 73
चण्डीगढ़ (CHANDIGARH) 73
दमन और दीव (DAMAN AND DIU) 73
दादरा और नागर हवेली
(DADRA AND NAGAR HAVELI) 73
दिल्ली (DELHI) 73
पांडिचेरी (PUDUCHERRY) 75
लक्षद्वीप मिनिकाय तथा अमीनदीवी
द्वीप समूह (LAKSHADWEEP) 75
भूटान (BHUTAN) 75
मंगोलिया (MONGOLIA) 75
मध्य अफ्रीकी गणराज्य
(CENTRAL AFRICAN REPUBLIC) 75
मलेशिया (MALAYSIA) 75
मलावी (MALAWI) 75
माइक्रोनेशिया (MICRONESIA) 76
मॉरिशस (MAURITIUS) 76

मार्शल द्वीप समूह (MARSHALL ISLANDS) 76
माल्टा (MALTA) 76
मालदीव (MALDIVES) 76
माली (MALI) 77
मास्को (MOSCOW) 77
मिस्र (EGYPT) 77
मुम्बई (MUMBAI) 78
मेक्सिको (MEXICO) 78
मैसेडोनिया (MACEDONIA) 78
मैंचेस्टर (MANCHESTER) 79
मैडागास्कर (MADAGASCAR) 79
मोज़ाम्बीक (MOZAMBIQUE) 79
मोंटे नेग्रो (MONTENEGRO) 79
मोनाको (MONACO) 79
मोरक्को (MOROCCO) 79
मोल्डोवा (MOLDOVA) 80
मौरिटानिया (MAURITANIA) 80
म्यांमार-बर्मा (MYANMAR) 80
यमन (YEMEN) 80
यूक्रेन (UKRAINE) 28
यूगांडा (UGANDA) 28
यूनाइटेड किंगडम (UNITED KINGDOM) 38
इंग्लैंड (ENGLAND) 39
वेल्स (WALES) 40
स्कॉटलैंड (SCOTLAND) 40
यूरोप (EUROPE) 80
रवाण्डा (RWANDA) 83
रूमानिया (ROMANIA) 83
रूस (RUSSIA) 83
लन्दन (LONDON) 84
लक्ज़मबर्ग (LUXEMBOURG) 85
लाइबेरिया (LIBERIA) 85
लाओस (LAOS) 85
लाटविया (LATVIA) 85
लिथुआनिया (LITHUANIA) 85
लीबिया (LIBYA) 85
लीशतेनस्तिन (LIECHTENSTEIN) 86
लेनिनग्राद (LENINGRAD) 86
लेबनान (LEBANON) 86
लेसोथो (LESOTHO) 86
लैपलैंड (LAPLAND) 86
वनुआतू (VANUATU) 87
वाशिंगटन नगर (WASHINGTON, D.C.) 87
वियतनाम (VIETNAM) 87
वियना (VIENNA) 88
वेनेजुएला (VENEZUELA) 88
वेस्ट इंडीज़ (WEST INDIES) 88
वैटिकन सिटी (VATICAN CITY) 89
शंघाई (SHANGHAI) 89
शिकागो (CHICAGO) 89
श्रीलंका (SRI LANKA) 89
संयुक्त अरब अमीरात (U.A.E.) 90
सऊदी अरब (SAUDI ARABIA) 90
सर्बिया (SERBIA) 90
साइप्रस (CYPRUS) 91
साओ तोमे एंड प्रिंसिप
(SAO TOME AND PRINCIPE) 91
सान मारिनो (SAN MARINO) 91
सिंगापुर (SINGAPORE) 91
सिएरा लिओन (SIERRA LEONE) 91
सिकंदरिया (ALEXANDRIA) 91
सीरिया (SYRIA) 92
सूडान (SUDAN) 92
सूरीनाम (SURINAME) 92
सेंट किट्स-नेविस (ST. KITTS-NEVIS) 92
सेंट विंसेंट एण्ड दी ग्रेनाडाइंस
(ST. VINCENT AND THE GRENADINES) 92
सेंट लूसिया (ST. LUCIA) 92
सेनेगल (SENEGAL) 92
सेशेल्स (SEYCHELLES) 93
सैमोआ (SAMOA) 93
सोमालिया (SOMALIA) 93
सोलोमन द्वीप समूह (SOLOMON ISLAND) 93
स्पेन (SPAIN) 93
स्लोवाकिया (SLOVAKIA) 94
स्लोवेनिया (SLOVENIA) 94
स्वाज़ीलेण्ड (SWAZILAND) 94
स्विट्ज़रलैण्ड (SWITZERLAND) 94
स्वीडन (SWEDEN) 95
हंगरी (HUNGARY) 97
हांगकांग (HONG KONG) 97
हैती (HAITI) 98
होनोलुलु (HONOLULU) 98
हण्डुरास (HONDURAS) 98

सचित्र विश्वकोश

विश्व के देश और निवासी

अज़रबैजान (AZERBAIJAN)—भूतपूर्व सोवियत संघ का यह प्रान्त 1 दिसम्बर 1991 को स्वतन्त्र राष्ट्र बना। फरवरी 1998 में उसे यूरोपीय संघ की सदस्यता मिली। अदालती दण्ड विधान में मृत्युदण्ड की सज़ा इसने समाप्त कर दी है। अब वहाँ किसी को फाँसी की सज़ा नहीं सुनाई जाती। अज़रबैजान का क्षेत्रफल 86,600 वर्ग किमी. और जनसंख्या 81,20,247 है। वहाँ अजेरी, तुर्की और रूसी भाषाएँ प्रचलन में हैं और इस्लाम धर्म की मान्यता है। राष्ट्रीय मुद्रा मनट है और राजधानी बाकू।

अफ़ग़ानिस्तान (AFGHANISTAN)—यह पामीर पठार के दक्षिण-पश्चिम में स्थित एक स्वतन्त्र मुस्लिम राज्य है। इसके उत्तर में रूस, दक्षिण और दक्षिण-पूर्व में पाकिस्तान, पूर्व में चीन तथा भारत और पश्चिम में ईरान स्थित हैं। यह पहाड़ी इलाके वाला देश है। यहाँ के कुछ कबीले खूँखार और लड़ाकू होते हैं। कभी-कभी अफ़ग़ानिस्तान को 'चट्टानों, पत्थरों और पुश्तैनी अदावतों का देश' कहा जाता है।

संसार का प्रसिद्ध दर्रा 'ख़ैबर' इसी देश में स्थित है। कई हज़ार साल तक यह दर्रा भारत उपमहाद्वीप के सिंहद्वार का काम करता रहा है।

अफ़ग़ानिस्तान मेवों और फलों का देश है। यहाँ के किसान तरह-तरह के फल और अनाज उगाते हैं। कुछ लोग कबीलों में रहते हैं। उनकी गुज़र-बसर भेड़ों की ऊन और मांस से होती है। देश

अफ़ग़ानिस्तान का मानचित्र

की उत्तर-पश्चिमी सीमा पर तेल के कुएँ भी हैं।

अफ़ग़ानिस्तान की राजनीति पिछले 30-35 वर्षों से लगातार करवटें बदलती रही है। जहीरशाह के गद्दी छोड़ने के बाद सोवियत फौजों ने शान्ति-स्थापना का यत्न किया था, परन्तु सोवियत संघ के विघटन के बाद वहाँ गुटीय संघर्षों और कट्टरपंथी ताक़तों का बोलबाला रहा। अब अमरीकी मदद से वहाँ लोकतान्त्रिक सरकार काम कर रही है।

अफ़ग़ानिस्तान का क्षेत्रफल 6,47,497 वर्ग किमी. और जनसंख्या लगभग 3,18,89,923 है। यहाँ की राजधानी काबुल है। पश्तो, फारसी और स्थानीय दारी भाषाएँ यहाँ प्रचलन में हैं।

अफ्रीका (AFRICA)—एशिया के बाद अफ्रीका संसार के महाद्वीपों में सबसे बड़ा है। क्षेत्रफल 2,98,00,000 वर्ग किमी. है, इसकी आबादी 40,10,00,000 एशिया का सातवां हिस्सा है।

एशिया और यूरोप इसके निकट के पड़ोसी हैं। अफ्रीका और यूरोप को जिब्राल्टर जलसंधि अलग करती है तथा अफ्रीका और एशिया को स्वेज़ थलसंधि मिलाती है।

अफ्रीका के मानचित्र का खाका बनाना आसान है। इसमें बड़े-बड़े प्रायद्वीप नहीं हैं, और न बड़ी घाटियाँ ही हैं। इसके किनारे यूरोप या एशिया की भाँति कटे-फटे नहीं हैं।

अफ्रीका यूरोप के दक्षिण में है। भूमध्य रेखा इस महाद्वीप के बीच से होकर गुज़रती है, इसलिए इसके अधिकांश भागों में बारहों महीने गर्मी रहती है। भूमध्य रेखा के आसपास के अँधेरे और घने जंगलों में लगभग प्रतिदिन वर्षा होती है, किन्तु सुदूर उत्तर और सुदूर दक्षिण रेगिस्तानी इलाकों में वर्षा की एक बूँद नहीं बरसती।

अफ्रीका को बहुत दिनों तक अंध महाद्वीप कहा जाता रहा है क्योंकि जलवायु तथा दूसरे अनेक कारणों से इस महाद्वीप के अनेक

अफ्रीका का मानचित्र

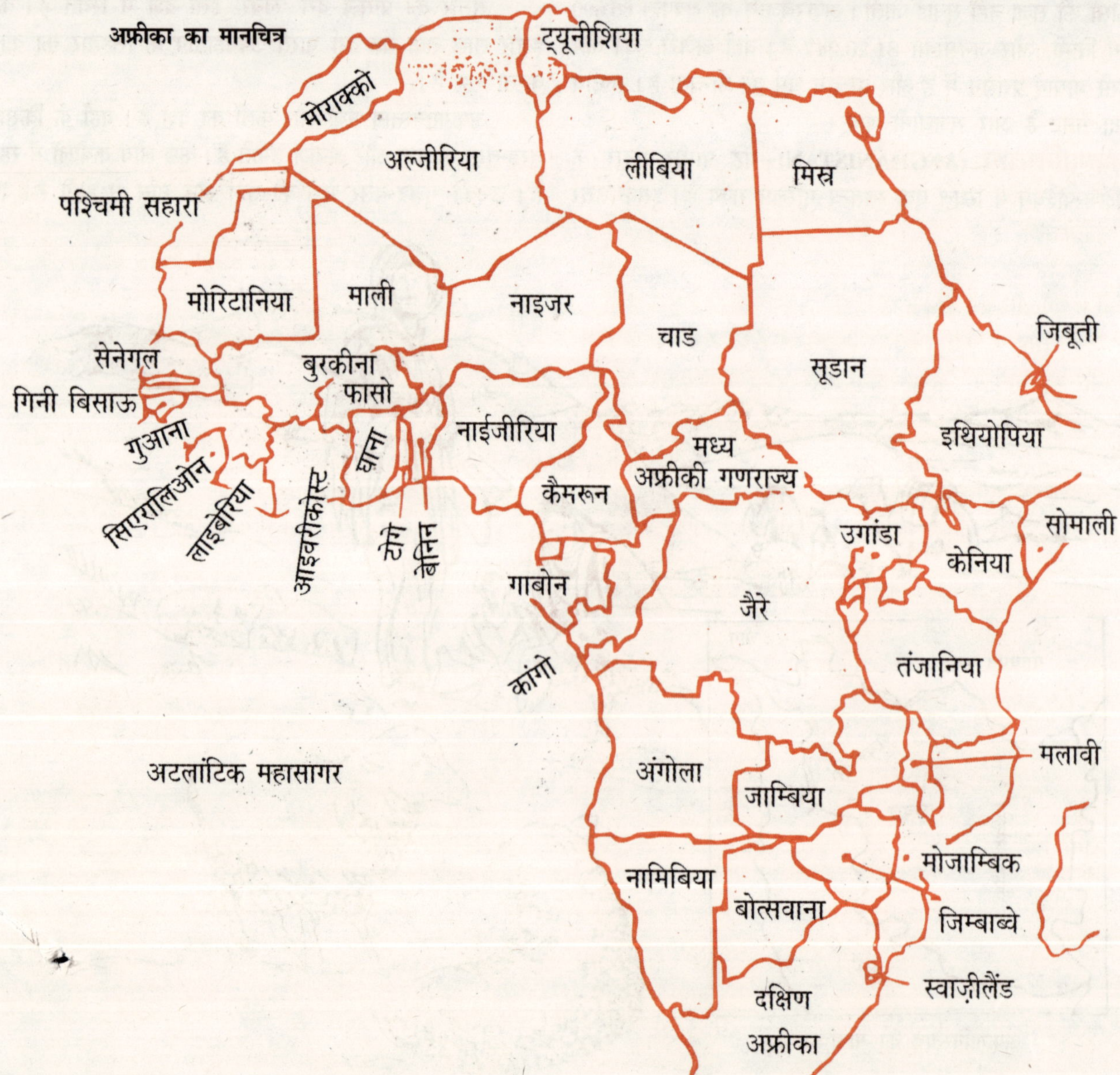

सहारा के रेगिस्तान में ऊंटों के काफिले चलते हैं। ऊंट गरम और तेज़ रेगिस्तानी आँधियों को सहन कर सकते हैं

भागों का बहुत दिनों तक पता नहीं लगाया जा सका। समुद्र के तटवर्ती स्थानों पर जाना आसान था लेकिन वहाँ की जलवायु और परिस्थितियाँ भी अच्छी न थीं। इसके अलावा यहाँ आने वाले विदेशी व्यापारियों को हाथीदाँत, सोना और दास किनारों के स्थानों से ही मिल जाते थे, इसलिए उन्हें मध्यवर्ती प्रदेशों में जाने की ज़रूरत नहीं पड़ती थी। सहारा रेगिस्तान के दक्षिण में रहने वाले अश्वेत लोग दास-प्रथा के कारण श्वेत व्यापारियों आदि का विरोध करने लगे थे इसलिए भी विदेशियों की ज़्यादा अन्दर के इलाकों में जाने की हिम्मत नहीं पड़ती थी।

सन् 1870 के आसपास कुछ अन्वेषक अफ्रीका के अन्दर के इलाकों में गए और तब दुनिया को यहाँ की सम्पत्ति की झलक मिली। इन्हीं दिनों यूरोप के कुछ देशों की जनसंख्या इतनी बढ़ गई थी कि उन्हें और नई भूमि की आवश्यकता हुई। जल्दी ही अनेक देशों के लोग अफ्रीका में बसने के लिए दौड़ पड़े और यह महाद्वीप अनेक

अफ्रीकी जंगलों में जीवन अब भी पुराने ढर्रे पर चल रहा है

उपनिवेशों में बदल गया, इसी कारण अफ्रीका को बहुत दिनों तक 'उपनिवेशों का महाद्वीप' भी कहा जाता रहा।

आज अफ्रीका में अल्जीरिया, अंगोला, बोत्सवाना, बुरुण्डी,

अफ्रीका में सिंचाई के पुराने तरीके अब भी जारी हैं

घुमक्कड़ अरब कबीले सहारा में तम्बुओं में रहते हैं

केमेरून, केपवर्दी, मध्य अफ्रीका, कांगो, मिस्र, इथिओपिया, घाना, गियाना, लीबिया, मोरक्को, दक्षिण अफ्रीका, जांबिया, जिम्बाब्वे, सूडान, तन्जानिया और उगांडा आदि 57 के लगभग छोटे-बड़े देश हैं।

एक ज़माना था जब अफ्रीका से ढेरों हाथीदाँत और सैकड़ों-हज़ारों दास विदेशी व्यापारी ले जाते थे। अब दास-प्रथा समाप्त हो चुकी है, और अधिकांश स्वतन्त्र देशों में काले-गोरे का भेदभाव समाप्त हो चुका है।

अफ्रीका से सोना, जवाहरात, तांबा, टीन, यूरेनियम, मैंगनीज़, क्रोमियम और कोबाल्ट विदेशों को भेजा जाता है। इन चीज़ों के अलावा कपास, तेल और सन भी बाहर भेजा जाता है।

अफ्रीकी किसान जैतून, खजूर, कॉफी, काकेओ (इस वृक्ष से हमें कोको और चॉकलेट मिलता है), गन्ना, गेहूँ, मक्का और रबर की खेती करते हैं।

अफ्रीका का भविष्य बड़ा उज्ज्वल है। वहाँ लोहे का विशाल भण्डार है और नदियों में अथाह पानी है, जिसकी शक्ति से हज़ारों फैक्टरियाँ खड़ी की जा सकती हैं।

मध्य अफ्रीका के घने जंगलों में बड़े कानों वाले हाथी मिलते हैं

अफ्रीका को अन्ध महाद्वीप अवश्य कहा जाता रहा है, लेकिन इसका यह अर्थ नहीं कि यहाँ के लोग असभ्य या असंस्कृत रहे हैं। जब यूरोप के लोग गुफाओं में रहते थे तब अफ्रीका के प्रसिद्ध राष्ट्र मिस्र में एक महान सभ्यता पनप चुकी थी।

आज अफ्रीकी देश स्वतन्त्र हो चुके हैं और प्रगति की दिशा में आगे बढ़ने के प्रयत्न कर रहे हैं। कभी दक्षिण अफ्रीका में अल्पमत गोरे लोगों का शासन था। नस्लवादी गोरे शासक अश्वेतों को गुलाम बनाकर रखते थे और उनके साथ जानवरों और अछूतों का-सा बर्ताव करते थे। महात्मा गांधी तक उसके शिकार हुए। वहां के मूल निवासियों ने नस्लवाद और रंगभेद के विरुद्ध महान नेता नेल्सन मंडेला के नेतृत्व में लम्बा संघर्ष किया और कामयाब हुए। अब वहां स्वतंत्र राष्ट्रीय सरकार है।

अमरीका, उत्तरी **(NORTH AMERICA)**—यह संसार के महाद्वीपों में तीसरे सबसे बड़े महाद्वीप का उत्तरी भाग है। सिर्फ एशिया और अफ्रीका ही क्षेत्र में इससे बड़े हैं। जनसंख्या की दृष्टि से भी इसका नम्बर एशिया और यूरोप के बाद तीसरा है। इसका क्षेत्रफल 2,43,20,100 वर्ग किलोमीटर है और इसकी जनसंख्या लगभग 34,27,00,000 है।

कोलम्बस के जहाज़—'सांता मारिया', 'पिंटा' और 'नीना'। कोलम्बस ने पन्द्रहवीं सदी में अमरीका की खोज की

लगभग सारा उत्तरी अमरीका भूमध्य रेखा के उत्तर में है। लेकिन इसका दक्षिणी भाग भूमध्य रेखा के इतना अधिक पास है कि वह साल-भर बहुत अधिक गरम रहता है। इसका उत्तरी भाग उत्तरी ध्रुववृत्त को भी पार कर जाता है और इसीलिए बहुत अधिक ठण्डा रहता है। इस प्रकार इस विशाल महाद्वीप में किसी-न-किसी जगह हर समय हर प्रकार की जलवायु बनी रहती है—कहीं बहुत ठंडक तो कहीं बहुत गर्मी, कहीं वर्षा तो कहीं सूखा।

इसी प्रकार इस विशाल महाद्वीप में हर प्रकार के प्राकृतिक दृश्य देखने को मिलते हैं—ऊँची बर्फीली चोटियों वाले पहाड़ और हरे-भरे समतल मैदान, रेगिस्तान और दलदल, हिमनद और विशाल झरने, धुआँ उगलनेवाले ज्वालामुखी और घने जंगल, छोटी-बड़ी झीलें और विशाल नदियाँ। यहाँ पृथ्वी के आरम्भ काल के पथराए हुए जंगल हैं, यलोस्टोन पार्क के गरम पानी के चश्मे और गीजर हैं, कोलोरैडो नदी के सैकड़ों फुट गहरे ग्रांड कैनियन हैं, और विशाल नियागरा प्रपात जैसे प्रपात हैं। तेल के हज़ारों कुएँ और लोहे, कोयले और तांबे की बड़ी-बड़ी खानें हैं। साथ ही यहाँ संसार के बड़े-बड़े बांध, जलाशय और पुल हैं, आसमान चूमनेवाली संसार की ऊँची से ऊँची इमारतें और बड़े-बड़े कारखाने हैं। बड़े-बड़े बन्दरगाह और विशाल आधुनिक नगर हैं।

उत्तरी अमरीका नौ देशों में बँटा हुआ है। इनमें सबसे बड़ा कनाडा है। इसके बाद संयुक्त राज्य अमरीका है। तीसरा बड़ा देश मेक्सिको है। अन्य छह देश काफी छोटे हैं।

उत्तरी अमरीका में तरह-तरह के लोग बसते हैं। उत्तर के बर्फीले इलाकों में एस्कीमो लोग रहते हैं। कुछ भीतरी भागों में अब भी आदिवासी रेड इंडियन रहते हैं, जिनका रहन-सहन दूसरों से बिल्कुल अलग है। कुछ लोग घास के मीलों लम्बे मैदानों में रहते हैं और घोड़े पालते हैं। कुछ लोग बड़े-बड़े फार्मों में मशीनों से खेती करते

उत्तरी अमरीका का मानचित्र

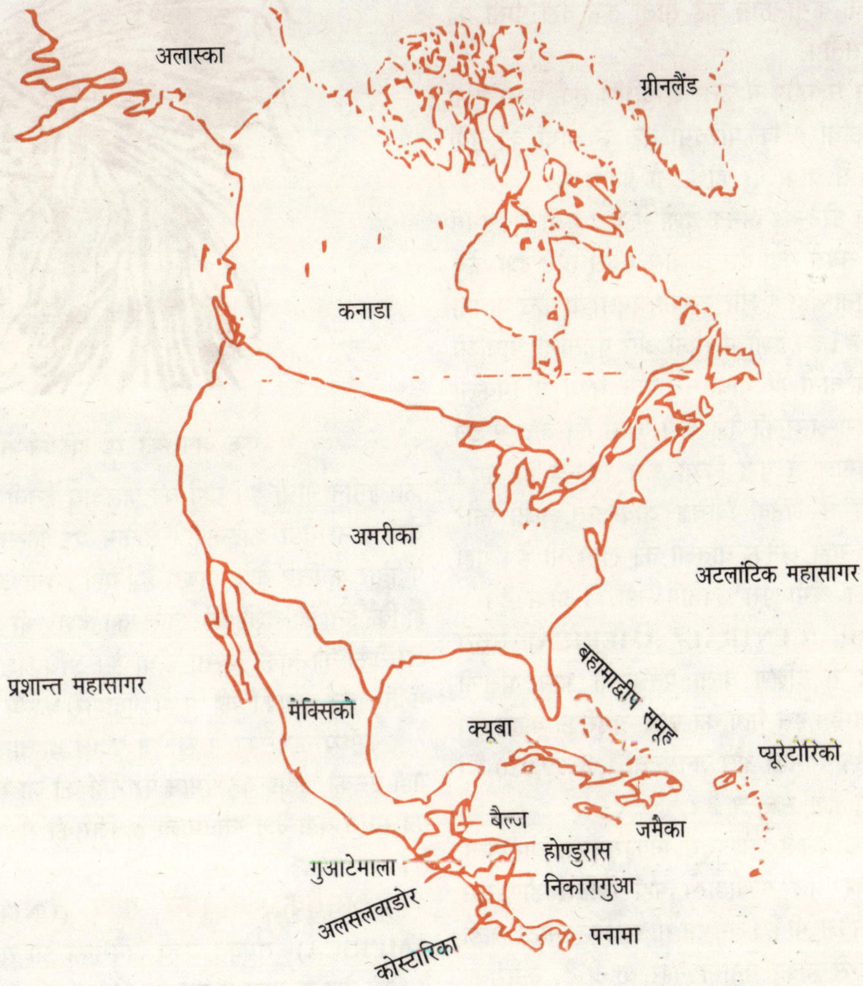

हैं। कुछ लोग खानों में काम करते हैं। अन्य बहुत-से लोग बड़े-बड़े शहरों में रहते हैं और कारखानों या दफ्तरों में काम करते हैं या व्यापार करते हैं।

उत्तरी अमरीका में तरह-तरह के पेड़-पौधे और जंगली जानवर मिलते हैं। इसके आसपास के समुद्र में मछलियाँ भी खूब मिलती हैं।

सदियों तक उत्तरी अमरीका में आदिवासी रेड इंडियन लोग ही रहते थे। बाद में कोलम्बस ने जब इस नई दुनिया का पता लगाया तो यूरोप के कई देशों से लोग यहाँ आकर बसने लगे। कुछ लोग एशिया और अफ्रीका से भी आए, लेकिन बहुत थोड़े-से। उत्तरी अमरीका की जनसंख्या में काफी वृद्धि हुई है, लेकिन फिर भी यहाँ की आबादी घनी नहीं है। इसने विज्ञान की सहायता से बड़ी उन्नति की है और अब भी करता जा रहा है।

अमरीका, दक्षिणी **(SOUTH AMERICA)**—दक्षिणी अमरीका उत्तरी अमरीका से छोटा है, किन्तु यूरोप से लगभग दुगुना है। इसका क्षेत्रफल 1,75,99,050 वर्ग किलोमीटर है और इसकी जनसंख्या 21,90,00,000 है।

भूमध्य रेखा दक्षिणी अमरीका के बीच से गुज़रती है। इस महाद्वीप का अधिकांश भाग उष्ण कटिबंधीय है। एक बड़े भू-भाग

दक्षिणी अमरीका के पहाड़ों पर लामा सवारी और बोझ ढोने के काम आता है

की जलवायु गरम है और वहाँ भारी वर्षा होती है। भूमध्य रेखा के पास के कुछ स्थल इतने ऊँचे हैं कि वहाँ गर्मी कम पड़ती है। कुछ भाग इतना सूखा है कि कभी-कभी कई सालों तक वहाँ पानी की एक बूँद भी नहीं बरसती।

ऐंडीज पर्वत इस महाद्वीप में उत्तर से दक्षिण तक फैला हुआ है। यह पर्वत इतना ऊँचा है कि पश्चिमी तट के लोगों को पूर्वी तट के निचले स्थानों से प्रायः दूर ही रहना पड़ता है।

दक्षिणी अमरीका छोटे-बड़े अनेक देशों में बँटा हुआ है। इनमें सभी तरह के देश हैं। सबसे बड़ा देश ब्राज़ील सबसे छोटे देश फ्रेंच गायना से लगभग सौ गुना बड़ा है और उसकी जनसंख्या फ्रेंच गायना से लगभग 2000 गुनी है। इन देशों में स्पेनी और पुर्तगाली भाषाओं का प्रयोग होता है। ये दोनों ही भाषाएँ लातिन भाषा से निकली हैं। इसीलिए इन्हें लातिन-अमरीकी देश कहा जाता है। बाद में इन देशों ने स्पेन और पुर्तगाल से युद्ध किया और स्वतन्त्र हो गए।

दक्षिणी अमरीका में अनेक विचित्र जीव-जन्तु, पक्षी और पेड़-पौधे पाए जाते हैं। यहाँ अनेक धातुओं की खानें भी हैं। यहाँ की प्रचंड जलशक्ति का अभी पूरा उपयोग नहीं हो पाया है।

अमरीका, मध्य **(CENTRAL AMERICA)**–उत्तरी अमरीका का मेक्सिको से दक्षिण वाला पतला-सा भाग दक्षिणी अमरीका तक चला गया है। इस भाग को मध्य अमरीका कहते हैं। इसका क्षेत्रफल 2,08,685 वर्गमील और जनसंख्या 1,06,79,920 है। इस क्षेत्र के प्रायः सभी देश स्वतन्त्र हैं।

मध्य अमरीका में छः देश हैं : होण्डुरास, निकारागुआ, ग्वाटेमाला, पनामा, कोस्टारिका और अल सल्वाडोर। यहाँ ब्रिटिश होण्डुरास नामक एक ब्रिटिश उपनिवेश भी है। लगभग सोलह किलोमीटर चौड़ी ज़मीन की पट्टी, जिसमें से होकर पनामा नहर बहती है, अमरीका के अधिकार में है।

मध्य अमरीका के अधिकतर निवासी पूर्ण या आंशिक रूप से इंडियन आदिवासी हैं।

दक्षिणी और मध्य अमरीका के नगर स्पेनी नगरों जैसे लगते हैं

कैरिबियन सागर और प्रशान्त महासागर के किनारों के आसपास

एक अमरीकी रेड इंडियन सरदार

की ज़मीन नीची है। यहाँ की जलवायु इतनी गरम और नम है कि यहाँ रहना बड़ा कठिन है। लेकिन यह हिस्सा केले और गन्ने की पैदावार के लिए बहुत अच्छा है। यहाँ इतना अधिक केला पैदा होता है कि इन छः देशों को 'केले का देश' भी कहा जाता है। मध्य अमरीका का बाकी हिस्सा ऊँचा है। अधिकांश आबादी इन्हीं हिस्सों में है। इन इलाकों की मुख्य पैदावार कहवा और मक्का है।

मध्य अमरीका में खनिज पदार्थ बहुतायत से हैं लेकिन अभी यहाँ उनकी खुदाई बड़े पैमाने पर नहीं की जा रही है। मध्य अमरीका का सबसे बड़ा देश ग्वाटेमाला है, जिसकी राजधानी ग्वाटेमाला नगर है।

अमरीका, संयुक्त राज्य **(UNITED STATES OF AMERICA)**–संयुक्त राज्य अमरीका 50 राज्यों से मिलकर बना है। इस देश के उत्तर में कनाडा और दक्षिण में मेक्सिको है। पश्चिम में प्रशान्त महासागर और पूर्व में अटलांटिक महासागर है। अमरीका का क्षेत्रफल 93,72,614 वर्ग किमी. और जनसंख्या लगभग 30,11,39,947 है। यहाँ की राजधानी वाशिंगटन है।

अमरीका एक विशाल देश है–इतना विशाल कि इसकी विशालता का अन्दाज़ा इसी बात से लगाया जा सकता है कि जब न्यूयार्क में दोपहर होती है उस समय शिकागो में सुबह के ग्यारह बजते हैं और लॉस ऐंजेल्स में दिन के सिर्फ नौ बजे का वक़्त होता है।

अमरीका की जलवायु अच्छी है। कनाडा के दक्षिण में स्थित राज्यों में मक्का और कपास की फसलें बहुत अच्छी होती हैं। यह दुनिया की आधी से अधिक मक्का और एक-तिहाई कपास पैदा करता है।

अमरीका के लाखों निवासियों के पूर्वज ब्रिटिश द्वीप-समूह और यूरोप से आए थे। तब अमरीका की खोज हुए अधिक दिन नहीं बीते थे और प्राकृतिक साधनों की दृष्टि से यह देश बहुत सम्पन्न था। यूरोप से यहाँ आकर बसने वाले बड़े साहसी और चतुर लोग थे। इसका नतीजा यह हुआ कि यह देश बड़ी तेज़ी से प्रगति करने

संयुक्त राज्य अमरीका का मानचित्र

लगा। आज अमरीका की गणना विश्व की अकेली महाशक्ति के रूप में की जाती है।

अमरीका के पश्चिमी भाग की तुलना में पूर्वी भाग में अधिक लोग रहते हैं। जब यूरोप के लोगों ने अमरीका आना शुरू किया था तो वे सबसे पहले पूर्वी भागों में ही बसने लगे थे। इस भाग में वर्षा खूब होती है और फसलें अच्छी होती हैं। यहाँ के जंगलों से लकड़ी, पशु तथा अन्य वस्तुएँ प्राप्त होती हैं। देश की बहुमूल्य लोहे और कोयले की खानें भी इसी भाग में हैं।

पश्चिमी भाग में वर्षा कम होती है। इस भाग के कुछ हिस्से रेगिस्तानी हैं। उत्तर-पश्चिम की ओर जंगल हैं जिनसे अनेक कीमती चीज़ें मिलती हैं। यहाँ घास के विशाल मैदान भी हैं जिनमें बड़े पैमाने पर पशु-पालन किया जाता है। जिन हिस्सों में वर्षा अच्छी होती है वहाँ गेहूँ की फसल पैदा की जाती है। यह भाग खनिज पदार्थों की दृष्टि से समृद्ध है। यहाँ तेल, ताँबा, सीसा और चाँदी आदि खनिज पदार्थ बहुतायत से मिलते हैं। इस इलाके में ऊँचे-ऊँचे पहाड़ भी हैं।

अमरीका में रेलों, सड़कों और हवाई मार्गों का जाल-सा बिछा हुआ है। लॉस ऐंजेल्स, डेट्रोइट, फिलाडेल्फिया, शिकागो और न्यूयार्क अमरीका के प्रमुख नगर हैं और इनकी गणना संसार के बड़े शहरों में की जाती है।

कोलम्बिया, पनामा नहर-क्षेत्र, प्यूर्टोरिको, वर्जिन द्वीप, गुआम और समोआ द्वीप आदि प्रदेश अमरीका के अधिकार में तो हैं लेकिन वे अभी तक अमरीकी राज्य नहीं बने हैं।

संयुक्त राज्य अमरीका के राज्य

संयुक्त राज्य अमरीका के कुल 50 राज्य हैं। डिलावेयर सर्वप्रथम राज्य है और हवाई पचासवाँ और सबसे नया राज्य है। अमरीका के राष्ट्रध्वज के पचास सितारे इन्हीं राज्यों के प्रतीक हैं। अमरीका के राज्यों का क्रमवार परिचय इस प्रकार है–

अरकांसा (ARKANSAS)–अरकंसास के पूर्व में मिसिसिपी नदी बहती है। मिसिसिपी की घाटी बहुत उपजाऊ है और यहाँ बड़े पैमाने पर खेती की जाती है। अरकंसास के दो-तिहाई लोग किसान हैं। उत्तर-पश्चिमी क्षेत्रों में जंगल हैं। यहाँ तेल के कुछ कुएँ हैं।

अलाबामा (ALABAMA)–यह राज्य कपास उगाने के लिए विख्यात है। यह कृषि-प्रधान राज्य है, लेकिन आजकल यहाँ उद्योग-धन्धे तेज़ी से पनप रहे हैं।

अलास्का (ALASKA)–क्षेत्रफल की दृष्टि से यह अमरीका का सबसे बड़ा और जनसंख्या की दृष्टि से सबसे छोटा राज्य है। यह सन् 1958 में अमरीका का उनचासवां राज्य बना। पहले अलास्का रूस का एक भाग था जिसे उसने सन् 1867 में कुल बहत्तर लाख डॉलर में अमरीका के हाथ बेच दिया। अलास्का एकदम उत्तर में है। कुछ भाग में हर समय बर्फ जमी रहती है, लेकिन कुछ स्थानों की जलवायु अच्छी है। अलास्का की राजधानी जूनो में गर्मियों में बहुत कुछ वाशिंगटन जैसा ही मौसम रहता है, यद्यपि जूनो वाशिंगटन से लगभग 2380 किमी. उत्तर में है। अलास्का में पहाड़ों और ग्लेशियरों की बहुतायत है। उत्तरी अमरीका की सबसे ऊँची चोटी मैकिनले यहीं है। यहाँ अनेक ज्वालामुखी भी हैं। अलास्का का विकास

अमरीका के आरंभिक स्पेनी खोज-यात्री रेड इंडियन आदिवासियों से मनकों और मालाओं के बदले खाने-पीने की चीज़ें प्राप्त करते थे

बहुत धीमी गति से हुआ है। लेकिन पिछले वर्षों में इसके खनिज पदार्थों और सामरिक महत्त्व के कारण, इसके उचित विकास पर ध्यान दिया जा रहा है। अलास्का का पश्चिमी सिरा रूस से सिर्फ 55 मील दूर है। अलास्का से अमरीका को सोना, साल्मन मछली, फर, प्लैटिनम, तांबा और लकड़ी आदि वस्तुएँ मिलती हैं।

अमरीका के मैदानों में बाइसनों के झुंड मिलते हैं

आयोवा (IOWA)—यह राज्य मिसिसिपी और मिसौरी नदियों के बीच स्थित है। इस राज्य का मुख्य उद्योग मांस की डिब्बाबंदी है। यहाँ ऐसे कई कारखाने हैं जो खेती के लिए आवश्यक मशीनें तैयार करते हैं।

इंडियाना (INDIANA)—यहाँ की ज़मीन बड़ी उपजाऊ है। मिशिगन झील के आसपास के नगर लोहा, इस्पात और पेट्रोलियम के उत्पादन के लिए संसार-भर में प्रसिद्ध हैं। संसार का एक सबसे बड़ा इस्पात का कारखाना गारी नगर में स्थित है।

इदाहो (IDAHO)—यह बर्फीली चोटियों वाले ऊँचे पहाड़ों, जंगलों से भरे ढालों, गहरी घाटियों और कैनियनों, अनेक नदियों और सुन्दर झीलों का प्रदेश है। इसका हेल्स कैनियन (नरक का खड्ड) कोलोरैडो के ग्रांड कैनियन से ज़्यादा गहरा है। यहाँ का शोशोन प्रपात नियागरा प्रपात से ज़्यादा ऊँचा है।

इलीनियास (ILLINOIS)—यहाँ के घास के मैदान संसार के

अमरीका खेतीबारी के आधुनिकीकरण की दृष्टि से संसार में सबसे आगे है

सबसे अधिक उपजाऊ खेतों में माने जाते हैं। यहाँ उद्योगों का भी खूब विकास हुआ है। शिकागो इसका औद्योगिक नगर है।

उत्तरी कैरोलिना (NORTH CAROLINA)—इस राज्य की प्रमुख उपज तम्बाकू है। यहाँ कपास की खेती भी खूब होती है। उत्तरी कैरोलिना में कपड़े, रेयन और नायलोन की मिलें, लकड़ी का सामान और कागज़ बनाने के कई कारखाने हैं। कारखानों को चलाने के लिए बिजली पहाड़ी नदियों के झरनों से प्राप्त की जाती है।

उत्तरी डकोटा (NORTH DAKOTA)—यह कैंसास के बाद अमरीका का सबसे अधिक गेहूँ पैदा करनेवाला राज्य है। यहाँ घास के मैदानों में कुछ लोग दूध देनेवाले जानवर और मुर्गियाँ पालते हैं। उत्तरी डकोटा में लिग्नाइट या भूरे कोयले की खानें हैं।

अटाह (UTAH)—यह पहाड़ी राज्य अपनी खनिज सम्पत्ति के कारण बहुत महत्त्वपूर्ण है। यहाँ चाँदी, यूरेनियम, जस्ते, सीसे, ताँबे, लोहे, सोने और कोयले की खानें हैं। इस राज्य में लोहे और इस्पात के बड़े-बड़े कारखाने हैं। यह राज्य अपनी प्राकृतिक छटा के लिए भी प्रसिद्ध है। हर साल हज़ारों सैलानी यहाँ आते हैं।

ऐरिज़ोना (ARIZONA)—यह राज्य अपने ग्रांड कैनियन, प्रस्तरित वन आदि के कारण विशेष प्रसिद्ध है। यहाँ ताँबा बहुत होता है। ताँबे के अलावा यहाँ सोने, चाँदी और यूरेनियम की खानें भी हैं। ऐरिज़ोना की राजधानी फिनिक्स है, यह राज्य का सबसे बड़ा नगर भी है।

ओकलाहोमा (OKLAHOMA)—इस राज्य की मिट्टी बहुत उपजाऊ है और फसलें अच्छी होती हैं। उत्तर में गेहूँ, मध्य में मक्का और दक्षिण में कपास की अच्छी पैदावार होती है। यहाँ तेल के बहुत कुएँ भी हैं। टुलसा और ओकलाहोमा नगर प्रमुख तेल-केन्द्र हैं। टुलसा को तो 'विश्व की तेल राजधानी' कहा जाता है।

ओरेगन (OREGON)—यह राज्य कैलीफोर्निया और निवाडा के उत्तर में प्रशान्त महासागर के तट पर स्थित है। यहाँ के बड़े-बड़े कारखानों को लुगदी, कागज़ और प्लाइवुड आदि बनाने के लिए कच्चा माल यहीं के जंगलों से मिलता है। पशु-पालन और डेरी-उद्योग के अलावा मत्स्य-उद्योग भी यहाँ का प्रमुख उद्योग है। यहाँ सालमन मछली पकड़ने और डिब्बों में बन्द करके बाहर भेजने का काम बहुत बड़े पैमाने पर किया जाता है।

अमरीकी आदिवासियों का एक लोकनृत्य

ओहियो (OHIO)—यह अमरीकी राज्य ऐरी झील के दक्षिण में है। यह उद्योगप्रधान राज्य है। यहाँ के क्लीवलैंड, यंग्स्टाउन और कैंटन नगरों में लोहे और इस्पात के बड़े-बड़े कारखाने हैं।

कनैक्टीकट (CONNECTICUT)—न्यूयार्क नगर के उत्तर में कुछ किमी. दूर यह राज्य उद्योग और व्यापार का महत्त्वपूर्ण केन्द्र है। विश्वविख्यात येल विश्वविद्यालय इसी राज्य में है।

कैंटकी (KENTUCKY)—यहाँ घास के बड़े-बड़े मैदान हैं जिनमें घोड़े पालने के कई फार्म हैं। कैंटकी के घुड़दौड़ के घोड़े संसार-भर में प्रसिद्ध हैं। हर साल कैंटकी में एक प्रसिद्ध घुड़दौड़ भी होती है। कैंटकी में कोयले की कई खानें हैं। तम्बाकू यहाँ की एक प्रमुख उपज है।

कैंसास (KANSAS)—यह राज्य अमरीका के लगभग बीचोंबीच स्थित है। यह काफी बड़ा राज्य है, लेकिन इसकी जनसंख्या कम है। यहाँ बहुत बड़े-बड़े पशुपालन-केन्द्र हैं जिन्हें 'रेंच' कहते हैं। कैंसास में तेल भी बहुत मिलता है। यहाँ गेहूँ का उत्पादन बहुत बड़े पैमाने पर होता है।

कैलीफोर्निया (CALIFORNIA)—प्रशान्त महासागर के किनारे स्थित यह बहुत घना बसा है। सन् 1848 में इस राज्य में सोने की खानों का पता चला तो हज़ारों लोग सोना बटोरने के लिए दौड़ पड़े। यहाँ आकर उन्हें पता चला कि यहाँ केवल सोने की खानें ही नहीं हैं, बल्कि यहाँ की मिट्टी भी सोना उगल सकती है। अब गेहूँ ही कैलीफोर्निया का सोना हो गया है। कैलीफोर्निया फलों के बड़े पैमाने पर उत्पादन के लिए भी प्रसिद्ध है। पशुपालन भी यहाँ का मुख्य व्यवसाय है। इसी राज्य में लॉस एंजेल्स और सान फ्रांसिस्को जैसे बड़े नगर हैं। लॉस ऐंजेल्स तेल साफ करने व इस्पात बनाने के कारखानों के लिए प्रसिद्ध है। विश्व का सबसे बड़ा फिल्म-उद्योग केन्द्र हॉलीवुड भी यहीं है। कैलीफोर्निया में अमरीका के सबसे अधिक हवाई जहाज़ बनते हैं।

कोलौरैडो (COLORADO)—इस राज्य का नाम इसमें बहने वाली नदी कोलौरैडो के नाम पर पड़ा। यह एक विशाल राज्य है। कोलौरैडो में रॉकी पर्वतमाला अटलांटिक और प्रशान्त महासागर में गिरने वाली नदियों के बीच में पड़ती है। कोलौरैडो नदी प्रशान्त महासागर में गिरती है। इस राज्य में सोने की खानें हैं।

जॉर्जिया (GEORGIA)—इस राज्य की आधी जनसंख्या खेती पर निर्भर करती है। अब यहाँ कई बड़े-बड़े कारखाने भी बन गए हैं। जॉर्जिया अपने सूती कपड़ों, बिनौले के तेल और इमारती लकड़ी के लिए प्रसिद्ध है।

टेक्सास (TEXAS)—अलास्का के बाद टेक्सास अमरीका का सबसे बड़ा राज्य है। धातुओं के उत्पादन की दृष्टि से यह राज्य अमरीका में सर्वप्रथम है। यहाँ के तेल के कुओं से अमरीका को सबसे अधिक पैट्रोल प्राप्त होता है। प्राकृतिक गैस, हीलियम और गंधक भी सबसे अधिक इसी राज्य में मिलते हैं। इस राज्य में अमरीका में सबसे अधिक कपास पैदा होती है। यहाँ पशु, भेड़ें और ऊन भी सबसे अधिक होती है। यह उद्योगप्रधान राज्य भी है।

टेनेसी (TENNESSEE)—यह राज्य कृषि और उद्योग दोनों ही दृष्टि से महत्त्वपूर्ण है। यहाँ अल्कोआ में ऐल्यूमीनियम का बहुत बड़ा कारखाना है। इसके अलावा भी यहाँ अनेक कारखाने हैं। यहाँ तम्बाकू और कपास की अच्छी खेती होती है और पशु भी पाले जाते हैं।

आरंभ में बड़े पैमाने पर बाइसन का शिकार किया गया

डिलावेयर (DELAWARE)—यह छोटा-सा राज्य खेती और उद्योग-धंधों की दृष्टि से महत्त्वपूर्ण है। यह राज्य रसायनों के उत्पादन के लिए भी प्रसिद्ध है। यहाँ रंग, नायलोन, नकली रबर और रंग-वार्निश आदि के अनेक कारखाने हैं।

दक्षिणी कैरोलिना (SOUTH CAROLINA)—यह राज्य कपास की उपज के लिए प्रसिद्ध है। धान और तम्बाकू भी यहाँ की प्रमुख उपज हैं। उत्तरी भाग उद्योग-प्रधान है। यहाँ विशेष रूप से कपड़े की मिलें हैं।

दक्षिणी डकोटा (SOUTH DAKOTA)—यह राज्य मध्य-पश्चिमी अमरीका का प्रमुख कृषिप्रधान राज्य है। मिसौरी नदी इसके बीच से गुज़रती है। मैदानी इलाके में मक्का, गेहूँ और जई की खेती होती है। पशुओं का मांस डिब्बों में बन्द करके बाहर भेजना यहां का मुख्य उद्योग है। यहाँ सोने की एक बड़ी खान भी है।

नेवादा (NEVADA)—यहाँ अलास्का की तरह बहुत कम घनी आबादी है। यह राज्य एक पठार पर बसा है। चारों ओर ऊँचे-ऊँचे पहाड़ हैं जिनकी चोटियों पर बर्फ जमी रहती है। राज्य के निचले इलाके सूखे हैं, और वहाँ वर्षा बहुत कम होती है। यह राज्य खनिज पदार्थों की दृष्टि से बहुत सम्पन्न है। यहाँ चाँदी, सोने, पारे, सीसे, तांबे, जस्ते और टंग्स्टन की बहुत-सी खानें हैं।

नेब्रास्का (NEBRASKA)—यह मध्यवर्ती राज्य कृषिप्रधान है। यहाँ मुख्य रूप से मक्का की खेती होती है। मक्का के अलावा यहाँ गेहूँ, राई और जई की फसलें भी अच्छी होती हैं। पशु-पालन तथा डेरी-उद्योग यहाँ के अन्य प्रमुख व्यवसाय हैं।

न्यू जर्सी (NEW JERSEY)—यह राज्य बहुत घना बसा है। यहाँ के अधिकांश निवासी शहरों में रहते हैं और न्यूयार्क, फिलाडेल्फिया और न्यू जर्सी के कारखानों में काम करते हैं।

यह रसायन के कारखानों के लिए प्रसिद्ध है। यहाँ मशीनें और दवाइयाँ बनाने तथा पेट्रोल और तांबा साफ करने के कारखाने भी हैं।

आरंभिक निवासियों के घरेलू जीवन का एक दृश्य

न्यू मेक्सिको (NEW MEXICO)—यह विशाल राज्य बहुत कम घना बसा है। यहाँ वर्षा बहुत कम होती है। लेकिन यहाँ की जलवायु बहुत अच्छी है। हर साल हज़ारों सैलानी स्वास्थ्य-लाभ के लिए यहाँ आते हैं। खनिज पदार्थों की दृष्टि से यह राज्य सम्पन्न है। यहाँ पोटास, तांबा, कोयला और जस्ता मिलता है। तेल और प्राकृतिक गैस भी मिलती है। इसके अलावा, सोने, चाँदी और यूरेनियम की खानें भी हैं। न्यू मेक्सिको लॉस एलामॉस में स्थित आणविक अनुसंधान केन्द्र के कारण और अधिक प्रसिद्ध हो गया है।

न्यूयार्क (NEW YORK)—इस राज्य की जनसंख्या दूसरे सब अमरीकी राज्यों से अधिक है। लगभग 90 प्रतिशत लोग न्यूयार्क, ट्राय, यूटिका रोचेस्टर जैसे नगरों में रहते हैं। राज्य की राजधानी एल्बनी है। यह राज्य उद्योग-प्रधान है। यहाँ के हज़ारों कारखानों में रसायन, लोहे की चीज़ें, कागज़, जहाज़, जूते, फर्नीचर, मशीनें, कपड़ा, बिजली का सामान आदि तैयार किया जाता है। यहाँ के अन्य व्यवसायों में डेरी-उद्योग, बागबानी और मुर्गी-पालन प्रमुख हैं।

न्यू हैम्पशायर (NEW HAMPSHIRE)—इसी राज्य ने सबसे पहले इंग्लैंड की अधीनता अस्वीकार करके अपनी स्वतन्त्र सरकार बनाई थी। इस राज्य में आबादी कम घनी है। अधिकतर लोग शहरों में रहते हैं और कपड़ा, लोहे का सामान, फर्नीचर, जूते, बिजली का सामान, कागज़ व मशीनें और पुर्ज़े बनाने के कारखानों में काम करते हैं। डेरी-उद्योग, मुर्गी पालन व मत्स्य-उद्योग यहाँ के दूसरे प्रमुख व्यवसाय हैं।

पश्चिमी वर्जीनिया (WEST VIRGINIA)—यह राज्य पहले वर्जीनिया राज्य का अंग था, लेकिन सन् 1861 में एक पृथक् स्वतन्त्र राज्य बन गया। पश्चिमी वर्जीनिया में कोयला सबसे अधिक है। कोयले के अलावा यहाँ तेल भी बड़ी मात्रा में निकाला जाता है। यहाँ रसायन और लोहे व इस्पात के कई कारखाने हैं।

पेंसिलवेनिया (PENNSYLVANIA)—यह राज्य लोहा, इस्पात और रेल के इंजनों के उत्पादन की दृष्टि से सर्वप्रथम है। यहाँ का पिट्सबर्ग नगर इस्पात और लोहे का एक बहुत बड़ा केन्द्र है।

यहाँ कोयला सबसे अधिक पाया जाता है। कोयले के अलावा यहाँ तेल भी मिलता है। न्यूयार्क और कैलीफोर्निया के बाद जनसंख्या की दृष्टि से पेंसिलवेनिया अमरीका का सबसे बड़ा राज्य है।

फ्लोरिडा (FLORIDA)—अमरीका ने इस राज्य को सन् 1819 में स्पेन से खरीदा था। यहाँ का सेंट औगस्टाइन नगर अमरीका

रोडियो खेलों में सांड की सवारी का भी प्रदर्शन होता है

का सबसे पुराना नगर है। फ्लोरिडा अपने फलों और फार्मों के लिए प्रसिद्ध है। इसके पूर्वी तट पर केप कैनावरैल (अब केप केनेडी) रॉकेटों, मिसाइलों, कृत्रिम उपग्रहों के छोड़ने का एक बड़ा केन्द्र है।

मिनेसोटा (MINNESOTA)–यह राज्य कनाडा की सीमा पर स्थित है। इसके एक किनारे पर सुपीरियर झील है। वैसे इस राज्य में छोटी-बड़ी 11,000 झीलें हैं। इनमें से इटास्का झील से एक छोटी-सी धारा निकलती है जो आगे चलकर विशाल मिसिसिपी नदी बन जाती है। मिनेसोटा अमरीका का एक प्रमुख कृषि प्रदेश है। यहाँ टैकोनाइट नामक एक खनिज पदार्थ मिलता है, जिसमें से लोहा निकालने का काम कई कारखानों में हो रहा है।

मिशिगन (MICHIGAN)–यह राज्य ग्रेट लेक्स क्षेत्र में स्थित है। यह दो प्रायद्वीपों पर बसा है जो पाँच मील लम्बे एक विशाल पुल से जुड़े हुए हैं। इसके एक सिरे पर मैकिनो नगर और दूसरे सिरे पर सेंट इग्नेस नगर बसा है। यह पुल संसार का सबसे लम्बा पुल माना जाता है। मिशिगन अपने प्राकृतिक सौन्दर्य के लिए प्रसिद्ध है। यहाँ का मोटर-उद्योग अमरीका में सबसे बड़ा है।

मिसिसिपी नदी में स्टीमर चलते हैं

मिसिसिपी (MISSISSIPPI)–इस राज्य का एक हिस्सा मेक्सिको की खाड़ी के किनारे पड़ता है। मिसिसिपी नदी इसकी पश्चिमी सीमा बनाती है। यहाँ कपास के कई बहुत बड़े-बड़े खेत हैं। इन खेतों में कपास को हानिकर कीड़ों से बचाने के लिए विमानों से दवाई छिड़की जाती है। इस राज्य में तेल के कुएँ और तेल साफ करने के कारखाने भी काफी बड़ी संख्या में हैं।

मिसौरी (MISSOURI)–मिसिसिपी नदी इसकी पूर्वी सीमा बनाती है और मिसौरी नदी इसके बीच से होकर बहती है। मिसौरी अमरीका का एक बड़ा सम्पन्न कृषि प्रदेश है। यहाँ की खानों में सीसा और जस्ता खूब पाया जाता है।

मेन (MAINE)–यह अमरीका के उत्तर-पूर्वी कोने में अटलांटिक महासागर के किनारे स्थित है। इसका अधिकांश भाग पहाड़ी है। यहाँ के निवासी मछली पकड़ते हैं या खेती का काम करते हैं। यहाँ कागज़ और कागज़ की लुगदी बनाने का काम खूब होता है।

मेरीलैंड (MARYLAND)–इस राज्य का अन्नापोलिस नगर एक लम्बे समय से अमरीकी नौसेना का प्रशिक्षण केन्द्र है। मेरीलैंड में साग-सब्ज़ियाँ खूब होती हैं, जिन्हें डिब्बों में बन्द करके बाहर भी भेजा जाता है। वाल्टिमोर नगर अपने उद्योग-धंधों के लिए प्रसिद्ध है।

मैसाच्यूसेट्स (MASSACHUSETTS)–यह राज्य अपने उद्योग-धंधों के लिए प्रसिद्ध है। यहाँ के जूते और चमड़े की दूसरी चीज़ें सबसे अच्छी मानी जाती हैं। यह राज्य छोटा है लेकिन घना बसा हुआ है। इसके कई नगर शिक्षा-केन्द्रों के रूप में प्रसिद्ध हैं।

मोंटाना (MONTANA)–यह राज्य काफी बड़ा है, लेकिन इसका अधिकांश भाग पहाड़ी है। मोंटाना में तांबा, सोना, चाँदी, पेट्रोलियम, प्राकृतिक गैस, कोयला और जवाहरात बहुत अधिक

व्हाइट हाउस अमरीका का राष्ट्रपति भवन है

मिलते हैं। संसार में ताँबे के कुल उत्पादन का छठा हिस्सा मोंटाना में मिलता है। इसका पूर्वी भाग मैदानी है, जहाँ गेहूँ के बड़े-बड़े फार्म हैं। यहाँ मिसौरी नदी पर संसार का एक सबसे बड़ा बाँध बना हुआ है।

रोडे आइलैंड (RHODE ISLAND)—यह अमरीका का सबसे छोटा राज्य है। रोड आइलैंड का क्षेत्र कम और जनसंख्या अधिक है। फिर भी यहाँ प्राकृतिक सुन्दरता की कमी नहीं है। रोड आइलैंड उन आरम्भिक तेरह राज्यों में से एक है जिन्होंने संयुक्त राज्य अमरीका को जन्म दिया था।

लुइज़ियाना (LOUISIANA)—मिसिसिपी नदी का विशाल डेल्टा इसी राज्य में है, जहाँ गन्ना खूब होता है। इस राज्य में बड़े फार्म हैं, जिनमें मक्का, धान और कपास की खेती होती है तथा सूअर और मवेशी पाले जाते हैं।

वरमौंट (VERMONT)—यहाँ का मुख्य व्यवसाय खेती और पशु-पालन है। यहाँ ऐस्बेस्टस और इमारती पत्थर की खानें हैं। कागज़, लोहे के सामान और कपड़े के कई कारखाने भी हैं।

वर्जीनिया (VIRGINIA)—अमरीका के इस राज्य को 'राष्ट्रपतियों की जन्मभूमि' कहा जाता है। इसका कारण यह है कि वाशिंगटन, जेफ़र्सन, मैडिसन, मनरो, विलियम हेनरी हैरिसन, टाइलर और विल्सन जैसे प्रसिद्ध अमरीकी राष्ट्रपति इसी राज्य में

वाशिंगटन नगर में स्थित लिंकन स्मारक

जन्मे थे। आज भी हज़ारों लोग हर साल इन महापुरुषों के स्मारकों के दर्शन करते हैं। वर्जीनिया अपने तम्बाकू के लिए विश्वविख्यात है। तम्बाकू के अलावा यहाँ मूँगफली की भी अच्छी फसल होती है। वर्जीनिया एक उद्योग-प्रधान राज्य है। यहाँ ज़हाज-निर्माण, कागज़, कपड़े, मशीनों और रसायन के बड़े-बड़े कारखाने हैं।

वायोमिंग (WYOMING)—इस राज्य के पूर्वी भाग में बड़े-बड़े मैदान हैं और पश्चिमी भाग पहाड़ी है। यह अमरीका के सबसे बड़े और सबसे कम आबादी वाले राज्यों में से एक है। यहाँ का मुख्य व्यवसाय पशु-पालन है। यहाँ गेहूँ, आलू, जई और मक्का की फसलें भी अच्छी होती हैं। वायोमिंग में कोयले की खानें और तेल के कुएँ भी हैं। यहाँ सुन्दर पार्कों और पहाड़ों को देखने प्रतिवर्ष हज़ारों लोग आते हैं।

पुरानी फोर्ड कार

वाशिंगटन (WASHINGTON)—यह उत्तरी-पश्चिमी अमरीका का सबसे घनी आबादी वाला राज्य है। यह ऐल्युमीनियम और वायुयान-निर्माण उद्योग के लिए प्रसिद्ध है। यहाँ के सेबों के बाग दूर-दूर तक प्रसिद्ध हैं। गेहूँ की फसल भी यहाँ बहुत अच्छी होती है। वाशिंगटन का सबसे बड़ा नगर सीटल है।

विस्कौंसिन (WISCONSIN)—यह राज्य 'अमरीका की दुग्धशाला' के नाम से विख्यात है। यहाँ बहुत बड़े पैमाने पर गायें आदि पाली जाती हैं और उनके दूध से मक्खन, पनीर, क्रीम और दूसरी चीज़ें तैयार करके दूसरे राज्यों को भेजी जाती हैं। विस्कौंसिन एक बहुत बड़ा उद्योग-केन्द्र भी है। यहाँ के विशाल कारखानों में बड़ी-बड़ी मशीनें तैयार की जाती हैं।

हवाई (HAWAII)—यह द्वीपसमूह अमरीका का सबसे नया राज्य है। यह प्रशान्त महासागर में कैलीफोर्निया राज्य के तट से लगभग 2,000 मील दूर है। इस द्वीपसमूह में हवाई द्वीप सबसे बड़ा

'ऐंडीज के क्राइस्ट'—ईसा की यह 26 फुट ऊंची मूर्ति अर्जेंटीना और चिली के बीच एक पहाड़ी दर्रे में स्थापित है

अर्जेंटीना के घुमक्कड़ चरवाहे 'गाउचो' कहलाते हैं

है। लेकिन इस राज्य का सबसे बड़ा नगर होनोलुलु हवाई द्वीप में नहीं, बल्कि ओआहू द्वीप में स्थित है। किसी ज़माने में इसको सैंडविच द्वीपसमूह कहा जाता था। यह अपनी जलवायु, ज्वालामुखियों और अनन्नास के बागों के लिए प्रसिद्ध है। यहीं पर्ल हार्बर नामक अमरीका का नौसैनिक अड्डा भी है। होनोलुलु में प्रतिवर्ष हज़ारों सैलानी आते हैं तथा समुद्र-स्नान और नौकाविहार का आनन्द लेते हैं।

अर्जेंटीना **(ARGENTINA)**–ब्राज़ील के बाद दक्षिणी अमरीका का सबसे बड़ा देश अर्जेंटीना है। यह अटलांटिक महासागर से लेकर ऐंडीज़ पर्वत तक और भूमध्य रेखा के निकट से अंटार्कटिक तक फैला हुआ है। इसका क्षेत्रफल 27,66,654 वर्ग किमी. और जनसंख्या 4,03,01,927 है।

यहाँ की मिट्टी बड़ी उपजाऊ है। इसकी आधी जनसंख्या शहरों में रहती है। इस देश के भिन्न-भिन्न प्रदेशों में अलग-अलग तरह की जलवायु पाई जाती है और एक ही ऋतु में कई तरह की फसलें उगाई जा सकती हैं। अर्जेंटीना में खनिज पदार्थ कम पाए जाते हैं। लोहा या कोयला बिल्कुल नहीं होता। इस कारण यहाँ कारखाने बहुत कम हैं।

यहाँ के निवासियों के पूर्वज मुख्य रूप से स्पेन और इटली से आए थे। आज भी यहाँ स्पेनी और इतालवी भाषाएँ बोली जाती हैं।

पंपा यहाँ का सबसे घनी आबादी वाला भाग है। शुरू में यह एक बहुत विशाल घास का मैदान था, लेकिन अब यहाँ बड़े-बड़े फार्म बने हुए हैं। पंपा के एक किनारे पर अर्जेंटीना की राजधानी और सबसे बड़ा नगर ब्यूनोस आयर्स बसा है। पंपा में मुख्य रूप से गेहूँ, मक्का और सन की खेती होती है। पंपा और ऐंडीज़ के बीच की ज़मीन सूखी है।

अर्जेंटीना का दक्षिणी भाग पैटेगोनिया के नाम से विख्यात है। यह सूखा और सर्द ऊसर इलाका है, जहाँ आँधियाँ चलती रहती हैं।

अर्जेंटीना एक गणतन्त्र है। विशाल प्राकृतिक सम्पदा को देखते हुए इस देश का भविष्य बड़ा उज्ज्वल प्रतीत होता है।

अर्मीनिया **(ARMENIA)**–सोवियत संघ का पूर्व गणराज्य अर्मीनिया अब एक स्वतन्त्र देश है। इसकी सीमाएँ जार्जिया, अज़रबैजान, टर्की और ईरान से मिलती हैं। इसका क्षेत्रफल 29,800 वर्ग किमी. और जनसंख्या 29,76,372 है। भाषा आर्मीनियाई और धर्म ईसाई है। अर्मीनिया की राजधानी येरेवान है।

अल सल्वाडोर **(EL SALVADOR)**–मध्य अमरीकी गणराज्यों में यह सबसे छोटा है। इसका क्षेत्रफल 21,393 वर्ग किमी. और जनसंख्या 69,48,073 है। इसकी राजधानी सान सल्वाडोर है। यहाँ पहाड़ों की ढलानों पर कॉफी पैदा होती है जो राज्य की अर्थव्यवस्था का मुख्य आधार है। यहाँ जनतन्त्र है और प्रेसिडेंट का पाँच वर्ष के लिए सीधा चुनाव होता है।

अल्जीरिया **(ALGERIA)**–उत्तरी अफ्रीका में भूमध्य सागर के साथ-साथ 1015 किमी. तक अल्जीरिया गणराज्य फैला है। इसके पूर्व में ट्यूनीशिया और पश्चिम में मोरक्को है। यह देश 1842 से फ्रांस के अधीन था और इसे अपनी स्वतन्त्रता के लिए वर्षों सशस्त्र संघर्ष करना पड़ा। 5 जुलाई, 1962 को यह स्वाधीन हुआ।

अल्जीरिया का क्षेत्रफल 23,81,741 वर्ग किमी. और जनसंख्या 3,33,33,216 है। अल्जियर्स इसकी राजधानी है। यहाँ खजूर, अनार और अंजीर बहुतायत से होते हैं। लोगों का मुख्य व्यवसाय पशु-पालनहै।

अल्जीरिया में लोहा, जस्ता, सीसा, पारा और तांबे के खनिज भण्डार हैं। यह देश मुख्यतया शराब, अनाज, खालें, फल, कच्चा लोहा, तम्बाकू और सब्जियाँ निर्यात करता है। यहाँ अरबी और फ्रेंच भाषाएँ प्रचलन में हैं। इस्लाम धर्म का वर्चस्व है और राजकीय मुद्रा दीनार है।

अल्बानिया यूरोप के कृषिप्रधान देशों में से एक है यहां खेती के पुराने तरीके आज भी प्रचलित हैं

अल्बानिया (**ALBANIA**)–बाल्कन प्रायद्वीप का यह सबसे छोटा देश यूरोप के देशों में सबसे कम विकसित है। अल्बानिया का बड़ा भाग पहाड़ी है। समुद्र के किनारे की भूमि उपजाऊ है। मगर वहाँ दलदल बहुत है और मलेरिया फैलाने वाले मच्छर पाए जाते हैं। यहाँ की गर्मियाँ सूखी होती हैं और जाड़ों में सर्दी और वर्षा बहुत होती है। इसका क्षेत्रफल 28,748 वर्ग किमी. और जनसंख्या 36,00,523 है। इसकी राजधानी टिराना है।

अल्बानिया कृषिप्रधान देश है। यहाँ के किसान मक्का, गेहूँ, जौ और तम्बाकू उगाते हैं, किन्तु पैदावार अच्छी नहीं होती। अधिकांश भागों में खेती के पुराने तरीकों से ही काम लिया जाता है।

अल्बानिया में पहले कम्युनिस्ट शासन था। अब वह यूरोप का पहला इस्लामी गणराज्य है।

आइसलैंड (**ICELAND**)–ब्रिटेन के उत्तर में ग्रीनलैंड के पास स्थित यह छोटा-सा द्वीप बर्फ के मैदानों और ग्लेशियरों से भरा है। यहाँ गरम चश्मे भी बहुत हैं। इसका कारण यह है कि आइसलैंड में ज्वालामुखियों की संख्या बहुत है। पिछले 500 वर्षों में संसार के सारे ज्वालामुखियों में से जितना लावा बहा है उसका एक-तिहाई आइसलैंड के ज्वालामुखियों से निकला है।

आइसलैंड की नदियाँ अपने मार्ग में कई झरने बनाती हुई समुद्र में मिलती हैं। आइसलैंड के अधिकांश निवासी समुद्रतट पर या उसके पास ही रहते हैं।

रेक्याविक आइसलैंड का एकमात्र नगर है। यह यहाँ की राजधानी और बन्दरगाह भी है। इस नगर के मकानों को गरम चश्मों के पानी से गरम किया जाता है। झरनों से पर्याप्त बिजली तैयार कर ली जाती है। आइसलैंड में रेलें नहीं हैं। यहाँ से मछलियों और कॉड-लीवर तेल का निर्यात होता है। आइसलैंड का क्षेत्रफल 1,02,846 वर्ग किमी. और जनसंख्या 3,01,931 है।

आयरलैंड (**IRELAND**)–यह ग्रेट ब्रिटेन के पास स्थित एक बड़ा द्वीप है। अपने हरे-भरे मैदानों के कारण यह 'पन्ने का द्वीप' भी कहलाता है। आयरलैंड के दो भाग हैं : उत्तरी आयरलैंड ब्रिटेन के अधिकार में है और शेष भाग आयर या आयरिश गणराज्य कहलाता है। यह एक स्वतन्त्र राष्ट्र है। पहले यह भी ब्रिटेन के अधिकार में था, लेकिन 1937 में स्वतन्त्र हो गया। 1949 में इसने स्वतन्त्र गणराज्य का दर्जा हासिल कर लिया। आयरिश गणराज्य का क्षेत्रफल 70,282 वर्ग किमी. और जनसंख्या लगभग 41,09,086 है। इसकी राजधानी डब्लिन है।

आयरलैंड के अधिकांश निवासी खेती-बाड़ी और पशु-पालन का काम करते हैं। आयरलैंड के घोड़े बहुत बढ़िया माने जाते हैं। यहाँ से मवेशी, मांस, मक्खन और अण्डों का निर्यात होता है।

ऑस्ट्रिया (**AUSTRIA**)–प्रथम विश्वयुद्ध के समय ऑस्ट्रिया एक बड़ी शक्ति थी। युद्ध में पराजित होने के बाद इसकी बहुत-सी भूमि चेकोस्लोवाकिया, यूगोस्लाविया, इटली और पोलैंड को दे दी गई थी। अब यह 83,858 वर्ग किमी. क्षेत्रफल और 81,99,783 की आबादी वाला एक छोटा-सा देश रह गया है। इसकी राजधानी वियेना, मुद्रा यूरो और धर्म ईसाई है। यहाँ संयुक्त राष्ट्रसंघ के कुछ महत्त्वपूर्ण विभाग भी हैं। आर्थिक-राजनीतिक दृष्टि से इसका विशेष महत्त्व है, क्योंकि एक तो डैन्यूब नदी इसमें से होकर बहती है और दूसरे यह यूरोप के केन्द्र में स्थित है। इसके उत्तर में जर्मनी और चेकोस्लोवाकिया, दक्षिण में यूगोस्लाविया तथा इटली, पूर्व में हंगरी और पश्चिम में स्विट्ज़रलैंड हैं।

ऑस्ट्रिया पहाड़ी देश है। यह अपने सुन्दर पहाड़ों, जंगलों, नदियों और झीलों के लिए प्रसिद्ध है। इस देश के कुछ इलाके बहुत घने बसे हैं तो कुछ में आबादी एकदम कम है। देश की एक-तिहाई जनता राजधानी वियना में रहती है, जो डैन्यूब नदी के किनारे पर स्थित है। यह नगर रेल के ज़रिये जर्मनी, पोलैंड, स्विट्ज़रलैंड और

फ्रांस से जुड़ा है। यहाँ की मिट्टी भी बहुत उपजाऊ है। यहाँ गेहूँ, चुकन्दर आदि की पैदावार अच्छी होती है।

यहाँ की अर्थव्यवस्था का मुख्य आधार खनिज वस्तुओं का उत्पादन, व्यापार और सेवाएँ हैं। लिगनाइट, लोहा, तांबा और जस्ता आदि खनिज यहाँ मिलते हैं। यहाँ का पर्यटन व्यापार बहुत ही विकसित है।

ऑस्ट्रेलिया **(AUSTRALIA)**–तस्मानिया को मिलाकर ऑस्ट्रेलिया का क्षेत्रफल 76,82,300 वर्ग किमी. है। यहाँ की जनसंख्या लगभग 2,04,34,176 है।

यूरोप के लोगों को ऑस्ट्रेलिया का पता सब महाद्वीपों के अन्त में चला। सन् 1770 में कप्तान कुक ने इसका पता लगाया। सन् 1851 में पता चला कि ऑस्ट्रेलिया में सोने की खानें हैं। इस खबर के फैलते ही अनेक देशों के लोग यहाँ आने लगे। इन लोगों के आने से यहाँ कुछ गड़बड़ी भी हुई।

ऑस्ट्रेलिया की एक बहुत बड़ी समस्या यहाँ की कम आबादी है। लगभग आधी आबादी राज्यों की राजधानियों में और शेष का बड़ा हिस्सा दक्षिण-पूर्व की औद्योगिक बस्तियों में रहता है।

यहाँ यातायात और संचार की सुविधाएँ काफी नहीं हैं। हवाई जहाज़, रेडियो और टेलीफोन यातायात और संचार के मुख्य साधन हैं। रेलें हैं लेकिन उनका महत्त्व कम है।

ऑस्ट्रेलिया में खेतों और चरागाहों के सबसे बड़े शत्रु खरगोश हैं, जो फसलों को बहुत हानि पहुँचाते हैं।

यहाँ विशेष रूप से गेहूँ की खेती होती है। गेहूँ के अलावा गन्ना, आलू, सेब, नाशपाती, अंगूर और अंजीर खूब पैदा होते हैं।

खनिज पदार्थों की दृष्टि से ऑस्ट्रेलिया धनी है। यहाँ सोने, तांबे, चाँदी, सीसे और टीन की खानें हैं। दक्षिणी ऑस्ट्रेलिया में लोहे की खानें तथा सिडनी और इपास्विच में कोयले की खानें भी हैं। न्यू साउथ वेल्स में खनिज भंडार भी हैं और कारखाने भी।

ऑस्ट्रेलिया में भेड़ों को बड़े पैमाने पर पाला जाता है। दुनिया की खपत का एक-तिहाई ऊन ऑस्ट्रेलिया से ही आता है। यहाँ से भेड़ों का मांस भी बाहर भेजा जाता है। इसके अलावा यहाँ से मक्खन और पनीर का भी निर्यात किया जाता है।

ऑस्ट्रेलिया अपने जीव-जन्तुओं के लिए विख्यात है। यहाँ का सबसे प्रसिद्ध जन्तु कंगारू है। डिंगो नाम का शिकारी जंगली कुत्ता और काला हंस भी प्रसिद्ध हैं। ऑस्ट्रेलिया की राजधानी कैनबरा है।

आस्ट्रेलिया के कंगारू

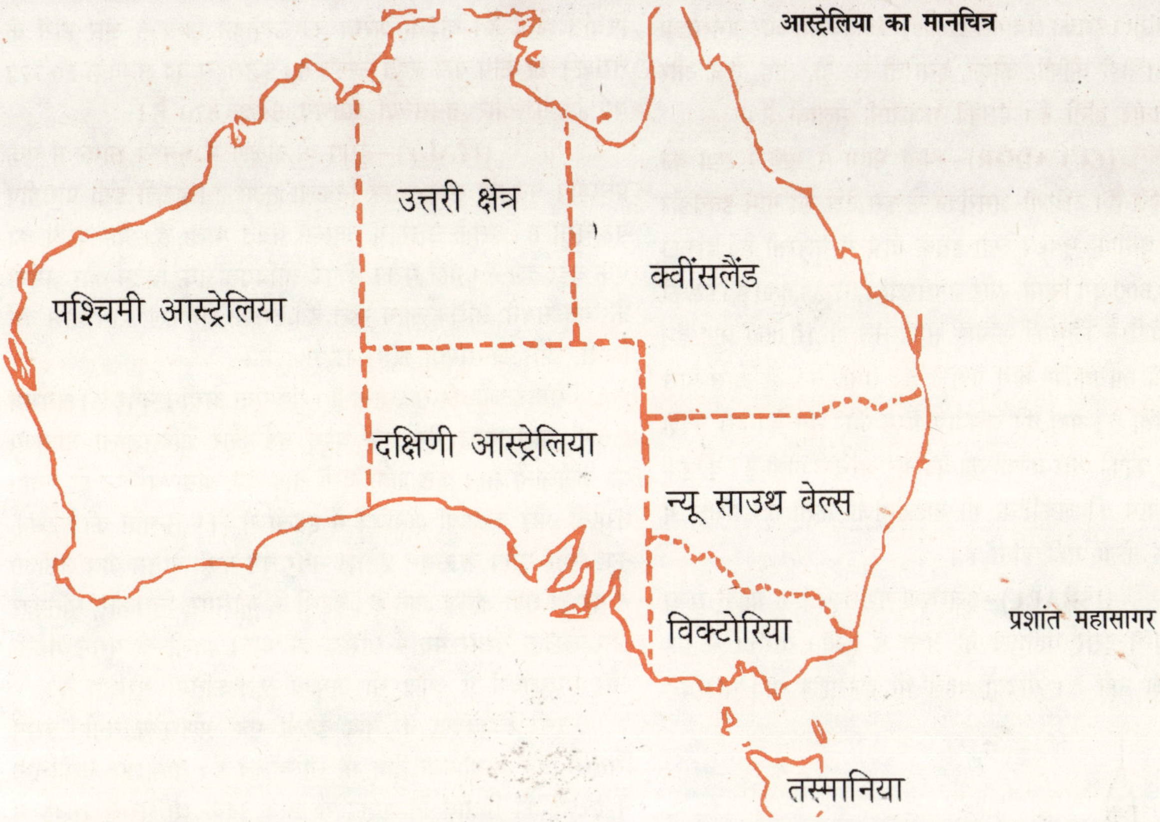

इंडोनेशिया (INDONESIA)—दूसरे विश्वयुद्ध के बाद कुछ नये राष्ट्रों का जन्म हुआ। इंडोनेशिया भी उनमें से एक है। यह दक्षिण-पूर्वी एशिया के 13,000 द्वीपों से मिलकर बना है, जिनमें कुछ काफी बड़े हैं। सन् 1949 से पहले ये सभी द्वीप डच लोगों के अधिकार में थे। अब इंडोनेशिया एक स्वतन्त्र गणराज्य है। इसका क्षेत्रफल लगभग 19,04,569 वर्ग किमी. और जनसंख्या लगभग 23,46,93,997 है। जकार्ता इसकी राजधानी है।

इंडोनेशिया का काफी बड़ा भाग पहाड़ी है। यहाँ 100 से अधिक पर्वत ज्वालामुखी हैं। इंडोनेशिया में जंगल भी बहुत हैं। आबादी कुछ स्थानों पर बहुत घनी है। इंडोनेशिया में खेती के लायक ज़मीन भी काफी है। यहाँ की ज़मीन उपजाऊ है और वर्षा भी खूब होती है।

इंडोनेशिया के मूल निवासी अपने घर ज़मीन से काफी ऊंचे बनाते हैं

यहाँ के दो-तिहाई निवासी खेती पर ही निर्भर करते हैं। भूमध्य रेखा इसके बीच से गुज़रती है।

इंडोनेशिया अपने मसालों के लिए प्रसिद्ध है। यहाँ से चावल, रबर, चाय, कॉफी, कुनैन और टीक का निर्यात होता है। टीन और तेल भी खूब मिलता है। जहाज़ बनाने और तेल साफ करने के कारखानों के अलावा कपड़ा, कागज़, टायर आदि के भी कारखाने खुल गए हैं।

इक्वेडोर में चीनी के बड़े-बड़े कारखाने हैं

इक्वेटोरियल गिनी (EQUATORIAL GUINEA)—पहले स्पेनिश गिनी के नाम से मशहूर रहा यह स्वतन्त्र देश 1968 में

अस्तित्व में आया। इसका क्षेत्रफल 28,051 वर्ग. किमी. और जनसंख्या 5,51,201 है। यहाँ कॉफी, कोको, इमारती लकड़ी, ताड़, तेल और केले की पैदावार होती है। इसकी राजधानी मलाबो है।

इक्वेडोर (ECUADOR)–स्पेनी भाषा में भूमध्य रेखा को 'इक्वेडोर' कहते हैं। दक्षिणी अमरीका के इस देश का नाम इक्वेडोर इसलिए पड़ा क्योंकि भूमध्य रेखा इसके बीच से गुज़रती है। इसका क्षेत्रफल 2,83,600 वर्ग किमी. और जनसंख्या 1,37,55,680 है। इसकी राजधानी क्वीटी है जिसकी ऊंचाई समुद्र-तल से 10,000 फुट है।

देश का अधिकांश भाग पहाड़ी है। समुद्र तट के आस-पास की ज़मीन नीची है। यहां की जलवायु गरम और नम है। इस प्रदेश में गन्ने, केले, कॉफी और कोको की पैदावार अधिक होती है। कैपोक और बाल्सा नाम की लकड़ियां भी बाहर भेजी जाती हैं। संसार में सबसे अधिक केला यहीं होता है।

इज़राइल (ISRAEL)–इज़राइल गणराज्य एक यहूदी राज्य है। इसका जन्म दूसरे महायुद्ध के अन्त में हुआ। वास्तव में यह कोई नया देश नहीं है। सदियों पहले भी इज़राइल था। बाइबिल

इज़राइल के एक शहर का दृश्य

में प्राचीन इज़राइल का उल्लेख मिलता है। कभी इसका नाम फिलिस्तीन भी था। यह एशिया के पश्चिमी छोर पर भूमध्य सागर के किनारे स्थित छोटा-सा देश है। इसकी राजधानी तेल अवीव लगभग 4,000 साल पुराना नगर है।

29 नवम्बर, 1947 को संयुक्त राष्ट्रसंघ ने फिलिस्तीन को यहूदी और अरब आबादी के हिसाब से दो भागों में बाँट दिया था। 15 मई, 1948 को इस यहूदी क्षेत्र का नाम इज़राइल रखा गया। थोड़ी-सी अवधि में इस देश ने बहुत प्रगति की है। सहकारी मरु-खेती द्वारा प्रदेश को हरा-भरा बना दिया गया है। नारंगी आदि फलों का निर्यात होता है। बढ़िया शराब का उत्पादन होता है और हीरों के तराशने का काम यहाँ बहुत उन्नत है। इज़राइल का क्षेत्रफल 20,772 वर्ग किमी. और जनसंख्या लगभग 64,26,679 है।

इटली (ITALY)–यूरोप के दक्षिण में भूमध्य सागर में एक प्रायद्वीप बूट की तरह बाहर निकला हुआ है। इटली इसी प्रायद्वीप पर बसा है। इसके उत्तर में आल्प्स पर्वत माला है। यह यूरोप का एक बड़ा देश है। यहाँ यूरोप में पूर्व-सोवियत संघ, ब्रिटेन और जर्मनी के बाद सबसे अधिक लोग रहते हैं। इसका क्षेत्रफल 3,01,278 वर्ग किमी. और जनसंख्या 5,81,47,733 है।

रोम इटली की राजधानी है। यह एक प्राचीन नगर है। लगभग 2,000 साल पहले रोम एक बहुत बड़े और शक्तिशाली साम्राज्य की राजधानी था। कुछ शताब्दियों बाद यह साम्राज्य नष्ट हो गया। तेरहवीं और पन्द्रहवीं शताब्दी में इटली ने फिर उन्नति की। इसके कुछ नगर यूरोप के सबसे प्रसिद्ध नगर बन गए। वेनिस और जेनोआ से दूर-दूर तक जहाज़ जाते थे। इटली के कारीगर, चित्रकार, मूर्तिकार और लेखक संसार-भर में प्रसिद्ध हो गए। इटली के पुराने महलों और गिरजाघरों में आज भी अमूल्य कलाकृतियाँ सुरक्षित हैं।

दूसरे विश्वयुद्ध के बाद इटली एक गणराज्य बना। इसमें सिसली और सार्डीनिया द्वीप भी सम्मिलित हैं। तानाशाह मुसोलिनी ने इटली को द्वितीय विश्वयुद्ध में झोंक दिया था परन्तु 1945 में उसकी हार के बाद वहाँ लोकतन्त्र स्थापित हुआ। वैटिकन को फरवरी,

इथियोपिया के भूतपूर्व सम्राट हेलसिलासी

1929 में स्वतन्त्र राज्य का दर्जा दिया गया। पोप इस राज्य के मुखिया हैं। द्वितीय विश्वयुद्ध के बाद इटली ने कृषि और उद्योगों में भारी क्रान्ति की है। आज का इटली उन्नत औद्योगिक देशों में आता है।

इथियोपिया (ETHIOPIA)–इथियोपिया लाल सागर के दक्षिण-पश्चिम, सूडान के पूर्व और केनिया के उत्तर में है। इसका क्षेत्रफल 12,21,900 वर्ग किमी. और जनसंख्या लगभग 7,65,11,887 है। इथियोपिया की राजधानी अदीसअबाबा है। उत्तरी पूर्वी अफ्रीका का इथियोपिया बहुत ही प्राचीन राष्ट्र माना जाता है। यहाँ के पूर्व सम्राट अपने आपको सोलोमन का वंशज मानते रहे हैं।

इथियोपिया में 1974 तक सम्राट हेलसिलासी का शासन रहा। परन्तु मार्क्सवादी सेना ने 1974 में सम्राट का तख्ता पलट दिया। 1991 में एक बार फिर इसका राजनीतिक स्वरूप बदला और एक गैर मार्क्सवादी सरकार अस्तित्व में आई। यह ऊँचे-ऊँचे पठारों और पहाड़ों का देश है। किनारों पर प्रायः रेगिस्तान फैला हुआ है। रेल सिर्फ राजधानी तक ही जाती है। सड़कें अच्छी नहीं हैं। पहाड़ी नदियों के तेज़ बहाव के कारण उनमें नावें नहीं चलतीं। अब यहाँ कुछ देशों के लिए हवाई जहाज़ आने-जाने लगे हैं। यह कृषिप्रधान देश है। यहाँ की आय का अधिकांश भाग कॉफ़ी के निर्यात से प्राप्त होता है। 1977 में यह यहाँ की आय का 60% था। यहाँ से खालें, दालें और तिलहनों का निर्यात भी होता है। निचले इलाकों में रहनेवाले अधिकतर लोग घुमक्कड़ हैं और भेड़-बकरियाँ चराते हैं। पठारों की मिट्टी उपजाऊ है और वहाँ वर्षा भी काफी होती है। इन क्षेत्रों में गेहूँ, जौ, जई और मक्का की खेती की जाती है। चाँदी और सोने की कुछ खानें भी इस देश में हैं।

इराक (IRAQ)–यह दक्षिण-पश्चिम एशिया का प्राचीन देश है। पुराने ज़माने में इसका नाम मेसोपोटामिया था, जिसका अर्थ होता है 'दो नदियों के बीच की भूमि'। ये दो नदियाँ हैं दज़ला (टाइग्रिस) और फ़रात (यूफ्रेटीज़)। यहीं संसार की एक सबसे पुरानी सभ्यता का विकास हुआ था जिसका यूरोप और एशिया पर प्रभाव पड़ा।

इराक का क्षेत्रफल 4,38,446 वर्ग किमी. और जनसंख्या लगभग 2,74,99,638 है। इसकी राजधानी बगदाद बड़ा प्राचीन और प्रसिद्ध नगर है। अरब की प्रसिद्ध कहानियों में अक्सर इसका उल्लेख होता है। अरब, एशिया और यूरोप के देशों को जानेवाले काफिले यहीं से गुज़रते थे। यहाँ से कई सड़कें निकलती हैं। यूरोप से यहाँ तक एक रेलमार्ग भी है।

इराक खजूर का देश है। संसार को जितनी भी खजूर मिलती है इसका 80 प्रतिशत भाग इराक से आता है। नदियों और नगरों से दूर के क्षेत्रों के लोग चरवाहे का काम करते हैं।

ईरान की तरह इराक में भी तेल के बहुत-से कुएँ हैं। पेट्रोल यहाँ की अर्थव्यवस्था का अत्यधिक महत्त्वपूर्ण अंग है।

1980 से इराक लगातार युद्ध की विभीषिका का शिकार रहा। पहले इराक-ईरान युद्ध, फिर 1990 में सं. रा. अमरीका का

बगदाद में खाने की चीजें बेचनेवाला

पहला आक्रमण और 2003 में दूसरा अमरीकी आक्रमण। दूसरे हमले में जहाँ सद्दाम हुसैन को सत्ता से बेदखल करके फाँसी पर चढ़ाया गया, वहीं समूची इराकी जनता को युद्ध की विभीषिका में ढकेल दिया गया। अब भी वहाँ अस्थिरता का वातावरण बना हुआ है।

इस्ताम्बूल (ISTANBUL)–यह तुर्की का सबसे बड़ा शहर है। इसका कुछ हिस्सा यूरोप में और कुछ एशिया में है। बास्पोरस जलसन्धि शहर के दोनों हिस्सों को एक-दूसरे से अलग करती है। इस्ताम्बूल एक पुराना नगर है। यूनानियों ने इसकी नींव रखी थी। वे इसे बाइज़ेंटियम कहा करते थे। यूरोप से एशिया आनेवाले यात्री इसी नगर से होकर गुज़रते थे। बाद में एक रोमन सम्राट ने इसका नाम कान्स्तेनतिनोपल अर्थात् कुस्तुन्तुनिया रखा। फिर यह तुर्की के अधिकार में चला गया और 500 साल तक तुर्की की राजधानी रहा। सन् 1922 में तुर्की के गणराज्य बन जाने के बाद इसका नाम इस्ताम्बूल रखा गया, लेकिन तुर्की की राजधानी अंकारा है।

ईरान (IRAN)–प्राचीन फारस देश का नया नाम ईरान है। पूर्व में इसकी सीमा पाकिस्तान और अफ़ग़ानिस्तान से मिली हुई है। इसके पश्चिम में इराक और तुर्की हैं। उत्तर में सोवियत संघ और केस्पियन सागर तथा दक्षिण में फारस की खाड़ी और ओमान की खाड़ी हैं।

ईरान में पहलवी राज्यवंश का शासन था। मुहम्मद रजा शाह पहलवी को जनक्रान्ति के कारण गद्दी छोड़कर भागना पड़ा। फरवरी, 1979 में शाही इमाम आयतुल्ला खोमैनी ने शासन की बागडोर संभाली। उनका भी 1989 के उत्तरार्ध में देहान्त हो गया। लेकिन इस्लामी गणतन्त्र का स्वरूप बना रहा।

ईरान का क्षेत्रफल 16,48,000 वर्ग किमी. और जनसंख्या लगभग 6,53,97,521 है। ईरान की राजधानी तेहरान है। पुराने शहर में सँकरी गलियाँ और कई पुराने दरवाज़े हैं। नगर का नया भाग काफी सुन्दर बना हुआ है।

ईरान के पास एक चीज़ बहुत बड़ी मात्रा में है, वह है तेल। यहाँ तेल साफ करने के कारखाने भी हैं। ईरान के क़ालीन बहुत प्रसिद्ध हैं। ईरान कपड़ा, चीनी और मशीनें बाहर से मँगाता है।

हाल के दिनों में अपनी परमाणु शोध सम्बन्धी गतिविधियों के कारण ईरान विश्व राजनीति में विवादों से घिर गया है।

यूक्रेन (UKRAINE)–पूर्व सोवियत संघ का यह गणराज्य 1991 में स्वतन्त्र राष्ट्र के रूप में अस्तित्व में आया। काला सागर के तटवर्ती इस देश की सीमाएँ रोमानिया, हंगरी, पोलैंड, चेकोस्लोवाकिया, बाइलोरशिया और रूस से मिलती हैं। इसका क्षेत्रफल 6,03,700 वर्ग किमी. और जनसंख्या 4,62,99,862 है। कीव इसकी राजधानी है। गेहूँ, कपास, फल-सब्जी, मांस और दूध यहाँ की प्रमुख पैदावार हैं और कोयला, लौह अयस्क, मैग्नीज़, तेल, आदि के भण्डार यहाँ प्रचुर मात्रा में हैं। दुनिया के मौजूदा शक्ति-सन्तुलन में उक्रेन अमरीका के प्रभाव-क्षेत्र में आता है।

यूगांडा (UGANDA)–पूर्वी अफ्रीका में यह देश केनिया के पश्चिम में स्थित है। इसके उत्तर में सूडान और पश्चिम में कांगो गणराज्य है। यह पहले ब्रिटेन का संरक्षित क्षेत्र था। अक्तूबर, 1962

ईरान के कुछ दृश्य

में इसे स्वतन्त्रता प्राप्त हुई। उगांडा ब्रिटिश राष्ट्रमण्डल का सदस्य है। राष्ट्रमण्डल के देशों में सबसे अधिक कॉफी यहीं पैदा होती है।

उगांडा का क्षेत्रफल 2,41,139 वर्ग किमी. और जनसंख्या 3,02,62,210 है। कम्पाला इसकी राजधानी है।

उज़बेकिस्तान (UZBEKISTAN)—पूर्व सोवियत गणराज्य उज़बेकिस्तान दिसम्बर 1991 में स्वतन्त्र देश के रूप में अस्तित्व में आया। लेकिन यह अपना स्वतन्त्रता दिवस 1 सितम्बर को मनाता है। इसका क्षेत्रफल 4,47,400 वर्ग किमी. और जनसंख्या 2,77,80,059 है। ताशकंद इसकी राजधानी है। कृषि यहाँ का प्रमुख पेशा है और कपास उत्पादन में दुनिया में इसका तीसरा स्थान है।

उरुग्वे (URUGUAY)—दक्षिणी अमरीका का यह सबसे छोटा देश ब्राजील के दक्षिण और अर्जेंटीना के पूर्व में है। इसका क्षेत्रफल 1,76,215 वर्ग किमी. और जनसंख्या लगभग 34,60,607 है। उरुगुए की राजधानी मोंटेवीडियो है। यह एक आधुनिक सुन्दर नगर है। इसमें बहुमंज़िली इमारतें हैं। इसके समुद्रतट विशेष रूप से सुन्दर हैं।

उरुगुए के विशाल चरागाहों में भेड़ें और अन्य पशु पाले जाते हैं। इस देश से ऊन, डिब्बों में बन्द मांस और सन का निर्यात किया जाता है। यहाँ गेहूँ और मक्का की भी खेती होती है। उरुगुए किसी समय स्पेन के साम्राज्य का अंग था, फिर ब्राजील का एक प्रदेश रहा। 1825 में यह स्वतन्त्र राष्ट्र बना।

यहाँ के अधिकतर निवासी यूरोप से आए लोगों की सन्तानें हैं। अधिकांश लोग पढ़े-लिखे हैं। उरुगुए की भाषा स्पेनी है।

एशिया (ASIA)—यह विश्व का सबसे बड़ा महाद्वीप है। यह इतना बड़ा है कि अफ्रीका, यूरोप और ऑस्ट्रेलिया इन तीनों महाद्वीपों के सभी देश इस विशाल महाद्वीप में आ सकते हैं। दुनिया के आधे से अधिक लोग एशिया में रहते हैं। यहाँ की जनसंख्या 3 अरब की गिनती पार कर चुकी है।

इस महाद्वीप का उत्तरी सिरा आर्कटिक वृत्त तक चला गया है तो दक्षिणी सिरा भूमध्य रेखा को छू रहा है। उत्तर में तापमान शून्य से 50° नीचे चला जाता है तो दक्षिण में लोगों को 150° फा. तापमान का सामना करना पड़ता है।

एशिया में ऐसी ज़मीन भी है जो समुद्र के तल से नीची है। यहाँ की झीलों का पानी बहुत खारा है। इन खारी झीलों में अरब की 'मृतसागर' नाम की झील विशेष प्रसिद्ध है। समुद्र-तल से नीची ज़मीन प्रायः रेगिस्तान के रूप में है।

खेती और पशु-पालन यहाँ के मुख्य धन्धे हैं। चीन और भारत की गणना विश्व के चोटी के कृषिप्रधान देशों में की जाती है। ये दोनों देश विश्व के सबसे घनी आबादी वाले देश हैं।

शायद मानव-सभ्यता सबसे पहले एशिया में ही शुरू हुई थी। ईसा के 3000 वर्ष पूर्व भी एशिया के कई देशों में सुसभ्य लोग रहते थे। भारत में सिन्धु नदी घाटी की सभ्यता और चीन की सभ्यता बहुत पुरानी हैं।

इस महाद्वीप में बेबीलोनिया और फारस जैसे महान साम्राज्यों का उत्थान-पतन हुआ; यहाँ महात्मा बुद्ध, ईसा मसीह, हज़रत मुहम्मद और कंफ्यूशस जैसे महान धर्म-प्रवर्तकों ने अपना धर्म फैलाया; अनेक आविष्कार हुए जो दूसरे देशों और महाद्वीपों में भी गए।

आज एशिया 30 से भी अधिक देशों में बँटा हुआ है। इन देशों के निवासी अलग-अलग भाषाएँ बोलते हैं। उनके रीति-रिवाज और रहन-सहन के तरीके भी अलग-अलग हैं। उनका सम्बन्ध अलग-अलग जातियों से है।

ये देश आकार-प्रकार में भी एक-दूसरे से मेल नहीं खाते। उदाहरण के लिए लेबनान एक छोटा-सा देश है जिसकी कुल आबादी 76 लाख है, जबकि चीन एक अरब से अधिक की आबादी वाला अत्यन्त विशाल देश है।

एशिया के उत्तरी विशाल भूखण्ड का नाम साइबेरिया है। यह

एशिया का मानचित्र

रूस का भाग है। यह भूखण्ड एशिया के अन्य किसी भी देश से बड़ा है। एशिया के एक-तिहाई भाग से अधिक इसका विस्तार है।

एशिया में पाई जाने वाली कुछ बातें बड़ी अजीब और दिलचस्प हैं। यहाँ संसार का सर्वोच्च पर्वत-शिखर एवरेस्ट है जो समुद्रतल से 29,141 फुट ऊँचा है और यहीं संसार का सबसे नीचा क्षेत्र मृत सागर भी है जो समुद्रतल से 1,290 फुट नीचा है। यहाँ का जैकोबाबाद (सिन्ध) संसार का सबसे गरम स्थान है और बरखोयांस्क (साइबेरिया) संसार की सबसे ठण्डी जगह है। अदन में सबसे कम वर्षा होती है और चेरापूंजी में सबसे अधिक।

एशिया में तेल के विशाल भण्डार पाए जाते हैं। तेल के अलावा यहाँ लोहे और कोयले की बड़ी-बड़ी खानें भी हैं। अन्य खनिज पदार्थों में टीन, अभ्रक, ऐंटिमनी, टंग्स्टन, मैगनीज़, तांबा, चाँदी और सोना मुख्य हैं।

एशिया की मानसूनी जलवायु प्रसिद्ध है। यह जलवायु विशेष रूप से भारत में पाई जाती है। इसमें छः महीने पूर्वी तथा छः महीने दक्षिण-पश्चिमी और दक्षिण-पूर्वी वायु चलती है। जिस साल मानसून से काफी पानी नहीं बरसता उस साल खेती को बड़ा नुकसान पहुँचता है।

एशिया के देशों की सबसे बड़ी समस्या यहाँ की बढ़ती हुई जनसंख्या है। यह समस्या स्वयं एशिया के देशों के लिए तो खतरा है ही, विश्व के अन्य देशों के लिए भी खतरा बनती जा रही है। एशिया के अनेक विकासशील देश आत्मनिर्भर होने का यत्न करते

पश्चिमी एशिया में दो कूबड़ वाले बैक्ट्रीयाई ऊंट मिलते हैं

एशिया के कुछ दृश्य

एशिया के कुछ देशों ने भारी प्रगति की है परन्तु वहाँ अभी भी बैलगाड़ियों का प्रयोग होता है। एशिया के लोग धर्म में भी काफी आस्था रखते हैं। मन्दिर, पगोडा और मस्जिदों की ऊँची मीनारें प्रायः सभी देशों में दिखाई देती हैं।

भूटान का राजमहल

थाईलैण्ड की एक नर्तकी

थाईलैण्ड का एक पगोडा

हैं, योजनाओं द्वारा उत्पादन बढ़ाते हैं परन्तु बढ़ती हुई जनसंख्या उसे नगण्य बना देती है। यह जनसंख्या प्रतिवर्ष 54.5 लाख अर्थात् प्रतिमाह 4.54 लाख बढ़ जाती है। इस प्रकार एशिया में प्रतिदिन 1,50,000 बच्चे पैदा होते हैं। इसका कारण शिक्षा की कमी, पूर्ण औद्योकीकरण न होना और निर्धनता है। इस भारी समस्या के बावजूद एशिया के देश उन्नति पथ पर आगे बढ़ रहे हैं।

दक्षिण-पूर्वी एशिया का एक बाज़ार

एशिया, दक्षिण-पूर्वी (SOUTH-EAST ASIA)—भारत, चीन और दक्षिण-पूर्वी एशिया के अन्य देशों तथा उनके आसपास के द्वीपों को 'सुदूर पूर्व' कहा जाता है। जब यात्रा के समुचित साधन नहीं थे तो यूरोप के लोगों को ये स्थान बहुत दूर लगते थे, इसीलिए इन्हें यह नाम दिया गया। मार्कोपोलो के ज़माने में इटली से चीन पहुँचने में कई महीने लग जाते थे। अब इस क्षेत्र को 'दक्षिण-पूर्वी एशिया' कहते हैं। कोलम्बस के ज़माने में यूरोप के लोगों के लिए सुदूर पूर्व शब्द का अर्थ होता था—मसाले, रेशम और जवाहरात। लोगों को इस प्रदेश की कोई जानकारी न थी। लेकिन विज्ञान के इस युग में आज ऐसा नहीं है। अब यूरोप मसाले और रेशम की जगह टीन, तेल, रबर और चाय के लिए सुदूर पूर्व पर विशेष रूप से निर्भर करता है।

एशिया, पश्चिमी (WEST ASIA)—पश्चिमी एशिया ने संसार के इतिहास में बड़ी महत्त्वपूर्ण भूमिका अदा की है। सदियों तक यह क्षेत्र पूर्व में एशिया और पश्चिम में यूरोप और अफ्रीका के बीच एक संधिस्थल का काम करता रहा है। मिस्र, बेबीलोन, असीरिया, फारस और फिलिस्तीन की प्राचीन सभ्यताओं का विकास इसी क्षेत्र में हुआ था। संसार के तीन महान धर्मों—यहूदी, इस्लाम और ईसाई— ने इसी क्षेत्र में जन्म लिया। इसके अलावा कुछ विद्वानों

पश्चिमी एशिया में भी आधुनिक ढंग के फार्म हैं

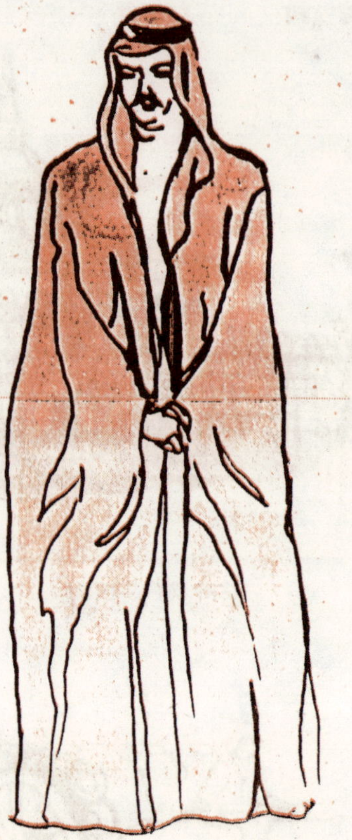

अरब निवासी अपनी परम्परागत वेशभूषा में

इस्ताम्बूल की प्रसिद्ध सोफिया मीनार

का कहना है कि लिखने की कला या वर्णमाला का जन्म भी पश्चिमी एशिया में ही हुआ।

इस समय लगभग 21 करोड़ आदमी इस क्षेत्र में रहते हैं। इनमें से आधे अरबी भाषा बोलते हैं। तुर्की, फारसी और हिब्रू यहाँ की अन्य प्रमुख भाषाएँ हैं।

आठवीं सदी में पश्चिमी एशिया के लगभग सभी लोग मुसलमान हो गए थे। अब भी इनमें से अधिकांश मुसलमान हैं, लेकिन कुछ यहूदी और ईसाई भी हैं। तुर्की, सीरिया, जॉर्डन, सऊदी अरब, मिस्र, सूडान, इराक, ईरान और अफ़ग़ानिस्तान पश्चिमी एशिया या 'निकट पूर्व' में ही माने जाते हैं।

पश्चिमी एशिया का अधिकांश भाग रेगिस्तानी है। खेती के

लायक ज़मीन बहुत थोड़ी है और उसमें भी सिंचाई करनी पड़ती है। चरागाही इलाकों के ज़्यादातर लोग खानाबदोश हैं, जो भेड़-बकरियों को लेकर चरागाहों की खोज में घूमते रहते हैं।

मिस्र का काहिरा और सिकन्दरिया, ईरान का तेहरान, तुर्की का इस्ताम्बूल और इराक का बगदाद इस क्षेत्र के बड़े नगर हैं। पश्चिमी एशिया में भारी उद्योगों का विकास बहुत कम हुआ है।

इस क्षेत्र की सबसे बड़ी सम्पदा है इसके तेल के कुएँ। यहाँ संसार में सबसे अधिक तेल मिलता है। तेल पैदा करने वाले प्रमुख देश हैं ईरान, इराक, कुवैत, सऊदी अरब, बहरीन और कातार। तेल को भूमध्य सागर और फारस की खाड़ी तक पहुँचाने के लिए मीलों लम्बी पाइप लाइनें बिछाई गई हैं। तेल यहाँ की भारी समृद्धि का कारण है।

एंटीगुआ एण्ड बारबूडा **(ANTIGUA & BARBUDA)**—ब्रिटिश वेस्टइंडीज़ के द्वीपों में स्थित एंटीगुआ एण्ड बारबूडा 1 नव. 1981 को स्वाधीन हुआ। यहाँ के निवासी मिले-जुले यूरोपीय-नीग्रो मूल के हैं। इसका क्षेत्रफल 442 वर्ग किमी. और जनसंख्या 69,108 है। यहाँ की राजधानी सेंट जान्स है। अर्थव्यवस्था कृषि-प्रधान है।

एस्तोनिया **(ESTONIA)**—एस्तोनिया अगस्त 1991 में पूर्व सोवियत संघ से अलग होकर स्वाधीन देश बना। इसका क्षेत्रफल 45,100 वर्ग किमी. और जनसंख्या 13,24,333 है। इसकी राजधानी तालिन्न है। कृषि और दुग्ध-उत्पादन प्रमुख व्यवसाय हैं।

एरिट्रिया **(ERITREA)**—यह लाल सागर के अफ़्रीकी तट पर स्थित है और इथियोपिया के सुदूर उत्तर में है। यह अरसे तक इथियोपिया के कब्ज़े में रहा। लम्बे संघर्ष के बाद 24 मई 1993 को एरिट्रिआ स्वतन्त्र हुआ। इसका क्षेत्रफल 1,17,600 किमी. और जनसंख्या 47,86,994 है, जिसमें 9 जातीय समुदाय समाहित हैं। इसकी राजधानी असमारा है।

ऐंडोरा **(ANDORRA)**—यह यूरोप का एक छोटा-सा स्वतन्त्र देश है। ऐंडोरा फ्रांस और स्पेन के बीच पायरेनीज़ पर्वत की घाटी में बसा है। इसकी राजधानी ऐंडोरा है। इसका क्षेत्रफल 464 वर्ग किमी. और जनसंख्या 71,201 है।

यहाँ की अधिकांश जनता स्पेनी भाषा बोलती है। यहाँ 1278 ई. से शाही खानदान का शासन है। देश में विशेष संविधान लागू नहीं है। संसद में 28 चुने हुए प्रतिनिधि होते हैं। अनाज, आलू और तम्बाकू यहाँ की मुख्य उपज हैं। लोहा, सिक्का, फिटकरी आदि खनिज हैं। पर्यटन आय का मुख्य साधन है।

ओसाका **(OSAKA)**—जापान का दूसरा सबसे बड़ा नगर ओसाका है। इसकी आबादी पचीस लाख से अधिक है। इसे संसार के बड़े नगरों में माना जाता है। यह महानगर रेलों का एक बहुत बड़ा जंक्शन है। यह जापान के एक बहुत महत्त्वपूर्ण औद्योगिक क्षेत्र का प्रमुख केन्द्र है। इस नगर में अनेक कारखाने हैं जिनमें बड़ी-बड़ी मशीनें, कपड़ा और जहाज़ बनते हैं।

ओसाका एक बड़ा बन्दरगाह भी है। व्यापार का यह एक बड़ा केन्द्र है। नगर का व्यापार वाला भाग किसी यूरोपीय नगर जैसा है, लेकिन शेष भाग और बहुत-से कारखाने ठेठ जापानी ढंग पर बने हुए हैं।

ओमान **(OMAN)**—अरब प्रायद्वीप के दक्षिणी-पूर्वी भाग में स्थित ओमान एक सल्तनत है, जिसे पहले मस्कट और ओमान के नाम से जाना जाता था। 1970 से उसे नये नाम 'ओमान' से जाना जाने लगा। 3 लाख वर्ग किमी. क्षेत्रफल और 32,04,897 जनसंख्या वाले इस देश की राजधानी मस्कट है। भाषा अरबी और धर्म इस्लाम। यहाँ की अर्थव्यवस्था का आधार तेल है, वैसे पानी की उपलब्धता वाले इलाकों में छुहारा, अनाज भी प्रचुरता से पैदा होते हैं।

अंगोला **(ANGOLA)**—पश्चिमी अफ़्रीका का यह देश कभी पुर्तगाल का उपनिवेश हुआ करता था। 1975 में यह एक स्वाधीन राष्ट्र के रूप में अस्तित्व में आया। इसका क्षेत्रफल 12,46,699 वर्ग किमी. और जनसंख्या 1,22,63,596 है। लुआण्डा इसकी राजधानी

मछली-उद्योग भी कनाडा का एक महत्त्वपूर्ण उद्योग है। तट से दूर अटलांटिक महासागर में कॉड मछली और केकड़े पाये जाते हैं। प्रशांत महासागर में हैलीबट और सालमन मछलियां पकड़ी जाती हैं। झीलों और नदियों के किनारे मछली की डिब्बाबंदी के कारखाने हैं।

है। ज्वार, बाजरा, कॉफी, कपास, तेल, ताड़ आदि यहाँ पर्याप्त मात्रा में पैदा होते हैं। खनिज उत्पादों में हीरे जवाहरात यहाँ से पूरी दुनिया में निर्यात किए जाते हैं।

कज़ाख़स्तान (**KAZAKHSTAN**)—यह पूर्व-सोवियत गणराज्य 16 दिस. 1991 को स्वतन्त्र राष्ट्र बना। इसका क्षेत्रफल 27,17, 300 वर्ग किमी., जनसंख्या 1,52,84,929 और राजधानी अस्ताना है। खाद्यान्न, आलू, सब्जी, मांस, दूध, अंडे यहाँ की कृषि फसलें हैं। भेड़ों की क्वालिटी ऊन के लिए भी इसे जाना जाता है। ताँबा, सीसा और जस्ता के प्रचुर खनिज भण्डार भी यहाँ हैं।

कनाडा (**CANADA**)—अमरीका के उत्तर में स्थित यह देश चीन को छोड़कर क्षेत्रफल की दृष्टि से संसार का सबसे बड़ा देश है। किन्तु जनसंख्या की दृष्टि से यह ब्रिटेन से भी छोटा है। इसका क्षेत्रफल 99,76,139 वर्ग किमी. और जनसंख्या 3,30,98,932 है।

पूरा कनाडा अमरीका से कहीं अधिक ठण्डा है। उत्तरी भाग में प्रायः बर्फ जमी रहती है और वहाँ एस्कीमो रहते हैं। देश के दक्षिणी भाग और पश्चिमी किनारे के कुछ भाग की जलवायु अच्छी है।

कनाडा राष्ट्रमण्डल का सदस्य है। शासन के मामले में यह प्रायः स्वतन्त्र है। 1982 में इंग्लैंड ने कनाडा को सम्पूर्ण संवैधानिक अधिकार दे दिए। कनाडा 12 भागों में बँटा हुआ है। प्रत्येक भाग की अपनी राजधानी है। कनाडा की राजधानी ओटावा है।

कृषिप्रधान देश होने के बावजूद कनाडा आज एक प्रमुख औद्योगिक देश बन गया है। मोटरों के पुर्जे यहाँ से सबसे अधिक निर्यात किए जाते हैं। इसके साथ लकड़ी का गूदा, शहतीर और गेहूँ का निर्यात होता है। कच्चा तेल पैदा करने वाले देशों में कनाडा नौवें नम्बर पर है। न्यूफाउण्डलैंड का दक्षिणी भाग मत्स्य-उद्योग का सबसे बड़ा केन्द्र है।

कनाडा के उत्तर-पूर्वी भाग में घने जंगल हैं। इनकी बहुत-सी लकड़ी कागज़ बनाने के काम आती है। हडसन खाड़ी के आसपास के क्षेत्र में फर वाले जानवर होते हैं। कनाडा से फर का भी निर्यात किया जाता है।

खनिज पदार्थों की दृष्टि से कनाडा बड़ा सम्पन्न देश है। दुनिया-भर में निकल की सबसे अधिक खानें कनाडा के ओंटेरियो प्रान्त में और ऐस्बेस्टस की सबसे अधिक खानें क्यूबेक प्रान्त में हैं। इसके अलावा कनाडा में तांबा, जस्ता, सीसा, चाँदी, सोना और यूरेनियम की भी खानें हैं। अमरीका की अपेक्षा यहाँ कोयला और पेट्रोल कम होता है।

कनाडा का सबसे बड़ा नगर मौंट्रियल है। इसगें और कनाडा के दूसरे बड़े नगर टोरंटो में कनाडा के अधिकतर कारखाने हैं।

कम्बोडिया (**CAMBODIA**)—इस देश को कुछ समय के लिए कमप्यूचिया कहा गया था। अब फिर इसे कम्बोडिया कहते हैं। यह एक अविकसित देश है।

इसके क्षेत्रफल का आधा भाग जंगल है। चावल यहाँ की मुख्य उपज है। अन्य अनाजों के मुकाबले चावल 80% पैदा होता है। पशु-पालन और मछली पकड़ने का धन्धा काफी विकसित है। यहाँ के जंगलों में शहतीर की बहुतायत है। यह इस समय संवैधानिक गणतन्त्र है और जनता के निर्वाचित प्रतिनिधियों की एक राष्ट्रीय सभा कानून बनाती है।

कम्बोडिया के लोग बौद्ध धर्म के मानने वाले हैं। इस देश का क्षेत्रफल 1,81,035 वर्ग किमी. और जनसंख्या 1,39,95,904 है। यहाँ की राजधानी नोमपेन्ह है।

कोलकाता (**KOLKATA**)—गंगा नदी के डेल्टा से अस्सी मील उत्तर हुगली के बायें किनारे पर भारत का दूसरा बड़ा नगर कोलकाता बसा है। यह पश्चिम बंगाल राज्य की राजधानी है। सन् 1858 से 1912 तक यह महानगर भारत की राजधानी भी रह चुका है और अभी हाल तक इसे कलकत्ता कहा जाता था। इसके निगम क्षेत्र की जनसंख्या लगभग 45,80,544 है।

कोलकाता भारत का प्रमुख व्यापारिक नगर और बन्दरगाह

क्यूबेक प्रदेश के फ्रेंच-वंशी कनाडियन परम्परागत फ्रांसीसी ढंग का जीवन बिताते हैं और फ्रेंच भाषा का प्रयोग करते हैं। वे बड़े शहरों के व्यस्त जीवन से भी दूर रहते हैं

है। बाहर से आने वाले जहाज़ों को अस्सी मील हुगली नदी में चलकर कोलकाता पहुँचना पड़ता है। हुगली नदी कम गहरी है और हर साल इसकी सफाई करनी पड़ती है। यहाँ की जलवायु भी अच्छी नहीं कही जा सकती। गर्मी के दिनों में भयानक गर्मी पड़ती है और वर्षा बहुत होती है। इसलिए कुछ लोग कोलकाता को एक अच्छा बन्दरगाह नहीं मानते। फिर भी इस बंदरगाह में हर समय काम होता रहता है और यह दुनिया के सबसे व्यस्त बन्दरगाहों में से एक माना जाता है।

कोलकाता जूट उद्योग का संसार का सबसे बड़ा केन्द्र है। इसके अलावा यहाँ इस्पात और चीनी के कारखाने भी हैं। यहाँ जहाज़ बनाने के भी कुछ कारखाने हैं। कोलकाता फिल्म उद्योग का भी एक प्रमुख केन्द्र है।

कोलकाता हुगली नदी के किनारे बसा है

कोलकाता एक महानगर है। हावड़ा का पुल भारत का सबसे अधिक व्यस्त पुल है। कोलकाता का चिड़ियाघर एशिया में सबसे बड़ा माना जाता है। यहाँ का राष्ट्रीय पुस्तकालय भारत का सबसे बड़ा पुस्तकालय है। यहाँ का भारतीय संग्रहालय भी देखने योग्य है।

यह महानगर भारतीय राजनीति का बहुत बड़ा केन्द्र रहा है। सच तो यह है कि कोलकाता भारत के प्रायः सभी सामाजिक, राजनीतिक, राष्ट्रीय और कलात्मक आन्दोलनों में अग्रणी रहा है।

कांगो **(REPUBLIC OF CONGO)**—यह पहले फ्रांसीसी भूमध्यरेखीय अफ्रीका का एक भाग था। 1958 में फ्रांसीसी समुदाय के अन्तर्गत एक स्वायत्तशासी राज्य बना और अगस्त 1960 में पूर्ण स्वाधीन हुआ। 1969 में यहाँ एक नया संविधान लागू किया गया। मार्क्सवादी वर्चस्व वाले इस देश की राजधानी ब्राजाविले है। यहाँ का क्षेत्रफल 3,42,000 वर्ग किमी. और जनसंख्या 37,02,314 है। यहाँ के मुख्य निर्यात इमारती लकड़ी, हीरे, ताड़, तेल, चीनी और मूँगफली हैं।

कांगो-किन्शासा **(DEMOCRATIC REPUBLIC OF THE CONGO)**—मूल रूप से बेल्जियम का उपनिवेश रहा यह देश 30 जून 1960 को स्वाधीन हुआ। कबीलाई हिंसा, गृहयुद्ध और सैनिक विद्रोह का लगातार सामना कर रहे इस देश को आर्थिक संकट के दौर से गुज़रना पड़ रहा है। यहाँ का क्षेत्रफल 23,44,885 वर्ग किमी. और जनसंख्या 6,57,51,512 है और राजधानी किन्शासा है। यहाँ कटांगा में तांबे की खानें और कसाई में हीरे के भंडार हैं। कोबाल्ट, मैंगनीज़, जस्ता, यूरेनियम आदि खनिजों की भी बहुलता है। इमारती लकड़ी, कॉफी, खजूर आदि यहाँ के प्रमुख कृषि-उत्पाद हैं।

क़तर **(QATAR)**—फारस की खाड़ी पर स्थित यह एक स्वतन्त्र अरब राज्य है। यहाँ शेख़ का शासन है। ग्रेट ब्रिटेन के साथ इसके विशेष सन्धि-सम्बन्ध हैं। इसका क्षेत्रफल 11,437 वर्ग किमी. और जनसंख्या 9,07,229 है। इसकी राजधानी दोहा है। 90% राष्ट्रीय आय तेल से प्राप्त होती है। यहाँ की राजनीति में अब महिलाएँ भी हिस्सेदारी करने लगी हैं। खाड़ी क्षेत्र में पहली बार यह हुआ कि कातार की म्यूनिसिपल कौंसिल में एक महिला निर्वाचित होकर सदस्य बनी।

किरगिज़िस्तान **(KYRGYZSTAN)**—यह पूर्व-सोवियत गणराज्य दिसम्बर, 1991 में स्वतन्त्र देश बना और हाल के दिनों में अमरीकी रणनीति को आधार क्षेत्र सुलभ कराता लक्ष्य किया गया। यहाँ का क्षेत्रफल 1,98,500 वर्ग किमी. और जनसंख्या 52,84,149 है। बिशकेक इसकी राजधानी है। खाद्यान्न, कपास, आलू, सब्ज़ी, फल, मांस, अण्डे, दूध और ऊन यहाँ के प्रमुख कृषि उत्पाद हैं।

किरिबती **(KIRIBATI)**—11 जुलाई, 1979 को किरिबती (किरिबास) नाम से स्वाधीन हुआ यह देश पहले ब्रिटिश उपनिवेश था और जिल्बर्ट द्वीप समूह के रूप में जाना जाता था। ये द्वीप पश्चिमी प्रशान्त महासागर में काफी बड़े इलाके में फैले हैं। क्षेत्रफल 861 वर्ग किमी., जनसंख्या 1,07,817 और राजधानी बारिकी (तरावा एटोल पर) है। कृषि, मछली यहाँ जीविका के मुख्य आधार हैं। नारियल और केवड़ा के कुछ बागान भी हैं। यहाँ उच्चकोटि के फास्फेटिक भण्डार भी हैं।

कुवैत **(KUWAIT)**—फारस की खाड़ी के उत्तरी छोर के साथ फैला यह छोटा-सा अरब देश है। यह पहले ब्रिटिश सरकार के संरक्षण में था, परन्तु 1961 से पूर्ण स्वतंत्र है। कुवैत समृद्धतम देश है।

कुवैत की पूरी अर्थव्यवस्था पेट्रोल पर आधारित है। पेट्रोल का निर्यात करनेवाले देशों में इसका विश्व में दूसरा स्थान है। कुवैत का क्षेत्रफल 17,818 वर्ग किमी. और जनसंख्या 25,05,559 है। कुवैत नगर इसकी राजधानी है।

कुवैत ने भी इधर महिला मताधिकार के प्रति रुचि दिखाई है। योजना मंत्री के रूप में भी पहली बार किसी महिला को शासन में भागीदारी दी गई है।

केन्या **(KENYA)**—अफ्रीका महाद्वीप में स्थित यह देश हिन्द महासागर के तट से लगा हुआ है। इसके उत्तर में इथियोपिया,

उत्तर-पूर्व में सोमालिया, पश्चिम में उगांडा और दक्षिण में टांगानीका है। केनिया 1963 के अंत में स्वतंत्र हुआ और अब ब्रिटिश राष्ट्रमंडल का सदस्य है। यहां की मुख्य पैदावार कॉफी, चाय, अनाज, कपास, इमारती लकड़ी और खनिज पदार्थ हैं। अफ्रीका में सबसे अधिक चाय यहीं पैदा होती है।

केनिया का क्षेत्रफल 5,82,646 वर्ग किमी. और जनसंख्या 3,69,13,721 है। नेरोबी यहाँ की राजधानी है।

केप वर्डे (CAPE VERDE)–पश्चिमी अफ्रीका से दूर अटलांटिक में स्थित 10 बड़े और 5 छोटे द्वीपों का यह समूह पहले पुर्तगाली उपनिवेश था। पुतर्गालियों ने जब इसकी खोज की तब यह निर्जन था। वे दास के रूप में नीग्रो लोगों को बाहर से यहाँ लाए। उन्हीं के नाती-पोते यहाँ के असली निवासी कहलाये। 5 जुलाई, 1975 को इसे स्वाधीनता मिली। यहाँ का क्षेत्रफल 4,033 वर्ग किमी., जनसंख्या 4,23,613 तथा राजधानी प्रैया है। यहाँ बहुत मामूली कृषि उपज है और अधिकांश खाद्यसामग्री आयात करनी होती है। नमक, मछली, कॉफी और मूँगफली का निर्यात होता है।

केमेरून (CAMEROON)–अफ्रीका के पश्चिमी समुद्र-तट पर नाइजीरिया, कांगो और मध्य अफ्रीकी गणराज्य के बीच केमेरून संघीय गणराज्य है। पहले यह जर्मनी का एक उपनिवेश था, फिर संयुक्त राष्ट्र की ट्रस्टीशिप में आ गया और इसके एक भाग का प्रशासन ब्रिटेन और दूसरे का फ्रांस देखने लगे। 1960 में फ्रेंच केमेरून स्वतन्त्र हुआ और 1961 में ब्रिटिश केमेरून के भी स्वतन्त्र हो जाने पर, दोनों भागों का संघीय गणराज्य बन गया। यहाँ अब प्रेसिडेंट का शासन है।

कोरिया के कुछ दृश्य

धान की खेती

शिकार के जंगली जानवर

मिट्टी के बर्तन बेचनेवाला

केमेरून संघीय गणराज्य का क्षेत्रफल 4,75,442 वर्ग किमी. और जनसंख्या 1,80,60,382 है। इसकी राजधानी याओण्डे है।

कोटे डी आइवोर (COTE D'IVOIRE)–आइवरी कोस्ट के नाम से लोकप्रिय पश्चिमी अफ्रीका में यह देश गिनी की खाड़ी पर स्थित है। यह पहले एक फ्रेंच इलाका था, किन्तु 1960 से पूर्ण स्वतन्त्र है। यह फ्रेंच राष्ट्रकुल का सदस्य तो नहीं है, पर फ्रांस के साथ इसके घनिष्ठ सम्बन्ध हैं।

आइवरी कोस्ट का क्षेत्रफल 3,22,462 वर्ग किमी. और जनसंख्या 1,80,13,409 है। अबिदजन इसकी राजधानी है।

कोमोरोस (COMOROS)–अफ्रीका और मैडागास्कर के बीच मोज़ाम्बिक चैनल के उत्तरी छोर पर स्थित यह छोटा-सा द्वीपसमूह पहले फ्रांसीसी उपनिवेश था। 6 जुलाई 1975 को इसे स्वाधीनता मिली। इसका क्षेत्रफल 1862 वर्ग किमी. आबादी 7,11,417 तथा राजधानी मोरोनी है। कृषि यहां की अर्थ-व्यवस्था का मूल आधार है। कोमोरोस को अलगाववादी आंदोलनों का सामना भी करना पड़ रहा है।

कोरिया, उत्तरी (KOREA NORTH)–कोरिया प्रायद्वीप का यह उत्तरी भाग है। द्वितीय विश्वयुद्ध में रूस ने देश के उत्तरी और अमेरिका ने दक्षिणी भाग पर अधिकार कर रखा था। पोट्सडैम सम्मेलन में दोनों भाग स्वतन्त्र हुए और 9 सितम्बर, 1948 को उत्तरी कोरिया समाजवादी जनतन्त्र बना। सभी उद्योगों का राष्ट्रीयकरण कर दिया गया और सहकारी खेती होने लगी। देश में भारी उद्योगों पर ध्यान दिया गया। यहाँ कोयला और लोहे की खानें हैं। उत्तरी कोरिया उन पाँच देशों में से है जहाँ टंगस्टन और ग्रेफाइट का उत्पादन होता है। यहाँ का क्षेत्रफल 1,20,538 वर्ग किमी. है और जनसंख्या 2,33,01,725 है। यहाँ की राजधानी प्योंग्यांग है।

अपनी परमाणु नीति के कारण कुछ समय से उ. कोरिया फिर विवादों से घिर गया है और अमरीका के निशाने पर है।

कोरिया, दक्षिणी (KOREA SOUTH)–इसे कोरिया गणतन्त्र कहा जाता है। कोरिया प्रायद्वीप का यह भाग उत्तरी कोरिया से छोटा है परन्तु अधिक समृद्ध है। गत वर्षों में इस भाग ने भारी औद्योगिक उन्नति की है। यहाँ कपड़ा, इलैक्ट्रोनिक्स, इस्पात और पेट्रोकैमिकल पदार्थों का उत्पादन बढ़ा है। अभी तक कृषि ही अर्थव्यवस्था का प्रमुख अंग थी, परन्तु अब उद्योग उसका स्थान लेते जा रहे हैं। चावल, गेहूँ, जई और आलू प्रमुख कृषि उत्पाद हैं। मत्स्य उद्योग भी प्रमुख है।

दक्षिणी कोरिया का क्षेत्रफल 98,859 वर्ग किमी. है और जनसंख्या 4,90,44,790 है। इसकी राजधानी सियोल है। इस देश की प्रतिव्यक्ति आय उत्तरी कोरिया की लगभग दुगुनी है।

कोलम्बिया (COLOMBIA)–दक्षिणी अमरीका में इक्वादोर और पेरू के उत्तर में कोलम्बिया राज्य है। इसका नाम कोलंबस के नाम पर कोलम्बिया पड़ा। इसका क्षेत्रफल 11,39,000 वर्ग किमी. और जनसंख्या 4,43,79,598 है। कोलम्बिया में ऊँचे-ऊँचे पहाड़ और पठार हैं। निचले स्थानों में गर्मी बहुत पड़ती है और वर्षा भी अधिक होती है। यहाँ ऐंडीज पर्वत की अधिकांश चोटियाँ बर्फ से ढकी रहती हैं। पठार और पहाड़ों की तराई के

कोलम्बिया के कुछ दृश्य

इलाकों में जलवायु अच्छी रहती है।

कोलम्बिया के कुछ लोग स्पेनी हैं, कुछ नीग्रो। दक्षिण-पूर्वी भागों में आदिवासी इंडियन लोग भी रहते हैं। कोलंबिया की राजधानी बोगोटा है। कोलंबिया पहले दक्षिण अमरीका के स्पेनिश साम्राज्य का भाग था। 1819 में साइमन बोलिवर ने उन्हें हराया। उसकी ग्रेटर कोलम्बिया की योजना 1830 तक चली। फिर सब देश स्वतन्त्र हो गए।

कोलम्बिया की मुख्य पैदावार कॉफी है। कॉफी के अलावा गेहूँ, जई, जौ, आलू, गन्ना, चावल, तम्बाकू, कपास और केला भी उगाया जाता है।

तेल और खनिज पदार्थों की दृष्टि से यह देश अत्यन्त समृद्ध है। दुनिया में पन्ने की सबसे अधिक प्रसिद्ध खानें कोलम्बिया में ही हैं। यहाँ चाँदी, सोना और प्लेटिनम की खानें भी हैं। यहाँ नशीली वस्तुओं का तस्कर तन्त्र इधर बहुत ताकतवर हो गया है, जो सरकार के लिए सिरदर्द बना हुआ है। इसी वजह से खून-खराबे की घटनाएँ भी यहाँ प्रायः होती रहती हैं।

कोस्टा रीका **(COSTA RICA)**—मध्य अमरीका का यह देश निकारागुआ और पनामा के बीच स्थित है। 1821 में स्पेनी शिकंजे से इसने मुक्ति पाई। इसका क्षेत्रफल 51,100 वर्ग किमी. , आबादी 41,33,884 और राजधानी सानजोसे है। मुख्यतः कृषिप्रध ाान यह देश कॉफी की उपज पर निर्भर है। यहाँ के कुल निर्यात का आधा कॉफी के हिस्से आता है। केला और कोको का भी निर्यात किया जाता है। दवाएं, फर्नीचर, एल्युमीनियम और कपड़ा यहां के मुख्य औद्योगिक उत्पाद हैं।

क्यूबा **(CUBA)**—मेक्सिको की खाड़ी और कैरिबियन सागर के बीच स्थित देश क्यूबा को कभी-कभी "चीनी का द्वीप" कहा

क्यूबा के कुछ दृश्य

जाता है। यहाँ लगभग हर खेत में गन्ना ज़रूर बोया जाता है। क्यूबा पश्चिमी द्वीपसमूह का एक द्वीप है। इसका क्षेत्रफल 1,10,922 वर्ग किमी. और जनसंख्या 1,13,94,043 है। क्यूबा पर पहले स्पेन का शासन था। उन्नीसवीं सदी के अन्त में यह स्वतंत्र हुआ। अब भी यहाँ के लोग स्पेनी और अंग्रेज़ी दोनों भाषाएं बोलते हैं। क्यूबा की सबसे अधिक पैदावार गन्ना है। यहां का प्रमुख उद्योग चीनी उत्पादन है। अधिकांश अर्थव्यवस्था चीनी पर ही टिकी हुई है। यहां सब देशों से अधिक चीनी पैदा होती है।

क्यूबा की जलवायु बड़ी अच्छी है और मिट्टी बहुत उपजाऊ है। गन्ने के अलावा यहाँ केले और अनन्नास खूब होते हैं। ताँबा, लोहा, निकल और कुछ दूसरी धातुएँ निकाली जाती हैं।

1898 में क्यूबा एक स्वाधीन गणराज्य बना और 1959 में फीदेल कास्त्रो के नेतृत्व में वहाँ ऐतिहासिक क्रान्ति हुई। तभी से क्यूबा अमरीका की आँखों का काँटा बना हुआ है, लेकिन क्यूबा

को इसकी रत्ती-भर परवाह नहीं।

क्यूबा की राजधानी हवाना की आबादी अन्य नगरों से अधिक है। यह एक सुन्दर बन्दरगाह भी है। शहर में अनेक ऐतिहासिक इमारतें हैं जिन्हें सैलानी बड़े चाव से देखते हैं। हवाना में सिगार बनाने के कई कारखाने हैं। हवाना के सिगार संसार-भर में प्रसिद्ध हैं।

क्रोएशिया (CROATIA)–पूर्व-यूगोस्लाविया का दूसरा बड़ा गणराज्य, जो 25 जून, 1991 को स्वतन्त्र देश बना। गृहयुद्ध तथा सर्ब और क्रोएट के बीच जातीय संघर्षो के बीच 15 जन., 1992 को यूरोपियन समुदाय ने उसे मान्यता प्रदान की। इसका क्षेत्रफल 56,538 वर्ग किमी., जनसंख्या 44,94,749 तथा राजधानी जगारेव है। गेहूँ, आलू, जैतून, लकड़ी आदि यहाँ के कृषि-उत्पाद हैं तथा बिजली, कोयला, सीमेंट, चीनी, इस्पात, आदि प्रमुख उद्योग।

गाबून (GABON)–अफ्रीका महाद्वीप के अटलांटिक सागर तट से लगा यह देश भूमध्य रेखा के पास स्थित है। 1960 से यह स्वतन्त्र गणराज्य है और फ्रेंच राष्ट्रकुल का सदस्य है। इसका क्षेत्रफल 2,67,667 वर्ग किमी. और जनसंख्या 14,54,867 है। लिब्रेविले इसकी राजधानी है।

गयाना (GUYANA)–ब्रिटिश गायना के नाम से पहले लोकप्रिय रहा यह देश दक्षिण अमरीका के उत्तर-पूर्वी तट पर स्थित है। सन् 1814 से ब्रिटेन के अधीन चला आ रहा यह अन्ततः 26 मई, 1966 को राष्ट्रमंडल के अन्तर्गत स्वाधीन राज्य बना। इसका क्षेत्रफल 2,14,969 वर्ग किमी., जनसंख्या 7,69,095 तथा राजधानी जार्ज टाउन है। कृषि आधारित अर्थव्यवस्था वाला यह देश चीनी, चावल व बॉक्साइट का निर्यात करता है। सोने और हीरे की खानें भी वहाँ हैं।

गिनी (GUINEA)–यह प. अफ्रीकी देश 2 अक्तू. 1958 को फ्रांसीसी आधिपत्य से मुक्त होकर स्वाधीन गणराज्य बना। इसका क्षेत्रफल 2,45,857 वर्ग किमी., जनसंख्या 99,47,814 तथा राजधानी कोनक्री है। दुनिया में बॉक्साइट का सबसे बड़ा भंडार गिनी के पास है। काफी, शहद, केला, लोहा और एल्यूमीनियम अयस्क का यह निर्यात करता है।

गिनी-बिसाऊ (GUINEA-BISSAU)–1973 में एकतरफा आज़ादी की घोषणा के ज़रिये इस देश ने पुर्तगाली आधिपत्य से मुक्ति पाई। 1974 में पुर्तगाल ने इसे मान्यता भी प्रदान कर दी। इसका क्षेत्रफल 36,125 वर्ग किमी., जनसंख्या 14,72,780 तथा राजधानी बिसाऊ है। इसके उत्तर में सेनेगल और पश्चिम में अटलांटिक सागर है। यह कृषि तथा पशुपालन की अर्थ-व्यवस्था वाला देश है।

गैम्बिया (GAMBIA)–प. अफ्रीका का, तीन ओर से सेनेगल से घिरा, यह देश पहले ब्रिटिश उपनिवेश था। 8 फरवरी 1965 को यह राष्ट्रमंडल के अन्दर स्वाधीन राज्य बना और अप्रैल 1970 में गणराज्य बन गया। इसका क्षेत्रफल 11,295 वर्ग किमी., जनसंख्या 16,88,359 तथा राजधानी बांजुल है। यहाँ की प्रमुख फसल मूँगफली है। चावल व ताड़-उत्पाद भी होते हैं। अधिकतर जीवनोपयोगी वस्तुएँ आयात करनी होती हैं।

ग्रेनाडा (GRENADA)–यह ब्रिटिश विंडबर्ड द्वीपसमूह में धुर दक्षिण में है। यह 1974 में स्वाधीन हुआ। इसका क्षेत्रफल 344 वर्ग किमी., जनसंख्या 89,971 तथा राजधानी सेंट जार्जेस है। कृषि आधारित अर्थ-व्यवस्था वाला यह देश पर्यटन उद्योग में उन्नति कर रहा है।

ग्रीनलैंड (GREENLAND)–यह संसार का सबसे बड़ा द्वीप है। चूँकि आस्ट्रेलिया की गणना एक महाद्वीप के रूप में होती है, इसलिए ग्रीनलैंड को ही संसार का सबसे बड़ा द्वीप माना जाता है। यह उत्तरी अमरीका और यूरोप के बीच में स्थित है। इसका सबसे उत्तरी भाग उत्तरी ध्रुव के बहुत पास है। ग्रीनलैंड की जनसंख्या बहुत ही कम, केवल 50 हज़ार है और क्षेत्रफल 21,76,000 वर्ग किमी.। यहाँ के निवासियों में अधिकांश एस्कीमो हैं। कुछ डेन लोग भी यहाँ बसते हैं। यह एक स्वतन्त्र प्रदेश है।

ग्रीनलैंड का अधिकांश भाग बर्फ से ढका हुआ है। बर्फ कहीं-कहीं एक मील तक मोटी है। इसके किनारे-किनारे ज़मीन की एक पतली पट्टी है जहाँ लोग रहते हैं। कहीं-कहीं बर्फ समुद्र के किनारे तक फैली हुई है। ग्रीनलैंड में कई महत्त्वपूर्ण मौसम केन्द्र हैं, जिनकी सूचना के आधार पर यूरोप और अमरीका के मौसम-वैज्ञानिक मौसम की भविष्यवाणी करते हैं। अब ग्रीनलैंड आर्कटिक के पार उड़नेवाले विमानों के लिए मार्ग में रुकने का अड्डा बनता जा रहा है।

ग्रीस (GREECE)–भूमध्य सागर में बाल्कन प्रायद्वीप पर बसा यह देश अपनी प्राचीन सभ्यता के लिए प्रसिद्ध है। हम इस प्राचीन देश को यूनान के नाम से जानते हैं। आधुनिक काल में सन् 1830 में ग्रीस तुर्की की अधीनता से मुक्त हुआ। अनेक उतार-चढ़ावों के बाद 1974 में राजतन्त्र समाप्त हुआ और लोकतन्त्र की स्थापना हुई।

ग्रीस का क्षेत्रफल लगभग 1,32,000 वर्ग किमी. है और जनसंख्या 1,07,06,290 है। इसकी राजधानी एथेन्स है। यूनान अब तक कृषिप्रधान देश ही था, परन्तु कुछ समय से अनेक औद्योगिक क्षेत्रों में काम हो रहा है। इसनें मालवाही जहाज़ों का बहुत विशाल बेड़ा तैयार किया है। सम्भवतः एक-दो देशों को छोड़कर सबसे अधिक मालवाही जहाज़ यूनान के पास ही हैं। फलों, मछलियों और स्पंज का व्यापार भी बढ़ा है। सन् 2004 में वहाँ ओलिम्पिक खेलों का आयोजन किया गया।

यूनाइटेड किंगडम (UNITED KINGDOM)–इसका पूरा नाम 'द यूनाइटेड किंगडम ऑव ग्रेट ब्रिटेन एण्ड नॉर्दर्न आयरलैंड' है। यह यूरोप महाद्वीप के उत्तर-पश्चिम में ब्रिटिश द्वीप-समूह में स्थित है।

आधुनिक ग्रीस के कुछ दृश्य

एथेंस के समीप पार्थेनॉन मंदिर का भग्नावशेष, जो प्राचीन यूनानी स्थापत्यकला का श्रेष्ठतम उदाहरण है

ग्रेट ब्रिटेन में इंग्लैंड, स्कॉटलैंड, वेल्स और उत्तरी आयरलैंड शामिल हैं।

ग्रेट ब्रिटेन एक छोटा-सा लेकिन घनी आबादी वाला देश है। इसका क्षेत्रफल 2,44,108 वर्ग किमी. और जनसंख्या लगभग 6,07,76,238 है। इसकी राजधानी लन्दन है।

क्षेत्रफल में यह फ्रांस अथवा जर्मनी से आधा होगा। भारत के अनेक प्रदेशों से भी छोटा। अमेरिका इससे 40 गुना बड़ा है, तो भी सैकड़ों वर्षों तक ब्रिटेन संसार की एक महाशक्ति रहा है। आधी से अधिक दुनिया किसी न किसी रूप में इसके अधीन रही।

यह उद्योग-प्रधान देश है, लेकिन यहाँ कच्चे माल की कमी है। अपने बड़े-बड़े कारखानों के लिए इसे कच्चा माल बाहर से खरीदना पड़ता है। इसके बदले यह मशीनें, मोटर कारें, हवाई जहाज़, रसायन, कपड़ा और लोहे व इस्पात का तैयार सामान बाहर भेजता है। ब्रिटेन जहाज़-निर्माण उद्योग का बहुत बड़ा केन्द्र है। लंकाशायर और मैंचेस्टर की कपड़ा मिलें विश्वविख्यात हैं।

ग्रेट ब्रिटेन के मुख्य बन्दरगाह लन्दन, लिवरपूल, ब्रिस्टल, साउथैम्पटन और मैनचेस्टर हैं। ग्रेट ब्रिटेन के मालवाही जहाज़ दूसरे देशों का सामान ढोकर अच्छी आमदनी कर लेते हैं। ग्रेट ब्रिटेन एक उन्नत आधुनिक देश है और संसार की प्रमुख शक्तियों में से एक माना जाता है।

ब्रिटिश द्वीपसमूह का सबसे बड़ा द्वीप ग्रेट ब्रिटेन है। इंग्लैंड ग्रेट ब्रिटेन द्वीप के अधिकांश दक्षिणी भाग में फैला हुआ है। इंग्लिश चैनल और उत्तरी सागर इंग्लैंड को यूरोप महाद्वीप से अलग करते हैं।

इंग्लैंड (ENGLAND)–की आबादी अधिकांश शहरों में रहती है। फिर भी बहुत-से लोग गाँवों में रहते हैं और खेती करते हैं। यहाँ की जलवायु सुहावनी है। समुद्र के कारण गर्मियों में गर्मी और जाड़ों में सर्दी दूसरी जगहों के मुकाबले कुछ कम पड़ती है। पछुआ हवाओं से वर्षा काफी होती है। इंग्लैंड के पूर्वी भाग में गेहूँ की फसल काफी अच्छी होती है।

18वीं सदी की प्रसिद्ध औद्योगिक क्रान्ति के समय यहाँ कोयले की खानों के समीप बड़े-बड़े कारखाने बन गए थे। आज इंग्लैंड की गणना दुनिया के चोटी के औद्योगिक क्षेत्रों में की जाती है। लोहे और इस्पात के उद्योग के लिए बर्मिंघम और चीनी के बरतनों के लिए स्टोक दुनिया-भर में विख्यात हैं। शेफील्ड, डॉनकेस्टर और

इंग्लैंड के गांवों की पुरानी रूपरेखा अब भी कायम है

न्यूकैसल इंजीनियरिंग का भारी सामान बनाने के लिए प्रसिद्ध हैं। सूती और ऊनी कपड़ा लंकाशायर और यार्कशायर में बनता है। जहाज़ बनाने के कारखानों की दृष्टि से इंग्लैंड दुनिया के सबसे महत्त्वपूर्ण क्षेत्रों में से एक है।

वेल्स (WALES)–इंग्लैंड के पश्चिम में है। इसका अधिकांश भाग पहाड़ी है और यहाँ वर्षा बहुत होती है। यहाँ के आधे से अधिक

इंग्लैंड का प्रसिद्ध कैंटरबरी कैथड्रल

लोग दक्षिणी किनारे के निचले इलाकों में रहते हैं। बाकी लोगों में से अधिकांश उत्तरी किनारे के निचले प्रदेश में रहते हैं। पहाड़ी इलाकों में आबादी बहुत कम है। वहाँ खेती के योग्य ज़मीन बहुत कम है। ढलानों पर घास के अच्छे मैदान हैं जिनमें पशु पाले जाते हैं।

दक्षिणी किनारे के पास ही ब्रिटेन की कोयले की सबसे बड़ी खानें हैं। पहले यहाँ लोहे की खुदाई भी की जाती थी, लेकिन अब लोहा बाहर से मँगाया जाता है। कार्डिफ वेल्स की राजधानी, प्रमुख नगर और बन्दरगाह है। दक्षिणी वेल्स में तेल साफ करने के कारखाने भी हैं।

स्कॉटलैंड (SCOTLAND)–ग्रेट ब्रिटेन द्वीप का सबसे बड़ा भाग है। यह इंग्लैंड के उत्तर में है। इसकी राजधानी एडिनबरा है।

उत्तरी स्कॉटलैंड पहाड़ी है। यहाँ ऐसी ज़मीन कम है जिस पर खेती की जा सके, इसलिए यहाँ आबादी भी कम है। यहाँ के लोग दक्षिणी स्कॉटलैंड के निवासियों से बहुत भिन्न हैं। ये गैलिक भाषा का प्रयोग करते हैं जो दक्षिण के लोगों की समझ में नहीं आती। उत्तरी स्कॉटलैंड के लोगों का मुख्य पेशा मछली पकड़ना है।

उत्तरी स्कॉटलैंड के दक्षिण में उपजाऊ ज़मीन की एक तंग पट्टी चली गई है। स्कॉटलैंड की तीन-चौथाई जनता इसी भाग में रहती है। यहाँ के लोग गेहूँ, जई और जौ की खेती करते हैं।

दक्षिणी स्कॉटलैंड के ऊँचे पठारी इलाकों में पशु-पालन होता है और निचले स्थानों में उद्योग विकसित हो चुके हैं। पश्चिमी भाग में दस लाख से अधिक आबादी वाला औद्योगिक महानगर ग्लासगो है। पास ही क्लाइड नदी के किनारे ब्रिटिश द्वीपसमूह के जहाज़ बनाने के सबसे बड़े कारखाने हैं। प्रसिद्ध जलपोत 'क्वीन एलिज़ाबेथ' का निर्माण यहीं हुआ था। ग्लासगो के आसपास और अनेक औद्योगिक नगर हैं जिनमें इंजीनियरिंग का सामान, कपड़ा और जहाज़ बनाने के कारखाने हैं।

ग्वाटेमाला (GUATEMALA)–मध्य अमरीका में स्थित यह गणराज्य उत्तर और पश्चिम में मेक्सिको, पूर्व में ब्रिटिश होण्डुरास और दक्षिण-पश्चिम में प्रशान्त महासागर से घिरा है। इसका क्षेत्रफल 1,08,889 वर्ग किमी. और जनसंख्या 1,27,28,111 है। इसकी राजधानी ग्वाटेमाला सिटी है। प्राचीन मय सभ्यता कभी इसी जगह फूली-फली थी। यह कृषिप्रधान देश है और मुख्य रूप से कॉफी और केले निर्यात करता है।

घाना (GHANA)–पश्चिमी अफ्रीका में गिनी की खाड़ी पर स्थित घाना गणराज्य पहले गोल्ड कोस्ट कॉलोनी कहलाता था और ब्रिटेन के अधीन था। 1957 में यह स्वतन्त्र हुआ और 1960 से यहाँ गणराज्य व्यवस्था है। पहले का ब्रिटिश टोगोलैंड भी अब इसी के अन्तर्गत है। यह देश खनिज पदार्थों की दृष्टि से बहुत समृद्ध है और यहाँ सोना, मैंगनीज़, बॉक्साइट और हीरे भी पाए जाते हैं। यहाँ जंगल बहुत हैं और अब रबड़ के पेड़ बड़ी संख्या में लगाए जा रहे हैं। घाना दूसरे देशों को मैंगनीज़, कोको, इमारती लकड़ी, सोना और हीरे निर्यात करता है।

इसका क्षेत्रफल 2,38,537 वर्ग किमी. और जनसंख्या 22,931,299 है। अकरा यहाँ की राजधानी है।

चाड (CHAD)–अफ्रीका महाद्वीप में भूमध्य रेखा के पास स्थित यह देश पहले फ्रांस के अधीन था। 1960 से यह एक स्वतंत्र गणराज्य है। यहां मुख्य रूप से रूई और धान पैदा किया जाता है और पशुपालन होता है। इसका क्षेत्रफल 12,84,000 वर्ग किमी. और जनसंख्या 98,85,661 है। एनजमेना इसकी राजधानी है।

चिली (CHILE)–दक्षिण अमरीका में स्थित यह देश प्रशान्त महासागर के किनारे-किनारे 4110 किमी. की लम्बाई में फैला हुआ है। यह देश चौड़ा बहुत कम है–किसी भी स्थान पर 400 किमी. से अधिक चौड़ा नहीं है। इसका क्षेत्रफल 7,56,626 वर्ग किमी. और जनसंख्या 1,62,84,741 है। चिली की राजधानी सांतियागो है।

चिली के कुछ दृश्य

चिली भूमध्य रेखा के दक्षिण में है, इसलिए इसका उत्तरी भाग गरम और दक्षिणी भाग ठण्डा रहता है। चिली का अधिकांश भाग पहाड़ी है लेकिन देश के अधिकतर लोग विशाल केन्द्रीय घाटी में रहते हैं। घाटी की ज़लवायु बड़ी अच्छी है और ज़मीन उपजाऊ है। यहाँ की मुख्य पैदावार गेहूँ, फल और जैतून है। यहाँ पशु-पालन भी होता है। चिली की राजधानी सांतियागो विश्व की सुन्दरतम राजधानियों में से एक है। इसकी अलामेदा नामक सड़क अपनी सुन्दरता के लिए विश्वप्रसिद्ध है।

केन्द्रीय घाटी के उत्तर में विशाल रेगिस्तान है। इस रेगिस्तान में एक महत्त्वपूर्ण रासायनिक खाद सोडा नाइट्रेट की चट्टानें बहुतायत से पाई जाती हैं। इसके अलावा यहाँ आयोडीन भी होता है। इस रेगिस्तान में ताँबे, लोहे और सुहागे के बड़े-बड़े भण्डार हैं। संसार में सबसे अधिक ताँबा चिली की खानों से निकलता है।

चिली पहले स्पेन का उपनिवेश था। 1810 में स्वाधीन हुआ। 1970 में चुनाव के जरिए मार्क्सवादी सरकार सत्ता में आई, जिसे अमरीका ने फौजी तानाशाही के जरिये भंग करा दिया। अब फिर समाजवादी सरकार चुनकर आई है।

चीन (CHINA)–जनसंख्या की दृष्टि से चीन दुनिया का सबसे बड़ा देश है। यहाँ की जनसंख्या 1,32,18,51,888 है। क्षेत्रफल की दृष्टि से संसार में अकेला सोवियत संघ ही इससे बड़ा था। चीन का क्षेत्रफल 95,61,000 वर्ग किमी. है। बीजिंग इसकी राजधानी है। चीनी संस्कृति लगभग तीन हज़ार वर्ष पुरानी है। लगभग दो हज़ार वर्ष पहले एक विशाल चीनी साम्राज्य स्थापित हो चुका था। चीन बाकी के सभ्य देशों से दूर होने के कारण पहले से अपनी ज़रूरतों को खुद ही पूरा करता आया है।

इस विशाल देश के अधिकांश लोग इसके दक्षिणी और कुछ लोग पश्चिमी भागों में रहते हैं। उत्तर में मंचूरिया है जिसमें काफी लोग रहते हैं। चीन के अकेले शंघाई नगर की आबादी एक करोड़ से अधिक है।

चीन के कुछ दृश्य

चीन में खनिज पदार्थ बहुतायत से पाए जाते हैं। यहाँ कोयले और लोहे की बड़ी-बड़ी खानें हैं। लेकिन मुख्य रूप से चीन एक कृषिप्रधान देश ही है। दक्षिण-पूर्वी चीन की मिट्टी वहाँ बहनेवाली नदियों के कारण बहुत उपजाऊ है। फिर भी चीन के किसान बेहद गरीब हैं। जनसंख्या को देखते हुए यहाँ खेती करने योग्य ज़मीन की बड़ी कमी है।

चीन की मुख्य पैदावार चावल है। चावल के अलावा यहाँ गेहूँ, मोटे अनाज और कपास की खेती भी होती है। मंचूरिया में सोयाबीन उगाई जाती है।

चीन की प्रसिद्ध दीवार 1500 मील लम्बी है और इसकी गिनती विश्व के महान आश्चर्यों में की जाती है। यह दीवार मध्य युग में उत्तरी देशों के लुटेरे कबीलों से चीन देश की रक्षा करने के लिए बनवाई गई थी।

पहले चीन में च्यांग काई-शेक की राष्ट्रवादी सरकार थी, किन्तु सन् 1949 में माओ त्से-तुंग के नेतृत्व में शक्ति कम्युनिस्टों के हाथ में आ गई और राष्ट्रवादियों को फारमोसा द्वीप में जाना पड़ा। अब फारमोसा, जिसे ताइवान भी कहते हैं, राष्ट्रवादी चीन के नाम से जाना जाता है और उस पर राष्ट्रवादी कुओमिंतांग सरकार का शासन है। मुख्य चीन को कम्युनिस्ट चीन कहा जाता है और उस पर कम्युनिस्टों का शासन है। पहले संयुक्त राष्ट्रसंघ का सदस्य राष्ट्रवादी चीन (ताइवान) ही था, परन्तु 26 अक्तूबर, 1971 को ताइवान को हटा कर चीन को राष्ट्रसंघ का सदस्य बनाया गया।

भारत और चीन प्राचीन देश हैं और दोनों में मैत्री रही है। साम्यवादी सरकार ने पंचशील-सिद्धान्तों की अवहेलना करके 1962 में भारत पर आक्रमण किया। रूस से भी उसके सम्बन्धों में तनाव आया। अब फिर सम्बन्ध सुधारने के प्रयत्न हो रहे हैं। चीन ने गत वर्षों में काफी प्रगति की है। यह परमाणु-शक्ति-सम्पन्न देश बन चुका है। अन्तरिक्ष विज्ञान में भी उसकी पहुँच है और सं. रा. अमरीका मौजूदा समय में चीन को अपना सबसे ताकतवर प्रतिद्वन्द्वी मान रहा है।

पिछले कुछ वर्षों में, **हांगकांग** और **मकाओ** के चीन के अधीन आ जाने से, उसका राज्य-विस्तार हुआ है। हांगकांग पहले ब्रिटिश उपनिवेश था। एक समझौते के तहत ब्रिटेन को हांगकांग चीन को सौंपना पड़ा और 1 जुलाई 97 से यह चीन का विशेष प्रशासनिक क्षेत्र बन गया। (हांगकांग सम्बन्धी विस्तृत जानकारियों के लिए 'हांगकांग' प्रविष्टि देखें)

मकाओ दक्षिण चीन में कैंटन नदी के मुहाने पर एक छोटा-सा प्रायद्वीप है। पहले यह पुर्तगाली उपनिवेश था, जिसमें निकटवर्ती कई द्वीप शामिल थे। 1987 में चीन और पुर्तगाल के बीच हुई सहमति के अनुसार अब वह भी चीन के पास आ गया है। मकाओ का क्षेत्रफल 15.5 वर्ग किमी. और आबादी, 4,53,125 है।

चेकोस्लोवाकिया के कुछ दृश्य

जर्मनी के कुछ दृश्य

चेक गणराज्य (CZECH REPUBLIC)—चेक गणराज्य पूर्व-चेकोस्लोवाकिया के विघटन के बाद 1993 में अस्तित्व में आया। इसकी सीमाएँ जर्मनी, पोलैंड, स्लोवाकिया और आस्ट्रिया से मिली हुई हैं। इसका क्षेत्रफल 78,864 वर्ग किमी., जनसंख्या 1,02,28,744 तथा राजधानी प्राग है। यहाँ गेहूँ, मक्का, राई, जौ, शकरकंद की खेती होती है। कोयला, यूरेनियम, केओलिन यहाँ की खनिज सम्पदा है। वर्ष 2004 में यह यूरोपियन यूनियन का सदस्य बना।

जमैका (JAMAICA)—वेस्टइंडीज़ का जमैका द्वीप तीन सौ वर्ष से अधिक ब्रिटेन के अधीन रहा। अगस्त, 1962 में इसे स्वतन्त्रता प्राप्त हुई और तब से यह ब्रिटिश राष्ट्रमंडल का सदस्य है। यहाँ विश्व में सबसे अधिक बॉक्साइट पाया जाता है। जमैका का क्षेत्रफल 11,425 वर्ग किमी. और जनसंख्या 27,80,132 है। किंग्सटन इसकी राजधानी है।

जर्मनी (GERMANY)—द्वितीय विश्वयुद्ध से पहले जर्मनी यूरोप का पाँचवाँ सबसे बड़ा देश था, किन्तु युद्ध के बाद यह दो भागों में विभाजित हो गया। इसका पश्चिमी भाग, जिस पर अमरीका, ब्रिटेन और फ्रांस की सेनाओं का अधिकार था, 1949 में जर्मन संघीय गणराज्य घोषित कर दिया गया और मई 1955 से यह एक पूर्ण स्वतन्त्र और प्रभुसत्तासम्पन्न राज्य बना। जर्मनी का जो भाग सोवियत रूस के अधिकार में था, वह अक्तूबर, 1949 में जर्मन जनवादी गणराज्य घोषित कर दिया गया। किन्तु सोवियत संघ के विघटन के बाद, 3 अक्तूबर 1990 को एक बार फिर प. जर्मनी व पू. जर्मनी का विलय हो गया और संयुक्त जर्मनी को 'फेडरल रिपब्लिक ऑफ जर्मनी' नाम दिया गया। इसका क्षेत्रफल 3,57,020 वर्ग किमी., जनसंख्या 8,24,00,996 तथा राजधानी बर्लिन है। इसमें 16 राज्य हैं और बोन, हैम्बुर्ग, म्युनिख, कोलोन, ऐसेन, डार्टमुंड, फ्रैंकफुर्ट, स्टुटगार्ड, लिप्ज़िग, ब्रेमन, डुइसबर्फ व ड्रेस्डेन, बर्लिन के अलावा बड़े शहर हैं। ऊर्जा, रसायन, मेटलर्जी, इलेक्ट्रोनिक्स, यंत्र एवं विद्युत इंजीनियरिंग यहाँ के प्रमुख उद्योग हैं। नए संविधान के अनुसार यहाँ राष्ट्रपति पाँच साल के लिए चुना जाता है।

राइन के तट पर एक प्राचीन जर्मन किला

बर्लिन विश्वविद्यालय, आल्प्स पर बर्फ के खेल

जापान (JAPAN)—यह उत्तरी प्रशान्त महासागर में चीन और साइबेरिया के तट के समीप के द्वीपों पर बसा एक प्राचीन देश है। कई छोटे द्वीपों के अलावा इसमें चार बड़े द्वीप हैं—होकादो, होंशु, शिकोकू और क्यूशू। जापान का कुल क्षेत्रफल लगभग 3,77,765 वर्ग किमी. और जनसंख्या 12,74,33,496 है। जापान संसार का सबसे घना बसा हुआ देश है। जापान का इतिहास बड़ा पुराना है। पहले जापानी सम्राट का शासनकाल ईसा से 660 वर्ष पूर्व आरम्भ

हुआ था। जापान शुरू से चीन से बहुत अधिक प्रभावित रहा। लिखने की कला, धर्म और भवन-निर्माण कला आदि जापानियों ने चीन से सीखी। बीसवीं सदी के आरम्भ में जापान ने बड़ी उन्नति की। नये-नये उद्योग-धंधों और कल-कारखानों की स्थापना हुई। लेकिन दूसरे विश्वयुद्ध में जापान की बहुत बर्बादी हुई। इसके हिरोशिमा और नागासाकी नगर परमाणु बम से जलकर राख हो गए। लेकिन अब फिर से जापान बहुत समृद्ध हो गया है।

जापान का अधिकांश भाग पहाड़ी है। इसके अलावा छठे भाग में खेती हो सकती है। खेती के लायक ज़मीन की कमी के कारण यहाँ के निवासी अपने लिए पर्याप्त अनाज नहीं पैदा कर पाते हैं। जापान के होकादो द्वीप में गर्मी की ऋतु छोटी और जाड़े की ऋतु लम्बी होती है। यहाँ जाड़े में खूब बर्फ पड़ती है। अन्य तीन बड़े द्वीपों की जलवायु कुछ अधिक गरम है। धान जापान की मुख्य उपज है। गर्मी में धान की फसल हो जाने के बाद किसान धान के ही खेतों में गेहूँ जैसी जाड़े की फसलें उगाते हैं। जापान के किसान बड़े मेहनती होते हैं।

जापान में ज़्यादातर मकान लकड़ी के बने होते हैं, क्योंकि यहाँ भूकम्प बहुत आते हैं। फर्श पर चटाइयाँ बिछी होती हैं। जापानी लोग घरों में मेज़-कुर्सी जैसा सामान बहुत कम रखते हैं। ये लोग फूजीयामा पर्वत को बड़ा पवित्र मानते हैं।

जहाज़-उद्योग में यह विश्व के प्रमुख देशों में गिना जाता है। जापान संसार के अनेक देशों को मोटरें, विद्युत् उपकरण और कम्प्यूटर सप्लाई करता है।

जापान की राजधानी तोकियो संसार का सबसे बड़ा नगर है। तोकियो की जनसंख्या एक करोड़ से अधिक है। जापान का रेशम-उद्योग बहुत प्रसिद्ध है। सूती कपड़ा, मशीनें, रासायनिक द्रव्य, चीनी मिट्टी की चीज़ें और कागज़ जापान दूसरे देशों को भेजता है। जापान संसार का एक प्रमुख व्यापारिक देश है और कुछ मामलों में अमेरिका से भी स्पर्धा कर रहा है।

ज़ांबिया (ZAMBIA)—पूर्वी अफ्रीका का यह देश पहले उत्तरी रोडेशिया कहलाता था और रोडेशिया-न्यासालैंड संघ का एक भाग था। अक्तूबर, 1964 से यह एक स्वतन्त्र गणराज्य है। ज़ांबिया ब्रिटिश राष्ट्रमंडल का सदस्य है। इसका क्षेत्रफल 7,52,620 वर्ग किमी. और जनसंख्या 1,14,77,447 है। यह ताँबे का निर्यात करता है और इसकी राजधानी ल्यूसाका है।

जार्जिया (GEORGIA)—सोवियत संघ के विघटन के बाद दिसम्बर 1991 में जार्जिया एक स्वतन्त्र देश के रूप में अस्तित्व में आया और 1992 में उसे संयुक्त राष्ट्र की सदस्यता मिली। इसका क्षेत्रफल 69,700 वर्ग किमी., जनसंख्या 46,46,003 और राजधानी तिब्लिसी है। इसकी सीमाएँ काला सागर, टर्की, आर्मीनिया और अज़रबैजान से मिलती हैं। चाय, तम्बाकू, रेशम, सब्जी, फल और अनाज यहाँ की कृषि-उपज हैं। मैंगनीज़, कोयला, लोहा, तेल और संगमरमर यहाँ की खनिज सम्पदा हैं।

जिबूती (DJIBOUTI)—इथियोपिया और सोमालिया के बीच में स्थित यह देश पहले फ्रेंच सोमालीलैंड के नाम से जाना जाता था। 22 जून, 1977 को इसे स्वाधीनता मिली, तभी इसे नया नाम जिबूती मिला। मुस्लिम बहुल इस देश का क्षेत्रफल 21,783 वर्ग किमी., जनसंख्या 4,96,374 तथा राजधानी जिबूती है। यहाँ का मुख्य आर्थिक आधार भेड़ें, बकरियाँ और ऊँट हैं। नमक यहाँ का प्रमुख उत्पाद है और खेती की सम्भावनाएँ बहुत सीमित हैं।

ज़िम्बाब्वे (ZIMBABWE)—दक्षिण-मध्य अफ्रीका में स्थित यह देश पहले द. रोडेशिया के नाम से जाना जाता था। नस्लवाद का शिकार रहा यह देश अल्पसंख्यक गोरी सरकार के विरुद्ध कड़े संघर्ष के बाद 18 अप्रैल 1980 को स्वतन्त्र हुआ और इसे नया नाम

ज़िम्बाब्वे मिला। वामपंथी रुझान वाले रॉबर्ट जी. मुगाबे यहाँ के एकछत्र नेता हैं। स्वाधीनता के बाद से सत्ता उन्हीं के हाथ में है। हर बार भारी बहुमत से वे चुनाव जीतते हैं। जिम्बाब्वे का क्षेत्रफल 3,90,272 वर्ग किमी., जनसंख्या 1,23,11,143 तथा राजधानी हरारे है। खनिज सम्पदा से भरपूर यह देश तांबा, सोना, क्रोम, निकल, कोयला और सीमेंट से समृद्ध है। मक्का, मूंगफली, कपास और तम्बाकू यहाँ की मुख्य कृषि फसलें हैं।

जॉर्डन (JORDAN)–पश्चिमी एशिया में स्थित यह देश कभी तुर्कों के अधीन था। प्रथम विश्वयुद्ध के बाद यह ब्रिटिश सरकार के हाथ में चला गया और ट्रांस जॉर्डन कहलाने लगा। मार्च 1946 में इसे पूर्ण स्वतन्त्रता प्राप्त हुई और यहाँ इस समय संवैधानिक राजतन्त्र है। केवल पुरुषों द्वारा निर्वाचित एक प्रतिनिधि सभा के अतिरिक्त यहाँ एक सीनेट भी है, जिसके सदस्य शाह द्वारा मनोनीत किए जाते हैं।

जॉर्डन का क्षेत्रफल 89,287 वर्ग किमी. और जनसंख्या 60,53,193 है। यहाँ की राजधानी अम्मान है। फॉस्फेट यहाँ की मुख्य निर्यात वस्तु है।

जेरूसलम (JERUSALEM)–यह एक अत्यन्त प्राचीन और पवित्र नगर है। यह ईसाइयों, मुसलमानों और यहूदियों तीनों के लिए पवित्र है। संसार का और कोई नगर इतने अधिक धर्मों के लोगों के लिए इतना पवित्र नहीं माना जाता।

जेरूसलम ईसाइयों के लिए इसलिए पवित्र है कि ईसा मसीह ने यहाँ उपदेश दिया था। यहीं उन्हें सूली पर चढ़ाया गया था और बाद में यहीं दफनाया गया था। बाइबिल के अनुसार यहीं से उन्होंने स्वर्गारोहण किया था।

मुसलमानों के लिए यह नगर इसलिए पवित्र है कि उनके विश्वास के अनुसार मुहम्मद साहब ने यहाँ स्वर्गारोहण किया था।

यहूदियों के लिए जेरूसलम इसलिए पवित्र है कि यह नगर सदियों तक उनके धर्म का केन्द्र रहा है। यहीं सोलोमन ने अपना शानदार महल बनवाया था।

अरबी भाषा में जेरूसलम का अर्थ होता है 'शान्ति का नगर'। लेकिन इतिहास में यह नगर कभी भी शान्त नहीं रहा। रोमनों ने यहाँ दमन किया, मुसलमानों के ज़माने में यहाँ धर्मयुद्ध हुए और फिर इज़राइल का नया राज्य कायम होने पर यह नगर यहूदियों और अरबों के बीच झगड़े का कारण बना। अब यह नगर इज़राइल की राजधानी है।

हर साल संसार के कोने-कोने से ईसाई, मुसलमान और यहूदी तीर्थयात्री जेरूसलम की यात्रा करते हैं।

जोहान्सबर्ग (JOHANNESBURG)–यह दक्षिण अफ्रीका का सबसे बड़ा नगर और व्यापारिक केन्द्र है। यह नगर विगत में दक्षिण अफ्रीका की अल्पमत गोरी सरकार की रंगभेद नीति का केन्द्र रहा है। अफ्रीकी तथा काले रंग की अन्य जातियों के लोगों को गोरों से नीची जाति का समझा जाता था और उनके साथ बहुत अधिक भेदभाव किया जाता था। महात्मा गांधी ने अपना प्रथम सत्याग्रह यहीं आरम्भ किया था। लेकिन रंगभेद विरोधी लम्बे संघर्ष के बाद 10 मई, 1994 को नेल्सन मंडेला के नेतृत्व में जब द. अफ्रीका की सरकार बनी, तो रंगभेद का खात्मा हो गया।

टुवालो (TUVALU)–पश्चिमी प्रशान्त महासागर में यहाँ-वहाँ छितरे नौ मूँगा टापुओं से मिलकर बना यह देश पहले एलिस द्वीप के नाम से जाना जाता था। 1975 में स्वतन्त्र होने के बाद इसे टुवालो नाम मिला। फिजी देश इसके उत्तर में है। इसका क्षेत्रफल 26 वर्ग किमी., जनसंख्या 11,992 और राजधानी फुनाफुटी है। यहाँ

जेरूसलम के कुछ दृश्य

बस थोड़ी-बहुत नारियल की खेती होती है, उसी से गुज़ारा चलता है।

टोगो (TOGO)–अफ्रीका महाद्वीप में गिनी की खाड़ी के तट से उत्तर की ओर एक संकरी पट्टी चली गई है। टोगो उसी पर स्थित है। इसके पश्चिम में घाना गणराज्य है और पूर्व में दहोमी है। 1960 से यह एक स्वतन्त्र गणराज्य है और यहाँ अमरीकी ढंग का संविधान लागू है।

टोगो का क्षेत्रफल 56,785 वर्ग किमी. और जनसंख्या 57,01,579 है। लोमे इसकी राजधानी है।

टोंगा (TONGA)–दक्षिण-पश्चिमी प्रशान्त महासागर में 169 द्वीपों और टापुओं का यह देश पहले ब्रिटिश संरक्षित राज्य था। 1970 में यह स्वतन्त्र राज्य बना और 1999 में सं. रा. का सदस्य बना लिया गया। यहाँ का क्षेत्रफल 748 वर्ग किमी., जनसंख्या 1,16,921 तथा राजधानी नुकू एलोफा है। नारियल की गिरी और केला की फसलें यहाँ से निर्यात की जाती हैं तथा घरेलू इस्तेमाल के लिए फल-सब्ज़ियों की खेती होती है।

ट्यूनीशिया (TUNISIA)–अफ्रीका महाद्वीप में यह देश अल्जीरिया और लीबिया के बीच में स्थित है और दक्षिण की ओर सहारा रेगिस्तान तक फैला है। पहले यह फ्रांस का एक संरक्षित क्षेत्र था, किन्तु मार्च, 1956 में स्वतन्त्र घोषित कर दिया गया। बाद में, संविधान सभा के फैसले पर, राजतन्त्र को समाप्त कर यह एक गणराज्य बन गया।

ट्यूनीशिया का क्षेत्रफल 1,64,150 वर्ग किमी. और जनसंख्या 1,02,76,158 है। ट्यूनिस इसकी राजधानी है। यह एक कृषिप्रधान देश है। कुछेक खनिज भी निकाले जाते हैं।

ट्रिनिडाड और टोबागो (TRINIDAD AND TOBAGO)–वेस्ट इंडीज़ समुदाय के ये दो द्वीप अगस्त, 1962 में स्वाधीन हुए। अब एक स्वतन्त्र राष्ट्र के रूप में राष्ट्रमंडल के सदस्य हैं। इस राज्य का क्षेत्रफल 5,128 वर्ग किमी. और जनसंख्या 10,56,608 है। पोर्ट ऑव स्पेन इसकी राजधानी है। गन्ना और कोको यहाँ की मुख्य फसलें हैं। यहाँ एस्फॉल्ट खूब मिलता है।

डेनमार्क (DENMARK)–जर्मनी से उत्तर की ओर नार्वे और स्वीडन की दिशा में एक संकरा-सा प्रायद्वीप निकला है। डेनमार्क का कुछ हिस्सा इसी प्रायद्वीप पर है। देश का शेष भाग आसपास के कोई 500 टापुओं से मिलकर बना है। यहाँ संवैधानिक राजतन्त्र है, जो 1849 से चला आ रहा है। इसका क्षेत्रफल 43,074 वर्ग किमी., जनसंख्या 54,68,120 तथा राजधानी कोपेनहेगन है। डेनिश यहाँ की भाषा है, जो साहित्यिक दृष्टि से भी महत्त्वपूर्ण है। डेनमार्क के शासित क्षेत्रों में दि फेरोइ आइसलैंड और ग्रीनलैंड भी आते हैं।

डेनमार्क दुनिया का दूध और उससे बनी वस्तुओं का सबसे बड़ा निर्यातक देश है। कृषि, मछली पकड़ना यहाँ के स्थानीय उद्यम हैं। उद्योगों की दृष्टि से परिवहन जलपोत, लोहे और इस्पात की वस्तुएँ, मशीनें और वस्त्र यहाँ प्रमुख रूप से निर्मित होते हैं। डेनमार्क अपनी कोऑपरेटिव सोसाइटियों के लिए भी विख्यात है। सबसे पहली कोऑपरेटिव सोसाइटी वहाँ 1866 में बनी थी। वाशिंगटन की जनसंख्या आपदा कमेटी ने डेनमार्क को रहने के लिए सर्वश्रेष्ठ देश माना है।

डोमिनिका (DOMINICA)–यह पहले एक ब्रिटिश संरक्षित राज्य था। नवम्बर 1978 में यह पूर्ण स्वाधीन देश के रूप में अस्तित्व में आया। ज्वालामुखी बहुल इस पहाड़ी द्वीप का क्षेत्रफल 750 वर्ग

डेनमार्क के कुछ दृश्य

किमी., जनसंख्या 72,386 और राजधानी रोज़ियो है। केला, कोको, नारियल की गिरी तथा फलों का यहाँ से निर्यात होता है।

डोमीनिकन गणराज्य (DOMINICAN REPUBLIC)–यह एक मध्य अमरीकी राज्य है जो अटलांटिक महासागर और कैरिबियन सागर के बीच हिस्पेनियोला द्वीप पर स्थित है। इसका क्षेत्रफल 48,442 वर्ग किमी. और जनसंख्या 93,65,818 है। सांतो डोमिंगो इसकी राजधानी है। यह कृषिप्रधान देश है और चीनी यहाँ का एकमात्र उद्योग है।

तंज़ानिया (TANZANIA)–टांगानीका और ज़ंज़ीबार, इन दो अफ्रीकी देशों को मिलाकर 1964 में एक नए राज्य तंज़ानिया की रचना की गई। तंज़ानिया दक्षिण-पूर्वी अफ्रीका में स्थित है और हिन्द महासागर के तट से लगा है। नारियल, रूई और कॉफी यहाँ की मुख्य पैदावार है। इसका क्षेत्रफल 9,45,087 वर्ग किमी. और जनसंख्या 3,93,84,223 है। डोडोमा इसकी राजधानी है। तंज़ानिया हीरों का निर्यात करता है।

ताइवान (TAIWAN)–पूर्व में फारमोसा के नाम से लोकप्रिय ताइवान राज्य में कई छोटे द्वीप भी शामिल हैं। पहले यह मुख्य चीन का भाग था, लेकिन 1949 की चीनी क्रान्ति के बाद, 1950 में च्यांग काई शेक ने इसे अपने अधिकार क्षेत्र में लेकर संवैधानिक नाम 'नेशनलिस्ट रिपब्लिक ऑफ चाइना' दिया। अमरीका और पश्चिमी देश लम्बे समय तक इसका इस्तेमाल जनवादी चीन के खिलाफ करते रहे और अमरीका की ही इच्छा से, विश्व जनमत की अनदेखी करके, इसे संयुक्त राष्ट्र की सुरक्षा परिषद् का स्थायी सदस्य बनाया गया। लेकिन 1971 में दुनिया की राजनीति के समीकरण बदले और ताइवान की जगह जनवादी चीन को संयुक्त राष्ट्रसंघ में शामिल करके सुरक्षा परिषद का स्थायी सदस्य बनाया गया। ताइवान का सारा राजनीतिक रुतबा धूल चाटने लगा। अब यह संयुक्त राष्ट्र का सदस्य भी नहीं है। ताइवान का क्षेत्रफल 35,981 वर्ग किमी., जनसंख्या 2,28,58,872 तथा राजधानी ताइपे है।

ताजिकिस्तान (TAJIKISTAN)–पहले यह सोवियत संघ का एक प्रमुख गणराज्य था, 1991 में स्वतन्त्र राष्ट्र बना और नवं. 1992 से संसद ने राष्ट्रपति पद्धति समाप्त करके संसदीय लोकतन्त्र के पक्ष में मत दिया। परिणामस्वरूप अब भारत की ही भाँति यहाँ राष्ट्रपति और प्रधानमन्त्री की व्यवस्था है। यहाँ की मौजूदा सरकार साम्यवाद और रूस की ओर झुकाव वाली है। ताजिकिस्तान का क्षेत्रफल 1,43,100 वर्ग किमी., जनसंख्या 70,76,598 तथा राजधानी दुशानबे है। खेती और पशुपालन प्रमुख व्यवसाय हैं। कोयला, सीसा, जस्ता, तेल, यूरेनियम के खनिज स्रोत यहाँ हैं।

तिब्बत (TIBET)–नेपाल, बर्मा, भारत और पाकिस्तान के उत्तर में, हिमालय पर्वत के मध्य स्थित तिब्बत अब चीन के अधीन है। पहले यह स्वतन्त्र देश था।

समुद्र तल से लगभग 16000 फुट की ऊँचाई पर बसे तिब्बत को 'दुनिया की छत' कहा जाता है। तिब्बत का क्षेत्रफल लगभग 11 लाख वर्ग किमी. है।

तिब्बत का शासन 1959 तक दलाई लामा के अधीन था। सन् 1959 में तिब्बत पर चीन का पूरी तरह से अधिकार हो गया। दलाई लामा ने भागकर भारत में शरण ली।

तिब्बत एक पहाड़ी अंचल है और यहाँ जीवन बड़ा कठिन है। कठोर परिश्रम के बाद भी यहाँ के लोगों के लिए भर-पेट रोटी जुटाना कठिन होता है। यहाँ के निवासी सीधे-सादे, मेहनती और धार्मिक विचारों के हैं। कुछ लोग खेती करते हैं और भेंड़ें वगैरह पालते हैं। सामान ढोने के लिए यहाँ याक नामक चागर बैल का प्रयोग होता है।

तिब्बत में याक पहाड़ों पर माल ढोने के काम आता है

तिब्बत में ऊंचे पहाड़ों पर मंदिर और मठ हैं

तुर्की के कुछ दृश्य

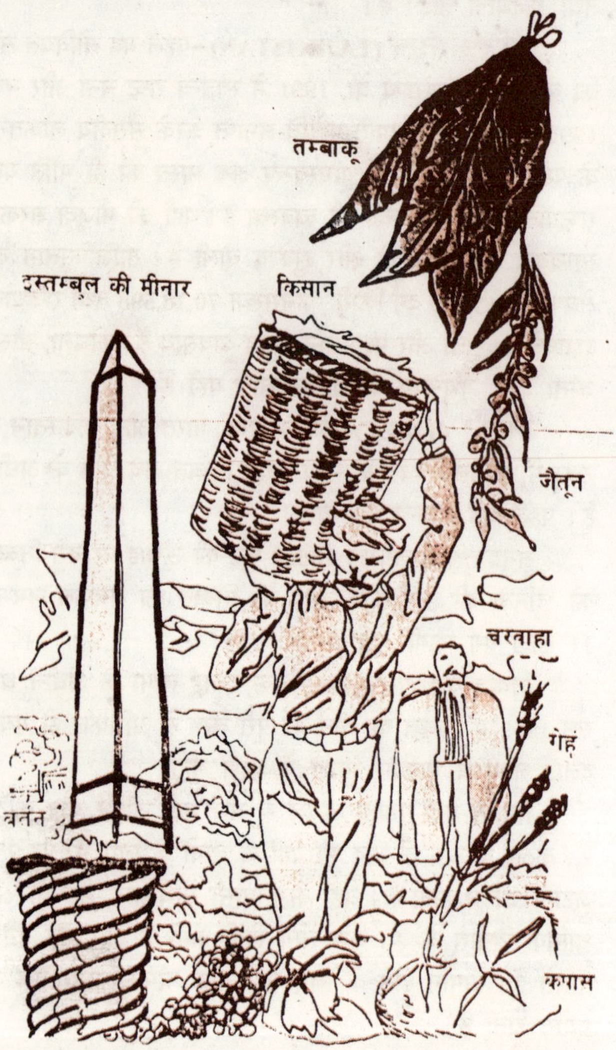

तुर्कमेनिस्तान (TURKMENISTAN)—यह पूर्व-सोवियत गणराज्य 27 अक्तूबर, 1991 को स्वतन्त्र देश के रूप में अस्तित्व में आया। उज़्बेकिस्तान, ईरान और अफगानिस्तान इसके पड़ोसी देश हैं। इसका क्षेत्रफल 4,88,100 वर्ग किमी., जनसंख्या 50,97,028 तथा राजधानी अश्काबाद है। अगस्त 2006 में देश के प्रशासन ने सापारमुराद नियाजोव को देश का आजीवन राष्ट्रपति घोषित कर दिया। मक्का, अंगूर, कपास, और ऊन यहाँ की कृषि फसलें हैं। तेल, कोयला, गंधक, नमक, मैग्नीशियम के प्राकृतिक स्रोत यहाँ हैं।

तुर्की (TURKEY)—भूमध्य सागर के उत्तर और काला सागर के दक्षिण-पश्चिम में तुर्की देश है। इसका क्षेत्रफल 7,79,452 वर्ग किमी. और जनसंख्या 7,11,58,647 है।

किसी ज़माने में तुर्की विशाल तुर्क-साम्राज्य का गढ़ था। इसकी राजधानी कुस्तुंतुनिया उद्योग, व्यापार और सभ्यता का प्रमुख केन्द्र थी। तुर्की के सुल्तानों में से अधिकतर दुर्बल साबित हुए और वे इस विशाल साम्राज्य की रक्षा न कर सके। प्रथम विश्वयुद्ध में तुर्की जर्मनी की तरफ से लड़ा था, इसलिए युद्ध की समाप्ति पर इसकी बहुत-सी भूमि विजेता मित्र राष्ट्रों ने छीन ली। पहले विश्वयुद्ध के बाद तुर्की में मुस्तफा कमाल अतातुर्क पाशा का उदय हुआ। इस महान् नेता ने तुर्की का नक्शा ही बदल दिया। इन दिनों तुर्की की हालत बड़ी खराब थी। बिना पढ़े-लिखे लोग अनेक प्रकार के अन्धविश्वासों के शिकार थे। मुल्ला-मौलवियों की बात आँख मूँदकर मानी जाती थी।

कमाल पाशा ने तुर्की को एक गणतन्त्र राज्य बनाया। वे खुद इसके राष्ट्रपति बने। इसके बाद उन्होंने क्रान्तिकारी सुधार आरम्भ किए। सुधारों के मामले में कमाल पाशा ने बड़ी कठोरता से काम लिया। उन्होंने धार्मिक अन्धविश्वासों को जड़ से नष्ट कर दिया और विरोधियों को कुचल डाला। उन्होंने कुस्तुंतुनिया को छोड़कर अंकारा को देश की राजधानी बनाया। कमाल पाशा को आधुनिक तुर्की का राष्ट्रनिर्माता माना जाता है।

तुर्की के अधिकांश लोग किसान हैं, या भेड़ें आदि चराते हैं। यहाँ अंगूर, जैतून, अंजीर, तम्बाकू, गेहूँ और जौ की अच्छी पैदावार होती है।

यहाँ का सबसे बड़ा नगर इस्तांबुल है जिसका नाम पहले कुस्तुंतुनिया था। यह एशिया और यूरोप का सन्धिस्थल है। यह नगर बास्पोरस जलसन्धि के किनारे स्थित है। तुर्की को इस जलसन्धि से बहुत लाभ होता है।

तोकियो (TOKYO)—जापान की राजधानी तोकियो जापान का ही नहीं, संसार का सबसे बड़ा नगर है। इसकी जनसंख्या एक करोड़ से अधिक है।

सन् 1100 के आसपास जापान में येदो नामक एक छोटा-सा गाँव बसा था। सन् 1868 में जापान के सम्राट् ने इस गाँव को देश की राजधानी बनाने का निश्चय किया। राजधानी बनते ही यह गाँव तेज़ी से फैलने लगा। येदो नामक वह छोटा-सा गाँव ही आज का तोकियो है।

सन् 1923 में सारा संसार यह सुनकर विस्मित रह गया था कि तोकियो महानगर का आधा भाग भयंकर भूकम्प से नष्ट हो

गया। लेकिन तोकियो के मेहनती लोगों ने लगन और उत्साह से अपने नगर को फिर से बसा लिया। तोकियो एक महानगर है जिसका मध्यवर्ती भाग एकदम आधुनिक है। इस मध्यवर्ती भाग के बाहर सँकरी गलियों और नहरों का जाल-सा बिछा हुआ है। यहाँ बहुत-से मकान लकड़ी के बने हुए हैं। इस भाग को एक तरह से पुराना तोकियो कहा जा सकता है।

तोकियो समुद्र के किनारे स्थित है, लेकिन इसके पास का समुद्र इतना छिछला है कि महासागरों में जाने वाले जहाज़ यहाँ नहीं आ सकते। महासागरों के जहाज़ योकोहामा बन्दरगाह में आते हैं।

तोकियो उद्योगप्रधान नगर है। यहाँ जहाज़ों, मोटर-कारों और कपड़े के कारखाने हैं। यह एक प्रमुख व्यापारिक नगर भी है। आसपास की निचली ज़मीन में खेती होती है। तोकियो में एक महत्त्वपूर्ण हवाई अड्डा भी है। सम्राट का दर्शनीय राजमहल भी इसी नगर में है।

थाईलैंड (THAILAND)—पहले थाईलैंड को इसके प्राचीन नाम 'स्याम' से जाना जाता था। इसके नये नाम थाईलैंड का अर्थ है, 'थाई लोगों का देश'।

नारियल **धान के खेत**

थाईलैंड के चारों ओर कम्बोदिया, लाओस, म्यांमार (बर्मा) और मलयेशिया आदि देश हैं। भूमध्य रेखा से अधिक दूर न होने के कारण यहाँ की जलवायु गरम है। अधिकांश स्थानों में वर्षा अधिक होती है। थाईलैंड का क्षेत्रफल 5,13,115 वर्ग किमी. और जनसंख्या 6,50,68,149 है।

इस देश के तिहाई भागों में घने जंगल हैं। जंगलों में टीक लकड़ी बहुतायात में पाई जाती है। थाईलैंड की राजधानी बैंकाक में लकड़ी चीरने की बहुत-सी मिलें हैं।

देश के दो-तिहाई किसान धान की खेती करते हैं। थाई लोगों का मुख्य भोजन मछली और चावल है। यहाँ से बहुत-सा चावल विदेशों को भी भेजा जाता है।

नारियल, कपास, तम्बाकू और इमारती लकड़ी का भी निर्यात होता है। निर्यात और पर्यटन के मामले में थाईलैंड ने इधर काफी प्रगति की है।

थाईलैंड का प्रसिद्ध पगोड़ा : उषा का मंदिर

बैंकाक ही थाईलैंड का एकमात्र बड़ा नगर है। यह देश की राजधानी भी है। केवल 75 वर्ष पहले बैंकाक की सब सड़कें नहरों के रूप में थीं। अब बैंकाक एक आधुनिक नगर बन गया है।

थाईलैंड में संवेधानिक राजतन्त्र है।

दक्षिण अफ्रीका (SOUTH AFRICA)—द. अफ्रीका का नाम सामने आते ही गोरे-काले के बीच घृणित भेदभाव और उसके विरुद्ध लम्बे संघर्ष का इतिहास आँखों के आगे कौंध जाता है। सौ साल पहले द. अफ्रीका में ही महात्मा गांधी को 'काला जंगली' कहकर अपमानित किया गया था और उन्होंने वहाँ इस सामाजिक अभिशाप के प्रति अपने अहिंसक संघर्ष की अलख जगाई थी। बाद में अफ्रीकी नेशनल कांग्रेस के नेतृत्व में नेल्सन मंडेला ने वह मशाल थामी और 27 साल के लम्बे कारावास के बाद अन्ततः वे अपने लक्ष्य को प्राप्त करने में कामयाब हुए। इस बीच न जाने कितने द. अफ्रीकी अश्वेत युवा क्रान्तिकारियों को शहादतें देनी पड़ीं और वहाँ की अश्वेत जनता को जानवरों से भी बदतर ज़िन्दगी जीनी पड़ी। 1990 में नेल्सन मंडेला की जेल से रिहाई हुई और 1994 में सीधे मतदान के जरिये वे देश के पहले अश्वेत राष्ट्रपति चुने गए। उन्हीं के नेतृत्व में 8 मई, 1996 को द. अफ्रीका में पोस्ट अपार्थीड संविधान लागू हुआ। उसके बाद सरकार ने प्राइमरी स्कूलों में अंग्रेज़ी और स्थानीय भाषाओं के साथ-साथ हिन्दी, गुजराती, तमिल, तेलुगू और उर्दू की पढ़ाई को भी मान्यता दी। जून 1999 तक नेल्सन मंडेला देश के राष्ट्रपति रहे। तत्पश्चात् उन्होंने अवकाश लेकर ताबो बेकी को अपना उत्तराधिकारी बनाया।

दक्षिण अफ्रीका देश अफ्रीका महाद्वीप के दक्षिणी सिरे पर स्थित है और इसकी राज्य-सीमा में मुख्य भूमि के साथ-साथ केप ऑफ गुड होप, नेटाल, ट्रांसवाल और आरेंज फ्री स्टेट के मूल श्वेत उपनिवेश भी आते हैं। पहले इसका संवैधानिक नाम यूनियन ऑफ साउथ अफ्रीका था और अब 'रिपब्लिक ऑफ साउथ अफ्रीका' कर दिया गया है। यह संयुक्त राष्ट्र का सदस्य भी है। द. अफ्रीका का क्षेत्रफल

12,23,201 वर्ग किमी. और जनसंख्या 4,39,97,828 है। यहाँ राजधानियाँ तीन हैं–प्रशासनिक राजधानी प्रिटोरिया में, व्यवस्थापिका राजधानी केपटाउन में तथा न्यायिक राजधानी ब्लोएम-फोंटेन में। द. अफ्रीका की मुख्य कृषि फसलें कपास, गेहूँ, तम्बाकू, गन्ना हैं। खनिज सम्पदा में सोना, हीरा तथा यूरेनियम यहाँ के लिए वरदान साबित हो रहे हैं। द. अफ्रीका दुनिया का सबसे बड़ा सोना और हीरा उत्पादक देश है।

दमिश्क (DAMASCUS)–सीरिया की राजधानी दमिश्क विश्व के प्राचीनतम नगरों में से एक है। यह नगर लगभग 4000 वर्ष, या इससे भी अधिक पुराना है। दमिश्क को 'रेगिस्तान का मोती' कहा जाता है। यह सीरिया के रेगिस्तान का एक मरूद्यान है।

दमिश्क के पुराने हिस्से में हाट बाज़ार का एक दृश्य

पिछली अनेक शताब्दियों से यह नगर व्यापार का केन्द्र रहा है। यहाँ एक विश्वप्रसिद्ध मस्जिद भी है।

पन्द्रह सौ वर्ष पहले दमिश्क फौलाद से बनी चीज़ों के लिए प्रसिद्ध था। यहाँ की तलवार बड़ी मज़बूत और पैनी होती थी।

दिल्ली (DELHI)–सन् 1912 में कोलकाता की जगह दिल्ली को भारत की राजधानी बनाया गया। विशाल इमारतों, सुन्दर पार्कों और चौड़ी सड़कों वाली भारत की यह राजधानी पुरानी दिल्ली (जिसे

दिल्ली का लालकिला

कुतुब मीनार

शाहजहानाबाद कहते थे) की शहरपनाह के बाहर नये सिरे से बसाई गई है और नई दिल्ली कहलाती है। पुरानी दिल्ली विशाल मुगल साम्राज्य की बहुत दिनों तक राजधानी रही।

जमुना के किनारे बसी पुरानी दिल्ली बहुत पुरानी है। महाभारत में पाण्डवों की राजधानी इन्द्रप्रस्थ का वर्णन आया है। यह इन्द्रप्रस्थ दिल्ली से कुछ मील की ही दूरी पर स्थित था। प्राचीन ऐतिहासिक इमारतों में से कुतुब मीनार, पुराना किला, फिरोज़शाह कोटला, हुमायूँ का मकबरा, लाल किला, जामा मस्जिद आदि आज भी देखने योग्य हैं।

दिल्ली की कहानी बड़ी विचित्र है। अनेक बार देशी तथा विदेशी शासकों ने इसे लूटा, लेकिन फिर भी इसका वैभव वैसा ही है। व्यापार और उद्योग दोनों की दृष्टि से इसका विशेष महत्त्व है। यह एक ऐसा केन्द्र है जो इस महादेश के प्रत्येक कोने से रेलों, बसों और हवाई जहाजों के द्वारा जुड़ा हुआ है। आजकल दिल्ली के विकास को कई योजनाओं पर काम हो रहा है।

नाइजर (NIGER)–पश्चिमी अफ्रीका के मध्य में स्थित यह देश पहले फ्रांस के अधीन था, किन्तु 1960 से यह पूर्ण स्वतन्त्र गणराज्य है। इसका क्षेत्रफल 12,67,000 वर्ग किमी. और जनसंख्या 1,28,94,865 है। नियामे इसकी राजधानी है। यह कृषिप्रधान देश है, मूँगफली और कपास यहाँ की मुख्य फसलें हैं। यूरेनियम के भण्डार भी मिले हैं।

नाइजीरिया (NIGERIA)–अफ्रीका के पश्चिमी किनारे पर भूमध्य रेखा के ठीक उत्तर में स्थित नाइजीरिया एक स्वतन्त्र गणराज्य है। इसका क्षेत्रफल 9,23,768 वर्ग किमी. और जनसंख्या 13,50,31,164 है। नाइजीरिया की राजधानी अबुजा है।

नाइजीरिया के किनारों के इलाके गरम हैं। इन स्थानों पर वर्षा बहुत होती है और घने जंगल हैं। पहले यहाँ मलेरिया बहुत होता था, लेकिन अब इस रोग पर काबू पा लिया गया है। इन इलाकों में अधिकतर नीग्रो लोग रहते और खेती करते हैं। यहाँ कोको बहुत पैदा होता है।

कपास, रबड़ और मूंगफली भी यहाँ की प्रमुख उपज हैं। यहाँ

के मुख्य खनिज टिन, सिक्का, लोहा और कोयला हैं। 1970 से कच्चा तेल भारी मात्रा में निर्यात होने लगा है। बीयर, सीमेंट, सिगरेट आदि के अतिरिक्त अल्यूमीनियम की चीजें भी बनती हैं।

नामीबिया (NAMIBIA)–अफ्रीका के अटलांटिक तट पर स्थित नामीबिया में पहले द. अफ्रीका की नस्लवादी गोरी सरकार की कठपुतली सरकार का प्रभुत्व था। अन्तर्राष्ट्रीय दबावों के बीच आखिरकार उसे जाना पड़ा और 5 अक्तू. 1988 को जेनेवा में द. अफ्रीका, क्यूबा और अंगोला के बीच हुए शान्ति समझौते के फलस्वरूप 1989 में स्वाधीनता का रास्ता साफ हुआ। सभी विदेशी सेनाएँ हट गईं और संयुक्त राष्ट्र के प्रस्ताव के अनुरूप चुनाव सम्पन्न हुए।

नामीबिया का क्षेत्रफल 8,26,700 वर्ग किमी., जनसंख्या 20,55,080 तथा राजधानी विंडहाक है। नामीबिया की सबसे मूल्यवान खनिज सम्पदा हीरे हैं। ताँबा, जस्ता, सीसा, जर्मेनियम और मैंगनीज की खानें भी वहाँ हैं। घरेलू व्यवसायों में पशुपालन और मछली पकड़ना प्रमुख है।

नार्वे (NORWAY)–स्कैंडिनेविया प्रायद्वीप पर स्वीडन के उत्तर-पश्चिम में नार्वे देश है। इसका क्षेत्रफल 3,23,895 वर्ग किमी. और जनसंख्या 46,27,926 है। नार्वे के उत्तरी तट पर स्थित नोर्डकिन अन्तरीप उत्तर में यूरोप का दूरतम बिन्दु है। इस अन्तरीप में छः महीने दिन-रात सूरज चमकता रहता है, और छः महीने सूरज दिन में भी दिखाई नहीं देता।

नार्वेवासी समुद्र के पुराने घुमक्कड़ हैं। कुछ लोग नावों से मछलियाँ मारते हैं और कुछ सुदूर दक्षिण में अंटार्कटिक प्रदेश तक व्हेल मछली का शिकार करते घूमते हैं।

नार्वे की राजधानी और सबसे बड़ा नगर ओस्लो है। यह भी एक अच्छा बन्दरगाह है। यह सुन्दर आधुनिक नगर नार्वे के दक्षिणी पूर्वी भाग में है।

नार्वे के पश्चिमी तट पर सबसे बड़ा नगर और बन्दरगाह बर्गन है। यहाँ बहुत-से कारखाने हैं। कुछ कारखानों में मछलियाँ डिब्बों में बन्द की जाती हैं और उनका तेल वगैरह निकाला जाता है। अटलांटिक महासागर से चलनेवाली गरम हवाओं के कारण पश्चिमी तट का समुद्र जमता नहीं। निचली भूमि पर आलू, जई और चरी उगाई जाती है। किसान दूध और पनीर बेचते हैं।

यहाँ के प्रमुख उद्योगों में मछली तथा अन्य खाद्य पदार्थों की डिब्बाबंदी, कागज की लुगदी, कागज और मशीनों का निर्माण, धातु की अन्य वस्तुएँ, अल्यूमीनियम तथा विद्युत रसायन आदि आते हैं।

नार्वे में कोयला कम है, मगर इस कमी को जल-विद्युत से पूरा कर लिया गया है।

निकारागुआ (NICARAGUA)–मध्य अमरीकी राज्यों में यह सबसे बड़ा है और कैरिबियन सागर तथा प्रशान्त महासागर के मध्य में स्थित है। यह स्वतन्त्र गणराज्य है और कृषिप्रधान देश है। कपास, कॉफी और गन्ना यहाँ की प्रमुख उपज हैं। इसका क्षेत्रफल 1,30,000 वर्ग किमी. और जनसंख्या 56,75,356 है। मानागुआ इसकी राजधानी है। यहाँ निरंकुश तानाशाह सोमोज़ा का 1933 से 1979 तक शासन रहा। पहली बार सांदिनिस्ता नेशनल लिबरेशन फ्रंट के जुझारू संघर्षों से सोमोज़ा के काले युग का अन्त हुआ और वहाँ सांदिनिस्ता की क्रान्तिकारी सरकार बनी। लेकिन अमेरिका इसे बर्दाश्त नहीं कर सका। उसने षड्‌यंत्रों के जरिए, सांदिनिस्ता सरकार को 1990 में सत्ता से बाहर कर दिया। 2006 के चुनावों में फिर वहाँ सांदिनिस्ता वापस आ गए हैं।

नीदरलैंड (NETHERLANDS)–उत्तर-पश्चिमी यूरोप का यह छोटा-सा देश उत्तर सागर के पूर्वी किनारे पर स्थित है। इसका क्षेत्रफल 41,160 वर्ग किमी. और जनसंख्या लगभग 1,65,70,613 है।

इस देश की आधी से अधिक भूमि समुद्र-तल से नीची है। एक ज़माने से समुद्र इस देश को हानि पहुँचाता रहा है, लेकिन अब नीदरलैंड के उद्यमी निवासियों ने समुद्र से अपनी बहुत-सी भूमि वापस ले ली है। जिस ज़मीन पर पहले समुद्र का पानी भर जाता था अब वहाँ हरे-भरे चरागाह हैं और पशु चरते हैं। नीदरलैंड के कुशल इंजीनियरों ने अब 2,400 किमी. लम्बे बाँध बनाकर, पानी भरने से रोक कर, बहुत-सी नई उपजाऊ भूमि निकाल ली है। नगरों का बहुत-सा यातायात समुद्र के पानी से बनी नहरों द्वारा होता है। यहाँ संवैधानिक राजतन्त्र है। राजधानी एमस्टर्डम है, पर सरकार हेग से काम चलाती है। यहाँ से फूलों का निर्यात होता है।

नीदरलैंड का राज्य-चिन्ह

ट्यूलिप के फूल

नीदरलैंड में डेरी-उद्योग का सबसे अधिक महत्त्व है। यहाँ से क्रीम, मक्खन, पनीर, दूध की चॉकलेट और सुखाया हुआ दूध दुनिया के सब देशों को निर्यात किया जाता है।

नीदरलैंड में व्यापार और उद्योग भी खूब विकसित हैं। यहाँ के शहरों में अनेक कारखाने हैं जिनमें जूते, कपड़े, बिजली का सामान, चीनी के बर्तन और जहाज़ बनते हैं। एमस्टर्डम हीरों के तराशने और पॉलिश करने के लिए विश्वविख्यात है। रोटर्डम की गिनती यूरोप के अच्छे बन्दरगाहों और नीदरलैंड के बड़े नगरों में की जाती है।

नीदरलैंड के दृश्य

नेपाल (NEPAL)–विगत कुछ वर्षों की राजनीतिक उथलपुथल और माओवादी कम्युनिस्ट क्रान्तिकारियों के आन्दोलन को मिली अभूतपूर्व सफलता के चलते पूरी दुनिया की नज़रें आजकल नेपाल पर टिकी हैं। यह हिमालयवर्ती देश भारत और चीन के बीच स्थित है। उत्तर में तिब्बत है और पूर्व में भारतीय प्रदेश सिक्किम व प. बंगाल। दक्षिण-पश्चिम में बिहार और उत्तर प्रदेश की सीमाएँ हैं।

नेपाल में 1846 से 1951 तक राणाशाही रही। राणा वंश का व्यक्ति ही प्रधानमन्त्री होता था। नव. 1951 में राणा प्रधानमन्त्री ने त्यागपत्र दे दिया। उसके बाद सीधे राजशाही का दौर शुरू हुआ, जिसकी चूलें 1990 में हिलनी शुरू हो गई थीं। लोकतान्त्रिक आन्दोलनों के दबाव में महाराजा को नए संविधान की घोषणा करनी पड़ी, जिसमें राजा के अधिकारों को सीमित कर दिया गया और बहुदलीय प्रणाली वाले राजतन्त्र की शुरुआत हुई। 1 जून 2001 को किंग वीरेन्द्र, महारानी ऐश्वर्या और राजघराने के छः सदस्यों की षड्यन्त्रपूर्ण हत्या के बाद किंग वीरेन्द्र के भाई ज्ञानेन्द्र नए राजा बने। उसके बाद स्थितियाँ लगातार नियन्त्रण से बाहर होती चली गईं। व्यापक जन-समर्थन के बल पर माओवादी कम्युनिस्टों का आन्दोलन लगातार सफलता की ओर बढ़ता गया। अन्त में राजा ज्ञानेन्द्र को भंग संसद को बहाल करना पड़ा और बी. पी. कोइराला नए प्रधानमन्त्री बने। स्थिति यहाँ तक पहुँच गई कि कोइराला सरकार और सात पार्टियों के गठबंधन को माओवादियों को आन्दोलन खत्म कर नेपाल में नए युग की शुरुआत करने का निमन्त्रण देना पड़ा। नेपाल में राजतन्त्र समाप्त कर दिया गया, राजा के सारे अधिकार छीन लिए गए और करेंसी पर राजा के बजाय एवरेस्ट की चोटी छापने का फैसला हो चुका है। बराबर की हिस्सेदारी के साथ माओवादी नेपाल की नई लोकतान्त्रिक सरकार में शामिल हो रहे हैं।

नेपाल का क्षेत्रफल 1,47,181 वर्ग किमी. और जनसंख्या 2,89,01,790 है। काठमांडू इसकी राजधानी है। गोरखाली नेपाल की मुख्य भाषा है।

प्राकृतिक रूप से नेपाल दो भागों में बंटा है। एक तो तराई प्रदेश है, जो इसकी दक्षिणी सीमा के साथ-साथ जंगल की एक पट्टी के रूप में चला गया है। कई स्थानों पर जंगल को साफ करके खेती के योग्य जमीन निकाल ली गई है। दूसरा है पर्वतीय प्रदेश, जो उत्तर में तिब्बत तक चला गया है। नेपाल की उत्तरी सीमा पर एवरेस्ट के अलावा मकालू, कंचनजंघा, धौलागिरि और गौरीशंकर जैसे हिमालय के सर्वोच्च शिखर स्थित हैं। काठमांडू, भाटगाँव और पाटन जैसे नगर नेपाल घाटी में बसे हैं।

नेपाल में अनेक हिन्दू मंदिर हैं

नेपाल अपनी जरूरत-भर का अनाज पैदा कर लेता है। कहा जाता है संसार में सबसे अच्छा चावल नेपाल में ही होता है। नेपाल कुछ अतिरिक्त अनाज भारत तथा अन्य देशों को भी भेजता है।

नौरू (NAURU)–मध्य प्रशान्त महासागर में स्थित यह छोटा-सा द्वीप-राज्य एक अण्डाकार प्रवाल द्वीप है। निरन्तर समुद्री ज्वारों से आक्रान्त रहने वाला। 31 जन. 1968 को स्वाधीन गणराज्य बना। इसका क्षेत्रफल 21.1 वर्ग किमी., आबादी 13,528 तथा राजधानी यारेन नौरू है। यहाँ फास्फेट की चट्टानें बहुत हैं। सिर्फ फास्फेट ही यह देश निर्यात कर पाता है।

न्यूज़ीलैंड (NEW ZEALAND)–दक्षिण-पश्चिमी प्रशान्त महासागर में आस्ट्रेलिया से लगभग 1200 मील दूर स्थित न्यूज़ीलैंड एक सुन्दर द्वीप है। इस देश का क्षेत्रफल 2,69,057 वर्ग किमी. और जनसंख्या 41,15,771 है। इसका सबसे बड़ा नगर ऑकलैंड और राजधानी वेलिंगटन है।

उत्तरी द्वीप, दक्षिणी द्वीप तथा कई अन्य छोटे-छोटे द्वीपों से मिलकर न्यूज़ीलैंड बना है। उत्तरी-द्वीप से दक्षिण-पश्चिम तक न्यूज़ीलैंड में एक पर्वतमाला फैली हुई है जिसके कारण पूर्व से पश्चिम की ओर यात्रा करना कठिन है। इसे डोमीनियन राज्य का दर्जा 1907 (26 सित.) में मिला।

न्यूज़ीलैंड की जलवायु गरम है और वर्षा खूब होती है। घास के विशाल चरागाहों में भेड़ें तथा अन्य पशु पाले जाते हैं और इस देश से भारी परिमाण में ऊन, मांस और दूध से बनी चीज़ों का निर्यात होता है। यहाँ के घने जंगलों में इमारती लकड़ी बहुतायत से पैदा होती है।

न्यूज़ीलैंड ज्वालामुखी क्षेत्र में स्थित है। अधिकांश ज्वालामुखी अब शान्त हो चुके हैं, लेकिन जहाँ ज्वालामुखी थे उन क्षेत्रों में गरम पानी के चश्मे फूट आए हैं। कुछ चश्मों का पानी इतना गर्म है कि उसमें चावल आदि उबाले जाते हैं।

न्यूज़ीलैंड में उद्योग-धंधे बहुत विकसित हैं। वहाँ गेहूँ, जौ और ओट्स की खेती होती है। न्यूज़ीलैंड में अनेक विकसित उद्योग हैं। यहाँ से बढ़िया नस्ल की भेड़ों, कागज और उसकी लुगदी का निर्यात भी होता है। कोयला और सोना यहाँ के प्रमुख खनिज हैं।

न्यूयार्क नगर **(NEW YORK CITY)**–न्यूयार्क अमरीका का सबसे बड़ा नगर है। संसार के महानगरों में तोकियो और लन्दन के बाद इसी की गिनती होती है। इसकी जनसंख्या लगभग एक करोड़ है।

न्यूयार्क के कुछ दृश्य

न्यूयार्क अमरीका का सबसे महत्त्वपूर्ण बन्दरगाह भी है। सन् 1609 में जब यह बसाया गया था तब यह अटलांटिक महासागर के किनारे पर बसा एक छोटा-सा कस्बा था। अगर न्यूयार्क एक बन्दरगाह न होता तो शायद यह इतना महत्त्वपूर्ण महानगर कभी न बन पाता। आजकल अमरीका का अधिकतर आयात-निर्यात इसी बन्दरगाह से होता है। न्यूयार्क नगर में हज़ारों कारखाने हैं।

सन् 1779 में न्यूयार्क को अमरीका की राजधानी बनाया गया, किन्तु लगभग 11 वर्ष बाद राजधानी यहाँ से हटकर पिट्सबर्ग चली गई। अब वांशिगटन अमरीका की राजधानी है।

न्यूयार्क एक आधुनिक महानगर है। इसकी गगनचुम्बी इमारतों को देखकर आदमी को अचरज होता है। दुनिया की सबसे ऊँची इमारतें इसी नगर में हैं। इसी महानगर में रॉकफेलर केन्द्र स्थित है जो अपने-आप में एक पूरा नगर है। बन्दरगाह के किनारे विश्वविख्यात स्वतन्त्रता की प्रतीक 'लिबर्टी' प्रतिमा स्थापित है। इस महानगर में अनेक ऐतिहासिक स्मारक, भव्य विश्वविद्यालय, नाटकघर, सिनेमाघर और नाचघर हैं, जिन्हें देखने हर साल हज़ारों लोग यहाँ आते हैं।

न्यूयार्क के गगनचुम्बी भवन

पनामा गणराज्य **(REPUBLIC OF PANAMA)**–यह राष्ट्र पूरी पनामा थलसन्धि पर फैला है जो मध्य अमरीका को दक्षिणी अमरीका से जोड़ती है और अटलांटिक महासागर को प्रशान्त महासागर से अलग करती है। पनामा नहर इसकी आय का मुख्य स्रोत है। इसका क्षेत्रफल 77,082 वर्ग किमी. और जनसंख्या 32,42,173 है। पनामा इसकी राजधानी है। यहाँ मुख्य रूप से केले की और कॉफी की काश्त होती है। चीनी और शराब वहाँ के मुख्य उद्योग हैं। महोगनी नामक इमारती लकड़ी यहाँ बहुत होती है।

पर्ल हार्बर **(PEARL HARBOUR)**–हवाई द्वीपसमूह में स्थित पर्ल हार्बर में अमरीका का नौसैनिक अड्डा है। यह विश्व के सर्वश्रेष्ठ और सबसे बड़े नौसैनिक अड्डों में से एक माना जाता है। बहुत-से जहाज़ लंगर डाल सकते हैं। बड़ी-बड़ी गोदियों में जहाज़ों की मरम्मत होती है। यहाँ पनडुब्बियों का एक अड्डा अलग से है। उत्तरी ध्रुव की यात्रा पर जाने वाली प्रसिद्ध परमाणुचालित पनडुब्बी नौटिलस यहीं से रवाना हुई थी। हार्बर में एक द्वीप में अमरीकी हवाई अड्डा भी है।

सन् 1941 में जापान ने पर्ल हार्बर पर हमला किया था। इसपर अमरीका भी मित्रराष्ट्रों की ओर से दूसरे विश्वयुद्ध में सम्मिलित हो गया था।

पलाऊ **(PALAU)**–पश्चिमी प्रशांत में 326 छोटे-बड़े द्वीपों से बना यह द्वीप समूह 1914 से जापान के कब्जे में था। दूसरे विश्वयुद्ध के बाद 1947 में प्रशासनिक तौर पर यह सं. रा. अमरीका के कब्जे में आ गया। 1981 में इसे स्वायत्त गणराज्य का दर्जा मिला। फिर 1992 में स्वतन्त्र सहयोगी राज्य का दर्जा और, दो साल बाद, 1 अक्तू. 1994 को यह स्वतन्त्र गणराज्य बना। यह संयुक्त राष्ट्रसंघ का सदस्य भी है। इसका क्षेत्रफल 1,632 वर्ग किमी., आबादी 20,842

है। इसकी वर्तमान राजधानी कोरोर है, लेकिन पूर्वी बाबेल थुआप में नई राजधानी का निर्माण हो रहा है। यहाँ मछली पालन मुख्य रूप से आजीविका का साधन है और पर्यटन उद्योग खूब फल-फूल रहा है।

पाकिस्तान (PAKISTAN)–सन् 1947 में भारत के विभाजन से इसका जन्म हुआ। 1947 में पाकिस्तान के दो भाग थे–एक भारत के उत्तर-पश्चिम में दूसरा उत्तर-पूर्व में। 1971 में उत्तर-पूर्व वाला भाग पाकिस्तान से पृथक हो गया। अब उसका नाम 'बंगलादेश' है। वर्तमान पाकिस्तान के मुख्य भाग हैं सिन्ध और बलोचिस्तान, उत्तर-पश्चिमी सीमा प्रान्त के अतिरिक्त पश्चिम पंजाब। पाकिस्तान का क्षेत्रफल 7,96,095 वर्ग किमी. है और इसकी जनसंख्या 16,47,41,924 है। स्वतन्त्रता के पश्चात् रावलपिंडी के निकट इस्लामाबाद नई राजधानी बनाई गई।

सिंधु घाटी से प्राप्त मातृदेवी की मूर्ति

पाकिस्तान का सबसे उपजाऊ इलाका पश्चिमी पाकिस्तान का वह भाग है जो किसी समय पंजाब के नाम से जाना जाता था। पंजाब के दो हिस्सों में से एक भाग भारत के हिस्से में आया। पश्चिमी पाकिस्तान का बहुत-सा भाग रेगिस्तानी और बंजर है। सिन्धु घाटी और पश्चिमी पंजाब वाला भाग बहुत अधिक उपजाऊ है। इस क्षेत्र में बड़ी-बड़ी नहरें हैं और सिंचाई की अच्छी व्यवस्था है।

मोइनजोदड़ो की एक मुहर

स्वतन्त्रता प्राप्ति के बाद से ही पाकिस्तान की शासन-व्यवस्था अस्त-व्यस्त रही। पाकिस्तान का निर्माण करने वाले श्री जिन्ना के देहान्त के बाद स्थिति और भी बिगड़ गई। 1958 में संविधान सभा को भंग करके इसे इस्लामी राज्य घोषित कर दिया गया और उसके बाद थोड़े समय को छोड़ कर इस पर प्रायः फौजी तानाशाह शासन करते रहे हैं।

पाकिस्तान ने अपने निर्माण के बाद से भारत पर तीन बार आक्रमण किया, परन्तु उसे इन दुस्साहसपूर्ण कार्यों में सफलता नहीं मिली।

पाकिस्तान में 86 प्रतिशत निवासी मुसलमान हैं। हिन्दू तथा अन्य जातियों की संख्या बहुत कम है। इस्लामी कानून के अनुसार पाकिस्तान का राष्ट्रपति कोई मुसलमान ही चुना जा सकता है। इस्लामी राज्य होने का अर्थ यही है कि वह धर्मनिरपेक्ष राज्य नहीं।

पाकिस्तान कृषिप्रधान देश है और इसकी अर्थ-व्यवस्था का मुख्य आधार भी गेहूँ, गन्ना, कपास और चावल आदि मुख्य फसलें हैं। परन्तु भारत ने 1947 की स्वतन्त्रता के बाद प्रत्येक क्षेत्र में जिस प्रकार उन्नति की है पाकिस्तान शस्त्रों की होड़ में पड़ कर वैसी उन्नति न कर सका। भारत पाकिस्तान के साथ शिमला समझौते के अनुरूप मैत्रीपूर्ण सम्बन्ध बनाना चाहता है, परन्तु पाकिस्तान के आका कश्मीर के प्रश्न को बार-बार उछालकर इन सम्बन्धों को बिगाड़ने का प्रयत्न कर रहे हैं। पाकिस्तान ने कश्मीर का बहुत-सा इलाका अनधिकृत रूप से हथिया रखा है। घरेलू उद्योग-धन्धों के अतिरिक्त वहाँ कुछ बड़े कारखाने स्थापित किए जा रहे हैं। कराची पाकिस्तान का सबसे बड़ा बन्दरगाह है।

पापुआ न्यूगिनी (PAPUA NEW GUINEA)–दुनिया के सबसे बड़े द्वीप न्यूगिनी के पूर्वी भाग और निकटवर्ती द्वीपों से मिलकर बना यह स्वतन्त्र देश 16 सितम्बर 1975 को अस्तित्व में आया। इससे पूर्व ऑस्ट्रेलिया प्रशासन के अन्तर्गत वह एक यू. एन. ट्रस्टीशिप था। यहाँ 18 वर्ष से ऊपर के सभी निवासी मतदाता सूची में दर्ज

हैं। वे अपना मत दे सकते हैं, चुनावों में खड़े हो सकते हैं। यहाँ का क्षेत्रफल 4,62,840 वर्ग किमी., जनसंख्या 57,95,887 तथा राजधानी पोर्ट मोरेस्बी है। यहाँ की जनसंख्या दो जनजातियों में बँटी है। काली चमड़ी वाले मैलानेशियन मुख्य रूप से समुद्रतटीय क्षेत्रों में रहते हैं और ऊन जैसे बालों वाले पापुआ देश के भीतरी भागों में फैले हैं। यहाँ की सरकार को अलगाववादी विद्रोहों का सामना भी करना पड़ रहा है। बोगनविले प्रायद्वीप की बोगनविले रिवोल्यूशनरी पार्टी और सरकार के बीच टकराव में अब तक कोई 20 हजार लोग मारे जा चुके हैं और 13 चक्र समझौता वार्ता चल चुकने के बाद भी अब तक शान्ति स्थापित नहीं हो सकी है। यहाँ के लोगों की आजीविका का मुख्य आधार खेती है। जमीकंद, सागूदाना, आलू, शकरकंद यहाँ की मुख्य खाद्य फसलें हैं। नारियल, कोको, कॉफी, रबर नकदी फसलें हैं। सोना, तांबा, तेल और प्राकृतिक गैस के भण्डार भी यहाँ हैं।

पुर्तगाल (**PORTUGAL**)–पुर्तगाल के पश्चिम में अटलांटिक महासागर और पूर्व में स्पेन है। इसका क्षेत्रफल 92,072 वर्ग किमी. और जनसंख्या 1,06,42,836 है। इसकी राजधानी लिस्बन है। लिस्बन यूरोप के सबसे अच्छे बन्दरगाहों में से एक है।

पुर्तगाल के अधिकांश लोग खेती करते और मछली पकड़ते हैं। मछली को डिब्बों में बन्द करके बाहर भेजना पुर्तगाल का एक महत्वपूर्ण उद्योग है।

उत्तरी पुर्तगाल समुद्रतल से ऊँचा है और यहाँ वर्षा खूब होती है। यहाँ कई तरह की फसलें उगाई जाती हैं। टागुस और डोरो नदियों की घाटियों में शराब बनाई जाती है। डोरो नदी की घाटी में बनने वाली शराब को 'पोर्ट' कहते हैं। पहाड़ी प्रदेश में जैतून के बाग हैं।

पुर्तगाल के कुछ दृश्य

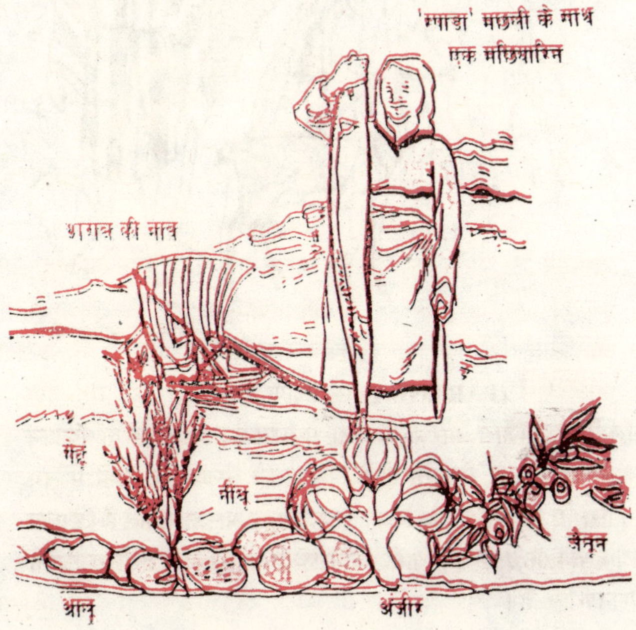

दक्षिणी पुर्तगाल की जलवायु गरम है। यहाँ फल-फूल खूब पैदा होते हैं। फरवरी के महीने में हजारों सैलानी यहाँ के बादाम के सुन्दर बगीचे देखने को आते हैं। पुर्तगाल के पहाड़ों पर बलूत के पेड़ों के जंगल हैं, जिनसे लोग कार्क प्राप्त करते हैं। देश के 19% क्षेत्र में जंगल है। वहाँ चीड़, बलूत, अखरोट और कार्क पैदा होता है। पुर्तगाल विश्व में सबसे अधिक कार्क निर्यात करता है। पुर्तगाल की शराब भी संसार में प्रसिद्ध है। इस युग में भी उसके दो उपनिवेश है, जिनके नाम हैं, अजोरेस आइलैंड (क्षेत्रफल 2,248 वर्ग किमी., जनसंख्या 23,800) व मदेरिया आइलैंड (क्षेत्रफल 795 वर्ग किमी. जनसंख्या 4,37,312)।

पुर्तगाल अपनी उपनिवेशवादी दमन-नीति के कारण बहुत बदनाम रहा है। अब वह अपनी दमनात्मक छवि से बाहर आ रहा है और लोकतान्त्रिक पद्धति से समाजवादी आर्थिक कार्यक्रम अपना रहा है।

सीन नदी पेरिस के बीच से बहती है

पेरिस (**PARIS**)–यह नगर फ्रांस की राजधानी है और अपनी सुन्दरता और वैभव के लिए विश्वविख्यात है। पेरिस यूरोप में कला, संगीत और फैशन के क्षेत्र में शताब्दियों से अग्रणी रहता आया है और आज भी है। पेरिस का फ्रांसीसी उच्चारण 'पारी' है।

सन् 1889 में पेरिस में 984 फुट ऊँचे इफ़ेल टॉवर का निर्माण कराया गया था। पेरिस आनेवाले हज़ारों सैलानी संसार की इस सबसे ऊँची मीनार पर चढ़कर पेरिस की छवि देखते हैं। सीन नदी शहर के बीच से बहती है। नदी के बीच में नाव की शक्ल का एक टापू है। लगभग 2,000 वर्ष पूर्व यहाँ मछेरों का एक छोटा-सा गाँव बसा था, उसी गाँव ने आज पेरिस महानगर का रूप ले लिया है। विश्वविख्यात नोत्रेदाम चर्च इसी टापू में है।

पेरिस में हर तरफ राजमहल, प्राचीन और आधुनिक विश्वविद्यालय, अजायबघर, थियेटर, गिरिजाघर, पटरियों पर बने रेस्त्रां और खूबसूरत बाग दिखाई देते हैं। इस नगर में रोज़ नए-नए फैशन निकलते हैं और दुनिया भर में फैल जाते हैं।

पेरिस का प्रसिद्ध ईफ़ेल टॉवर

पेरिस के कुछ दृश्य

पेरिस के कुछ दृश्य

पेरिस फ्रांस का सबसे बड़ा नगर है। यहाँ के अनेक निवासी कारखानों में काम करते हैं। आसपास कोयले की खानें न होने के कारण यहाँ भारी उद्योग-धंधे नहीं हैं। पेरिस के कारखानों में खेती की मशीनें, मोटरकारें, बढ़िया कागज़, डॉक्टरी के औज़ार, इत्र और चमड़े का सामान आदि वस्तुएँ बनती हैं।

पेरू **(PERU)**–दक्षिणी अमरीका के इस देश में ऐंडीज पर्वतमाला उत्तर से दक्षिण तक फैली हुई है। इसके कारण यह देश तीन भागों में बँट गया है–पहाड़ी प्रदेश, पहाड़ों और प्रशान्त महासागर के बीच का सँकरा रेगिस्तानी इलाका, और पहाड़ों के दूसरी ओर निचला गरम और नम इलाका। पेरू का क्षेत्रफल 12,81,215 वर्ग किमी. और जनसंख्या 2,86,74,757 है।

पहाड़ी इलाके के अधिकांश लोग इंडियन या अर्ध-इंडियन हैं। ये लोग प्राचीन इंका लोगों की सन्तान हैं। ये लोग गेहूँ, जौ, आलू और मोटा अनाज पैदा करते हैं। इनके कुछ खेत और चरागाह संसार के सबसे ऊँचे खेतों और चरागाहों में माने जाते हैं। इस पहाड़ी प्रदेश में सोना, चाँदी, ताँबा और वैनेडियम की खानें हैं।

पेरू की प्रमुख कृषि फसलें मक्का, चावल, आलू, कपास, ऊन चीनी और कॉफी हैं। स्मरणीय है कि मक्का का जन्मस्थान पेरू ही है। मछली भी यहाँ खूब होती है। खनिजों में चाँदी और ताँबा यहाँ दुनिया-भर में सबसे ज्यादा होते हैं।

प्राचीन इंका लोगों के विशाल साम्राज्य की राजधानी कुज़को थी। अब यह पेरू का एक नगर है। कुज़को में आज भी इंका साम्राज्य के अनेक खंडहर हैं। इंका युग के बाद बने एक गिरजे में चाँदी की वेदी और एक बड़े पन्ने को तराश कर बनाया गया नागराज अनेक सैलानियों के लिए आकर्षण की वस्तु है।

लीमा पेरू की राजधानी और सबसे बड़ा नगर है। अमरीका का सबसे प्राचीन विश्वविद्यालय इसी नगर में है।

ऐंडीज पर्वतमाला

पैराग्वे **(PARAGUAY)**–दक्षिण अमेरिका का यह देश बोलीविया, ब्राजील और अर्जेण्टीना से घिरा हुआ है। यह कृषिप्रधान देश है और 75% निवासी खेती और उससे सम्बन्धित कामों में लगे हैं। पैरागुए नदी में 3,000 किमी. तक जहाज आ-जा सकते हैं। इसका क्षेत्रफल 4,06,752 वर्ग किमी., जनसंख्या 66,69,086 तथा राजधानी असनश्यान है।

पैरागुए के कुछ दृश्य

इस देश के अधिकतर निवासी इंडियन आदिवासी और स्पेनी लोगों की मिश्रित सन्तान हैं। ये लोग गुआरानी नामक इंडियन भाषा का प्रयोग करते हैं। शहरों में प्रायः स्पेनी भाषा का प्रयोग होता है।

पेरागुए क्विब्रैशो लकड़ी, तम्बाकू, जानवरों की खालों और कपास का निर्यात करता है।

पोलैंड (**POLAND**)—जर्मनी के पूर्व और चेकोस्लोवाकिया के उत्तर-पश्चिम में स्थित पोलैंड यूरोप के बड़े देशों में गिना जाता है। पोलैंट का क्षेत्रफल 3,12,677 वर्ग किमी. और जनसंख्या 3,85,18,241 और राजधानी वारसा है। सन् 1919 से पहले लगभग 125 वर्षों तक यूरोप के नक्शे पर पोलैंड का नाम भी नहीं था। वैसे, बहुत पहले एक विशाल पोल साम्राज्य था। पहले विश्वयुद्ध के अंत में पोलैंड एक स्वतंत्र गणराज्य बना। इसे बने बीस वर्ष ही हुए थे कि दूसरा विश्वयुद्ध शुरू हो गया और द्वितीय विश्वयुद्ध में

पौलैंड के कुछ दृश्य

पोलैंड को भारी नुकसान उठाना पड़ा। 1939 में हिटलर ने पोलैंड पर आक्रमण करके ही दूसरे विश्वयुद्ध की शुरुआत की थी। दूसरे विश्वयुद्ध के बाद यह सोवियत रूस के प्रभाव में कम्युनिस्ट देश बना, जो 1989 के सॉलिडारिटी आन्दोलन तक यथावत् चलता रहा। बाद में पूँजीवादी सरकार बनी और निजीकरण लागू हुआ। लेकिन जल्दी ही वहाँ के लोगों को इस राजनीतिक परिवर्तन की असलियत पता चल गई। 1993 में एक बार फिर कम्युनिस्टों की सरकार बनी। अब पोलैंड अमरीकी नीतियों की गिरफ्त में है।

पोलैंड के 32% के लगभग निवासी किसान हैं। यहाँ राई, आलू और चुकन्दर की खेती खूब होती है। आलू तो इतना अधिक होता है कि उससे शराब बनाई जाती है। मांस के लिए यहाँ सूअर तथा अन्य पशु भी पाले जाते हैं।

दक्षिणी और पश्चिमी पोलैंड में लोहे को पिघलाने और साफ करने के अनेक कारखाने हैं। पोलैंड में कोयला बहुत होता है। कोयले का निर्यात करनेवाले यूरोपीय देशों में यह सर्वप्रथम है। इसके अतिरिक्त लोहा, प्राकृतिक गैस, सिक्का और जस्ता आदि खनिज मिलते हैं। पोलैंड में कपड़ा, रसायन, भारी मशीनें, मोटरकारों, जहाजों और विमानों के निर्माण का काम बहुत विकसित है। लोद्ज नगर लोहे और इस्पात के कारखानों का बड़ा केन्द्र है।

पोलैंड बाल्टिक सागर के तट पर बसा है। यूरोप की प्रमुख नदियाँ ओडर और विस्टुला इसमें से होकर बहती हैं।

फ्रांस (**FRANCE**)—फ्रांस पश्चिमी यूरोप का सबसे बड़ा देश है। इसका अधिकांश भाग मैदानी है, लेकिन मध्य का पठार कुछ स्थानों पर काफी ऊँचा है। फ्रांस में विभिन्न प्रकार की जलवायु पाई जाती है। अटलांटिक सागर के किनारे के क्षेत्रों में काफी वर्षा होती है और मौसम साधारण रहता है, लेकिन मध्य का पठार गर्मी में काफी गरम और जाड़े में काफी ठण्डा रहता है। फ्रांस का क्षेत्रफल 5,43,965 वर्ग किमी., जनसंख्या 6,08,76,136 तथा राजधानी पेरिस है।

फ्रांस यूरोप का अकेला देश है जो अपने लिए काफी अनाज पैदा कर लेता है। यहाँ गेहूँ, जौ, चुकन्दर आदि की पैदावार खूब होती है। ब्रितानी प्रदेश में पशुपालन और डेरी का काम होता है तथा मध्य के पठार के किसान भेड़-बकरी भी पालते हैं। फ्रांस की शराब बहुत प्रसिद्ध है। बोर्दो, बर्गंडी और शेम्पेन ज़िलों में संसार में सबसे अधिक और सबसे अच्छी शराब तैयार होती है।

फ्रांस उद्योग-धन्धों में काफी आगे बढ़ा हुआ है। यहाँ कोयले और लोहे की अनेक खानें हैं। उनके आसपास इस्पात बनाने के कई बड़े-बड़े कारखाने हैं। फ्रांस के रासायनिक द्रव्य और इत्र-फुलेल भी प्रसिद्ध हैं।

पेरिस फ्रांस का सबसे बड़ा शहर और राजधानी है। अपनी सुन्दरता और अपने ऐतिहासिक महत्त्व के कारण पेरिस शायद संसार का सबसे बड़ा पर्यटन-केन्द्र है। मार्साई फ्रांस का सबसे बड़ा बन्दरगाह है। लियों और नीस फ्रांस के अन्य प्रसिद्ध नगर हैं।

फ्रांस के कुछ दृश्य

लगभग 2,000 साल पहले फ्रांस रोमन साम्राज्य का एक अंग था। तब इसका नाम 'गौल' था। सत्रहवीं शताब्दी में लुई चौदहवें के शासनकाल में फ्रांस यूरोप की एक बहुत बड़ी शक्ति बन गया था। सन् 1789 में फ्रांस की प्रसिद्ध राज्य-क्रांति हुई। इस क्रान्ति ने सारे संसार को प्रभावित किया। सन् 1871 के बाद से फ्रांस एक गणराज्य है। साहित्य, चित्रकला और संगीत के क्षेत्र में फ्रांस का हमेशा एक महत्त्वपूर्ण स्थान रहा है।

फिजी (FIJI)–न्यूज़ीलैंड से लगभग 1740 किमी. उत्तर में स्थित फिजी कोई 300 द्वीपों से मिलकर बना स्वाधीन देश है। इसका क्षेत्रफल 18,376 वर्ग किमी., जनसंख्या 9,18,675 तथा राजधानी सुवा है। यहाँ का सबसे बड़ा द्वीप विति लेवु है, जो कुल क्षेत्रफल का आधे से अधिक घेरता है। फिजी के द्वीप 1874 से ब्रिटिश शासन के अधीन चले आ रहे थे। उसी दौरान अंग्रेजों की मिल्कियत वाले गन्ने के खेतों में काम करने के लिए भारतीय मजदूर वहाँ ले जाने का काम शुरू हुआ। वे मजदूर दोबारा स्वदेश वापस नहीं लौटे। वहीं बस गए। यही वजह है कि आज फ़िजी में आधी जनसंख्या भारतीय मूल के लोगों की है। यहाँ के मूल निवासी मैलानेशियन कुल 43 प्रतिशत हैं। 10 अक्तूबर 1970 को फिजी, ब्रिटिश आधिपत्य से मुक्त हुआ और एक स्वतन्त्र राष्ट्र बना। 1987 के अन्त तक वहाँ भारतीय प्रवासियों के बहुमत वाली चुनी हुई सरकार थी, जिसे सैन्य हस्तक्षेप से अपदस्थ कर दिया गया। 1990 में रंगभेद पर आधारित एक नया संविधान लागू किया गया, जिसमें 70 संसदीय संसद में भारतीयों के लिए कुल 27 सीटें रखी गईं। राष्ट्रपति और प्रधानमन्त्री के पद मूल फिजीवासियों के लिए सुरक्षित रखे गए। 1997 में यद्यपि यह नया संविधान निरस्त हुआ और 1999 में भारत प्रवासी महेंद्र चौधरी के प्रधानमन्त्रित्व में नई सरकार बनी, लेकिन मूल फिजीवासियों और भारतीय प्रवासियों के बीच का टकराव अभी तक शान्त नहीं हो पाया है। फिजी के लोगों की आजीविका का मुख्य आधार कृषि है। चीनी और नारियल का निर्यात होता है और पर्यटन वहाँ का मुख्य उद्योग है।

फिनलैंड (FINLAND)–यह यूरोप का सबसे उत्तरी देश है। इसकी राजधानी हैलसिंकी है। फिनलैंड के पड़ोसी देश हैं–नार्वे, स्वीडन और रूस। इसके पश्चिमी और दक्षिणी तटों पर कुछ बन्दरगाहहैं।

फिनलैंड किसी समय रूसी जार के साम्राज्य का अंग था। 1917 में यह स्वतन्त्र हुआ। इसका क्षेत्रफल 3,38,000 वर्ग किमी. है और आबादी 52,31,372 है। पश्चिमी तटवर्ती क्षेत्रों के अतिरिक्त बहुत से लोग भीतरी इलाकों में रहते हैं। फिनलैंड के पास बहुत बड़ा व्यापारी जहाजी बेड़ा है। यह बड़ी मात्रा में लकड़ी, लकड़ी की लुगदी और कागज का निर्यात करता है। यहाँ की मुख्य उपज ओट है। फिनलैंड में बहुत जाड़ा पड़ता है और गर्मी की ऋतु छोटी होती है। इसके उत्तरी बर्फीले इलाकों में लैप जाति के लोग रहते हैं।

फिनलैंड के दृश्य

फिनलैंड के निवासी अपने अच्छे स्वास्थ्य के लिए प्रसिद्ध हैं। संसार के कई सबसे अच्छे खिलाड़ी फिनलैंड में ही हुए हैं।

फिलिस्तीन (PALESTINE)–फिलिस्तीनी मुक्ति मोर्चे के अध्यक्ष और सर्वप्रिय नेता यासर अराफात ने 15 नवम्बर 1988 को अल्जीरिया में स्वतन्त्र फिलिस्तीन की ऐतिहासिक घोषणा की थी। उनकी घोषणा वाले राज्य की सीमाएँ गाजा पट्टी और रिवर जॉर्डन के पश्चिमी किनारे तक थीं।

दूसरे विश्वयुद्ध में बेघर हुए यहूदियों को बसाने के लिए

सं. रा. अमेरिका ने फिलिस्तीन की मुख्य भूमि पर इज़रायल देश की नींव रखी और वहाँ के पारम्परिक अरब निवासी बेघर कर दिए गए। 1964 में फिलिस्तीनी मुक्ति मोर्चे (पी. एल. ओ.) की स्थापना का यही मुख्य आधार था। यासर अराफात इस आन्दोलन के सर्वप्रिय नेता माने गए और संयुक्त राष्ट्र ने 1974 में इसे स्थायी निरीक्षक का ओहदा दिया। 1976 में फिलिस्तीनी मुक्ति मोर्चा अरब लीग का स्थायी सदस्य बन गया। भारत समेत 80 देशों ने एक नए राष्ट्र के रूप में उसे राजनीतिक मान्यता दे दी, हालाँकि इज़रायल ने पी. एल. ओ. को फिलिस्तीनी जनता का वैधानिक प्रतिनिधि मानने से इन्कार कर दिया था। फिलिस्तीनी आन्दोलन की माँग वेस्ट बैंक और गाजा पट्टी में, राजधानी येरूशेलम को लेकर, स्वशासन की रही है। अगस्त 1993 में इज़रायल वेस्ट बैंक और गाजा पट्टी से हटने और फिलिस्तीनी स्वशासन को मान्यता देने को तैयार हो गया। उसी साल सितम्बर में, वाशिंगटन में एक ऐतिहासिक समझौता हुआ और 13 मई 1994 को इज़रायल ने जेरिको फिलिस्तीनियों को सौंप दिया। 5 जुलाई 1994 को यासर अराफात ने वहाँ फिलिस्तीनी सरकार की स्थापना की। जनवरी 1996 में हुए चुनावों में अराफात को भारी बहुमत से फिलिस्तीन का राष्ट्रपति चुना गया। लेकिन फिलिस्तीन की आन्तरिक प्रतिस्पर्धा और हिंसात्मक कार्रवाइयों के चलते एक बार फिर गतिरोध आया, जो 2005 में यासर अराफात के निधन के बाद और पेचीदा होता व उलझता जा रहा है। 2003 के इराक युद्ध और अमरीका के बाहरी हस्तक्षेप ने इस समस्या को और ज़्यादा गम्भीर बना दिया है।

फिलीपीन्स (**PHILIPPINES**)–फिलीपीन्स द्वीपसमूह में 7,000 से अधिक द्वीप हैं। अधिकतर द्वीपों पर आबादी नहीं है। महत्त्वपूर्ण द्वीप लगभग ग्यारह ही हैं। फिलीपीन्स का क्षेत्रफल 2,99,404 वर्ग किमी., जनसंख्या 9,10,77,287 व राजधानी मनीला है।

फिलीपीन्स 300 वर्षों तक स्पेनी साम्राज्य का अंग रहा है। सन् 1898 में यह अमरीका के अधिकार में गया। सन् 1946 में यह स्वतन्त्र गणराज्य बना। 1965 से 86 तक फर्दिनांद मार्कोस फिलीपीन्स के राष्ट्रपति रहे। मार्कोस ने सत्ता में आने के बाद जनता पर बहुत अत्याचार किए और अर्थव्यवस्था का अपने हित के लिए प्रयोग किया। जनता के विद्रोह के बाद वे सत्ता से बाहर हुए। यहाँ धान और मक्का की पैदावार अच्छी होती है। फिलीपीन्स गन्ने, नारियल और अनन्नास का निर्यात करता है और लोग पशु-पालन भी करते हैं। इस देश में सोना, लोहा और क्रोमियम की खानें हैं। चारों ओर घने जंगल हैं जहाँ से लकड़ी काटी जाती है।

फिलीपीन्स में मनीला ही एक बड़ा शहर है। देश के बड़े कारखाने यहीं हैं और यही राजधानी है।

फिलीपीनी युवती अपनी परम्परागत वेशभूषा में

फ्लोरेंस (**FLORENCE**)–इटली का यह प्राचीन और सुन्दर नगर आर्नो नदी के दोनों तटों पर बसा है। इस नगर में छः पुल हैं जो सभी ऐतिहासिक महत्त्व के हैं। रोमन काल में भी यह नगर बहुत प्रसिद्ध था। चौदहवीं सदी में यह यूरोप में कला और साहित्य का बड़ा केन्द्र था। महाकवि दांते, महान शिल्पी माइकेलएंजेलो और महान चित्रकार लियोनार्दो दा विंची फ्लोरेंस के ही निवासी थे। यहाँ कई सुन्दर ऐतिहासिक भवन हैं। आज भी यह नगर संसार भर के कलाप्रेमियों को आकर्षित करता है।

बंग्ला देश (**BANGLADESH**)–यह देश पहले पाकिस्तान का अंग था और पूर्वी पाकिस्तान के रूप में जाना जाता था। परन्तु भारत-पाकिस्तान युद्ध के बाद 1971 में यह स्वतन्त्र राष्ट्र बना। आजादी से पहले यह वृहत्तर बंगाल का पूर्वी प्रान्त हुआ करता था। इसीलिए आज भी इसकी भाषा बंगला चली आ रही है। इसका कुल क्षेत्रफल 1,48,393 वर्ग किमी. और जनसंख्या 15,04,48,339 है। बंगला देश कृषिप्रधान देश है। यहाँ का प्रमुख उत्पादन जूट है जो विश्व के कुल जूट उत्पादन का 80% है। अन्य कृषि उपज चावल है। औद्योगिक रूप से बंगला देश अभी पिछड़ा हुआ है, फिर भी यहाँ कपड़ा, चीनी, चाय, कागज, रसायन खाद, गैस, बिजली, इस्पात, तम्बाकू और रबड़ आदि का उत्पादन होने लगा है। इसकी राजधानी ढाका है।

बरकिना फासो (**BURKINA FASO**)–पश्चिमी अफ्रीका में स्थित यह देश पहले अपर वोल्टा के नाम से जाना जाता था। तब यह फ्रांस द्वारा शासित पश्चिमी अफ्रीका का एक प्रान्त था। 1960 में इसे पूर्ण स्वतन्त्रता मिली और 1984 में इसका नाम अपर वोल्टा से बदल कर बरकिना फासो हो गया। इसका क्षेत्रफल 2,74,200 वर्ग किमी. और जनसंख्या 1,43,26,203 है। यहाँ कबीलाई धर्म और इस्लाम का प्रचलन है और फ्रेंच व स्थानीय भाषाएँ बोली जाती हैं। राष्ट्रपति प्रणाली वाले बरकिना फासो गणराज्य की राजधानी ओगाडुगु है।

बरमूडा अपने प्राकृतिक सौंदर्य के लिए प्रसिद्ध है

बरबडोस (BARBADOS)—यह कैरेबियाई द्वीपों में सबसे पूर्व का द्वीप है और दक्षिण अमरीका के उत्तर-पूर्व में 400 मील दूर है। यह 30 नवम्बर 1966 को राष्ट्रमण्डल के अन्तर्गत पूर्ण स्वाधीन देश बना। इसका क्षेत्रफल 430 वर्ग किमी., जनसंख्या 2,80,946 और राजधानी ब्रिजटाउन है। यहाँ की अर्थव्यवस्था कृषि और पर्यटन से संचालित है और प्रमुख निर्यात वस्तुएँ हैं चीनी, रम और शीरा।

बरमूडा द्वीपसमूह (BERMUDAS)—यह अमरीका के उत्तरी कैरोलिना राज्य से 600 मील पूर्व में स्थित छोटे-छोटे 350 द्वीपों का एक समूह है। इनमें से बीस के अलावा बाकी सब द्वीप निर्जन हैं।

बरमूडा द्वीपों को अटलांटिक महासागर का स्वर्ग कहा जाता है। हर साल यहाँ हजारों पर्यटक आते हैं। यहाँ की एक-तिहाई आबादी गोरे लोगों की है, बाकी नीग्रो हैं। पहले यहाँ ब्रिटेन का शासन था। अब यहाँ अमेरिका के वायु और नौसैनिक अड्डे हैं।

बल्गारिया (BULGARIA)—यह यूरोप के दक्षिण-पूर्व में बसा है। इसका निर्माण 681 ई. में हुआ और यह 1944 में समाजवादी गणतन्त्र बना। किन्तु सोवियत संघ के विघटन के बाद जब पूर्वी यूरोप के सभी समाजवादी देश पूंजीवादी लोकतन्त्र की ओर मुड़े तो बल्गारिया भी बचा न रह सका।

बल्गारिया का क्षेत्रफल 1,10,912 वर्ग किमी. और जनसंख्या 73,22,858 है।

इसके उत्तरी भाग में डैन्यूब नदी बहती है। अधिकतर देश पहाड़ी है, लेकिन तराई की जमीन उपजाऊ है और यहाँ फसलें बहुत अच्छी होती हैं। बल्गारिया के अधिकांश निवासी किसान हैं। ये अनाज, गन्ने, कपास और तम्बाकू की खेती करते हैं। बल्गारिया में गुलाब की खेती भी बहुत बड़े पैमाने पर होती है। यहाँ गुलाब का इत्र बनाया जाता है जो यहाँ से दुनिया भर के देशों को भेजा जाता है।

देश में लोहा, तांबा, सिक्का और जस्ता आदि खनिज निकाले जाते हैं।

सोफिया बल्गारिया की राजधानी और एकमात्र बड़ा नगर है।

बर्लिन (BERLIN)—यह जर्मनी का सबसे बड़ा नगर है। इसकी गिनती विश्व के दस सबसे बड़े नगरों में की जाती है।

जब सन् 1871 में जर्मनी की छोटी-छोटी रियासतों को मिलाकर एक सुदृढ़ राष्ट्र का निर्माण किया गया तब बर्लिन को उसकी राजधानी बनाया गया। तब से इस नगर का महत्त्व बढ़ता ही गया।

द्वितीय विश्वयुद्ध के समय बर्लिन पर भयानक बमबारी की गई। नगर की आधी इमारतें गिर गईं। युद्ध की समाप्ति पर बर्लिन

बल्गारिया के कुछ दृश्य

को चार क्षेत्रों में विभक्त कर दिया गया। फ्रांस, ब्रिटेन, अमरीका और रूस ने एक-एक क्षेत्र को अपने नियन्त्रण में लिया। रूसी नियन्त्रण वाला क्षेत्र पूर्वी बर्लिन और शेष तीनों क्षेत्र पश्चिमी बर्लिन के नाम से विख्यात हुए। 1990 की समाजवाद विरोधी हवा में एक बार फिर जर्मनी का एकीकरण हुआ और बर्लिन को फिर एकीकृत जर्मनी की राजधानी बनाया गया।

बहरीन (BAHRAIN)–यह एक छोटा-सा अरब राज्य है, जो 15 अगस्त, 1971 को स्वाधीन हुआ। अरब की खाड़ी के 33 छोटे-छोटे द्वीपों से मिल कर बने इस राज्य का सबसे बड़ा द्वीप बहरीन ही है। यहाँ अब स्वाधीन राजतन्त्र है। इसका क्षेत्रफल 669 वर्ग किमी., जनसंख्या 7,08,573 तथा राजधानी मनामा है। यहाँ पशुपालन, कृषि और मछली पकड़ने जैसे पारम्परिक धन्धों के साथ-साथ अनेक आधुनिक उद्योग भी स्थापित हो गए हैं। यह तेल-प्रधान देश है और राज्य की आय का प्रमुख स्रोत तेल ही है। इसीलिए यहाँ के लोगों के रहन-सहन का स्तर बहुत ऊँचा है और शिक्षा या तो निःशुल्क है या बहुत सस्ती।

बहामा द्वीपसमूह (BAHAMAS)–यह 700 से अधिक द्वीपों से मिलकर बना है, परन्तु आबादी बहुत कम है। यहाँ की 75% जनता नीग्रो है, शेष यूरोपियन। इसे 1964 में स्वायत्त शासन मिला और 1973 में पूर्ण स्वतन्त्र हुआ। यहाँ का मुख्य उद्योग पर्यटन है। अधिक जनता मछली पकड़ने के व्यवसाय में लगी है। कुछ लोग फल और सब्जियाँ भी उगाते हैं। यहाँ का क्षेत्रफल 13,939 वर्ग किमी. और जनसंख्या 3,05,655 है। सं. रा. अमरीका के फ्लोरिडा राज्य के दक्षिण-पूर्वी तट से दूर स्थित इस द्वीप-समूह की राजधानी नसाउ है।

बुरुण्डी (BURUNDI)–यह पूर्वी अफ्रीका का एक छोटा-सा गणराज्य है, जो 1 जुलाई, 1962 को स्वाधीन हुआ। इससे पहले यह बेल्जियम के अधीन रवाण्डा-युरुण्डी का एक भाग था। इसका क्षेत्रफल 27,834 वर्ग किमी., जनसंख्या 83,90,505 और राजधानी बुजुमबुरा है। यहाँ हुतु, तुत्सी, बटवा पिगमी कबीलों की बहुतायत है और इनके बीच लगभग युद्ध जैसी स्थितियाँ रही हैं। 1972-73 के एक असफल विद्रोह में डेढ़ लाख हुतु और दस हजार तुत्सी मारे गये थे। 1993 तक यहाँ तुत्सी बहुमत का साम्राज्य था। जून 1993 में पहली बार लोकतान्त्रिक चुनाव हुए और हुतु कबीले के सीप्रियन एनटारियामिरा राष्ट्रपति निर्वाचित हुए, लेकिन 1994 में, रुआंडा के राष्ट्रपति के साथ, एक विद्रोह में मार दिए गए। यह मूलतः कृषि अर्थव्यवस्था का देश है। कसावा व शकरकंद मुख्य खाद्य फसलें हैं। कॉफी यहाँ की नकदी फसल है।

बेथलहम (BETHLEHEM)–जॉर्डन का यह छोटा-सा कस्बा ईसामसीह का जन्मस्थान है। यह जेरूसलम के पास ही पड़ता है। प्रति वर्ष हज़ारों यात्री यहाँ आते हैं। बहुत से ईसाई इसे दुनिया का सबसे पवित्र स्थान मानते हैं।

बेनिन (BENIN)–पहले दहोमी नाम से लोकप्रिय रहा प. अफ्रीका का यह देश अब 'रिपब्लिक ऑफ बेनिन' के नाम से जाना

ईसा मसीह उपचार करते हुए

जाता है। यह गिनी की खाड़ी के उत्तर में है और टोगो, बरकिना फासो (अपर वोल्टा), नाइगर और नाइजीरिया से घिरा है। 1960 में यह एक स्वतन्त्र राष्ट्र बना, लेकिन सरकार का तख्ता पलटने की लगातार घटनाओं के चलते यहाँ कभी राजनीतिक स्थिरता नहीं हो पाई। 1991 में हुए स्वतन्त्र राष्ट्रपति चुनाव के बाद कुछ स्थिरता की उम्मीद बनी है। यहाँ के मुख्य उत्पाद ताड़-तेल, गिरी, मूँगफली, कपास, कॉफी और तम्बाकू हैं। बेनिन का क्षेत्रफल 1,12,622 वर्ग किमी., जनसंख्या 78,62,944 तथा राजधानी पोर्टो नोवो है।

बेलारुस (BELARUS)–पहले यह बाइलोरशिया नाम से सोवियत संघ का गणराज्य था। दिस. 1991 में यह स्वतन्त्र देश के रूप में अस्तित्व में आया। तभी इसका नाम बेलारूस हुआ। इसका क्षेत्रफल 2,07,600 वर्ग किमी., जनसंख्या 97,24,723 और राजधानी मिन्स्क है। सोवियत संघ के बिखर जाने के बाद भी राजनीतिक और आर्थिक रूप से यह रूस के प्रभाव क्षेत्र में है। पशु-पालन और दुग्ध-उत्पादन यहाँ के मुख्य कृषि व्यवसाय हैं। मशीनें, कृषि-यन्त्र, कागज, केमिकल, फाइबर-ग्लास, लारियाँ यहाँ के प्रमुख उद्योग हैं।

बेलिज़ (BELIZE)–मध्य अमरीका का यह गणराज्य पहले ब्रिटिश उपनिवेश था और ब्रिटिश होण्डुरास के नाम से जाना जाता था। 1981 में यह स्वाधीन राज्य बना। इसके पूर्व में कैरीबियन सागर, उत्तर-पश्चिम में मेक्सिको और दक्षिण-पश्चिम में ग्वाटेमाला है। इसका क्षेत्रफल 22,965 वर्ग किमी., जनसंख्या 2,94,385 और राजधानी बेलमापान है। यहाँ अधिकांश आबादी अंग्रेजी-भाषी नीग्रो लोगों की है, जो समुद्रतटीय इलाकों में रहते हैं। यहाँ के मूल निवासी रेड इंडियन प्रायः संरक्षित इलाकों में रहते हैं। यहाँ की कृषि उपज

गन्ना, संतरा, चकोतरा हैं। इमारती लकड़ी का निर्यात होता है। वन्य जीवों की दृष्टि से भी बेलिज़ का अपना विशिष्ट स्थान है।

बेल्जियम (BELGIUM)–बेल्जियम और उसके पड़ोसी नीदरलैंड की गिनती संसार के सबसे घने बसे हुए देशों में होती है। बेल्जियम का क्षेत्रफल 30,521 वर्ग किमी. और जनसंख्या 1,03,92,226 है। यह जर्मनी के पश्चिम और फ्रांस के उत्तर में स्थित है।

बेल्जियम का उत्तर-पश्चिमी भाग फ्लैंडर्स कपड़े के लिए प्रसिद्ध है। यहाँ फ्लेमिश भाषा बोली जाती है। बेल्जियम के पठारी इलाकों में फ्रांसीसी भाषा बोली जाती है। यहाँ इस्पात और धातु की चीजें, कपड़ा, कांच, रासायनिक खाद, चीनी और भारी रसायन प्रमुख उद्योग हैं। एण्टवर्प विश्व का चौथा विशालतम बन्दरगाह और हीरे-जवाहरात की भारी मण्डी है।

बेल्जियम के सबसे घनी आबादी वाले भाग में कोयले की खानें और लोहे व इस्पात के बड़े-बड़े कारखाने हैं। उद्योग प्रधान देश होते हुए भी यहाँ कृषि का अपना महत्त्व है। जई, राई, गेहूँ, आलू, चुकन्दर यहाँ की प्रमुख कृषि-फसलें हैं।

सैकड़ों वर्षों तक बेल्जियम पर स्पेन, नीदरलैंड और फ्रांस का अधिकार रहा है। सन् 1831 में इस देश में स्वाधीन राजतन्त्र कायम हुआ। बीसवीं सदी के दो विश्वयुद्धों के दौरान यहाँ जर्मनी का नियन्त्रण रहा। लेकिन बाद में इसने अपनी स्वतन्त्रता पुनः हासिल कर ली।

बोत्स्वाना (BOTSWANA)–यह दक्षिणी अफ्रीका का एक गणराज्य है। पहले इसका नाम बेचुआनालैंड हुआ करता था। सितम्बर, 1966 में यह स्वाधीन हुआ। इसका क्षेत्रफल 5,81,730 वर्ग किमी., जनसंख्या 18,15,508 और राजधानी गैबरोन है। पशुपालन यहाँ का मुख्य आर्थिक आधार है। मांस का प्रमुख रूप से निर्यात होता है। हीरा, मैंगनीज़, कोयला, तांबा, निकिल यहाँ के प्रमुख खनिज उत्पाद हैं।

बोस्निया-हर्ज़ेगोविना (BOSNIA-HERZE GOVINA)–पूर्व युगोस्लाविया संघ का यह गणराज्य पिछले कोई डेढ़ दशक तक आन्तरिक हिंसा और भयानक रक्तपात से ग्रस्त रहा है। यहाँ तीन सम्प्रदायों की बहुलता है–मुस्लिम स्लाव (43 प्र. श.), सर्ब (31 प्र. श.), क्रोट्स (17 प्र. श.)। क्रोट्स और मुस्लिमों ने 1991 में स्वतन्त्रता के लिए मत दिया। फरवरी, 1992 में स्वतन्त्रता के लिए जनमत संग्रह पारित किया गया और एक सर्ब गणराज्य की स्थापना सर्बों की प्रमुखता वाले बोस्निया क्षेत्र में की गई। दो महीने के भीतर ही सं. रा. अमरीका व पश्चिमी योरोप के देशों ने उसे मान्यता भी दे दी। उसके बाद शुरू हुआ हिंसा, युद्ध और रक्तपात का दौर। यह फरवरी '96 तक चला। अन्ततः पाँच सर्ब क्षेत्र मुस्लिम-क्रोट्स संघ को देने पर राजनीतिक संकट समाप्त हुआ। सितम्बर, 1996 में संघीय संसद और तीन व्यक्तियों की सामूहिक

बेल्जियम के कुछ दृश्य

प्रेसिडेंसी के लिए चुनाव हुए। दोनों भागों के लिए अलग-अलग तैयार की गई करेंसी पर भी बोस्निया के तीनों गुटों के नेताओं ने सहमति व्यक्त की। इस राज्य का क्षेत्रफल 51,129 वर्ग किमी., जनसंख्या 45,52,198 तथा राजधानी सरायेवो है।

बोलीविया (BOLIVIA)—दक्षिणी अमरीका का यह देश ऐंडीज पर्वतमाला में एक पठार पर बसा है। इसके उत्तर में ब्राजील और दक्षिण में अर्जेंटीना है। बोलीविया का क्षेत्रफल 10,98,581 वर्ग किमी. और जनसंख्या 91,19,152 है। कभी यह इतिहासप्रसिद्ध इंका साम्राज्य के अन्तर्गत हुआ करता था। बाद में स्पेन ने यहाँ की सारी प्राचीन संस्कृति तहस-नहस कर दी। दक्षिण अमरीका के महान मुक्तियोद्धा साइमन बोलिवर के नेतृत्व में 6 अगस्त, 1825 को इसे स्वतन्त्रता मिली। उन्हीं के नाम पर इस देश का नाम बोलीविया पड़ा।

बोलीवियाई किसान लामाओं पर सामान लादकर राजधानी ला-पाज के बाजारों में पहुंचाते हैं

बोलीविया की 70% जनता कृषि करती है। विश्व की 15% टिन यहाँ की खानों से प्राप्त होती है। यहाँ सोना, चाँदी और ताँबे की खानें भी हैं। एण्टीमनी और टंगस्टन अन्य प्रमुख खनिज हैं। यहाँ की प्रशासनिक राजधानी ला पाज़ और न्यायिक राजधानी सुक्रे है।

ब्यूनोस आयर्स (BUENOS AIRES)—तीस लाख से भी अधिक जनसंख्या वाला यह महानगर अर्जेंटीना की राजधानी है। ब्यूनोस आयर्स समुद्र से सौ मील दूर रायो द ला प्लाटा नदी के किनारे बसा है। यह नदी इतनी चौड़ी और गहरी है कि जहाज़ सीधे नगर तक आ जाते हैं।

यहाँ की जलवायु बड़ी अच्छी है। नगर में कुछ उद्योग-धन्धे भी विकसित हो चुके हैं, किन्तु मुख्यतः यह एक व्यापारिक नगर है।

ब्राज़ील (BRAZIL)—यह दक्षिणी अमरीका का सबसे बड़ा देश है। इसके उत्तर में बेनेजुएला और गायना, पश्चिम में पेरू और दक्षिण में बोलीविया और पैरागुए स्थित हैं। ब्राज़ील का क्षेत्रफल 85,11,965 वर्ग किमी. है और जनसंख्या 19,00,10,647 है।

तीन सौ से अधिक वर्षों तक पुर्तगालियों के अधीन रहने के बाद ब्राज़ील सन् 1822 में स्वतन्त्र हुआ। स्वतन्त्र देश में शुरू में राजतन्त्र रहा लेकिन सन् 1891 में यहाँ गणतन्त्र स्थापित हो गया। यहाँ की भाषा पुर्तगाली और राजधानी ब्रासीलिया है।

ब्राज़ील का उत्तरी भाग बड़ा गरम है और यहाँ वर्षा बहुत अधिक होती है। जंगल बहुत घने हैं और आबादी बहुत ही कम है।

ब्राज़ील के कुछ दृश्य

घड़ियाल किनारे के पशुओं को खा जाते हैं

ब्राज़ील की आधी से अधिक आबादी नगरों में रहती है। यहाँ से सोयाबीन, चीनी, काफी, कच्चा लोहा, कोको, मक्का, और तम्बाकू का विशेष रूप से निर्यात किया जाता है। यह काफी, केला और गन्ने का दुनिया का सबसे बड़ा उत्पादक देश है। संतरा, मक्का और कोको के उत्पादन में इसका स्थान दुनिया में दूसरा है। उद्योगों में जहाज और मोटरकारों, वस्त्र, खाद्य वस्तुएँ और रसायन का निर्माण प्रमुख है। ब्राज़ील में लोहा, फास्फेट, यूरेनियम, मैंगनीज, तांबा, कोयला, प्लेटिनम और सोने के विशाल भण्डार हैं। तेल उद्योग पर राज्य का एकाधिकार है।

सुदूर दक्षिण में जलवायु बहुत ठण्डी है। यहाँ मक्का, गेहूँ और आलू उगाए जाते हैं। जंगलों से इमारती लकड़ी मिलती है।

ब्रुनेई (BRUNEI DARUSSALAM)–सरवाह और सरावाक नाम के दो मलयेशियाई क्षेत्रों के मध्य, बोर्नियो द्वीप के उत्तर में स्थित, तेल-सम्पन्न यह सल्तनत कभी बहुत ताकतवर और स्वाधीन हुआ करती थी। बाद में ब्रिटिश उपनिवेश की इसकी हैसियत हो गई। 1971 में इसे पूर्ण आन्तरिक स्वायत्तता मिली। इसका क्षेत्रफल 5,765 वर्ग किमी., जनसंख्या 3,74,577 तथा राजधानी बन्दर सेरी बेगावान है। इसे पहले ब्रुनाई शहर के नाम से जाना जाता था। चावल यहाँ की मुख्य खाद्य फसल है। नारियल, सागू व रबर औद्योगिक फसलें हैं। लेकिन यहाँ की अर्थव्यवस्था का आधार तेल और प्राकृतिक गैस हैं। यहाँ मलयेशियाई मुसलमानों की बहुतायत है।

भारत (INDIA)–संसार के प्राचीनतम देशों में भारत का प्रमुख स्थान है। भारत की सभ्यता और संस्कृति ने संसार की सभ्यता और संस्कृति पर गहरा प्रभाव डाला है। आज भी संसार की राजनीति में भारत का महत्त्वपूर्ण स्थान है।

क्षेत्रफल की दृष्टि से भारत संसार का सातवाँ सबसे बड़ा देश है। इसका क्षेत्रफल (सिक्किम सहित) 32,87,263 वर्ग किमी. और जनसंख्या सन् 2001 की जनगणना के अनुसार 1,12,98,66,154 है।

भौगोलिक दृष्टि से भारत को तीन प्राकृतिक क्षेत्रों में बाँटा

राष्ट्रपिता महात्मा गांधी

जा सकता है। उत्तर में हिमालय पर्वतमाला इसकी पूरी सीमा पर फैली हुई है। इसकी कई चोटियाँ संसार में सबसे ऊँची हैं। हिमालय पर्वत सदियों से भारत की रक्षा करता रहा है। इसमें खैबर का दर्रा ही एक ऐसा रास्ता रहा है जिसमें से होकर विदेशी आक्रमणकारी आए। दूसरा क्षेत्र गंगा और सिन्धु नदी का सबसे अधिक उपजाऊ मैदान है। तीसरा क्षेत्र है दक्षिण का पठार। इसका ढाल पश्चिमी घाट से बंगाल की खाड़ी की ओर है। गंगा, जमुना, सिन्धु, ब्रह्मपुत्र, नर्मदा, ताप्ती, महानदी, गोदावरी, कृष्णा और कावेरी भारत की प्रमुख नदियां हैं।

भारत की मिट्टी बड़ी उपजाऊ है और यहाँ की जलवायु भी बहुत अच्छी है। भारत के 70 प्रतिशत निवासी अब भी कृषि पर ही निर्भर करते हैं। धान, गेहूँ, दालें, तिलहन, कपास, जूट और चाय प्रमुख फसलें हैं। दुनिया में चाय का सबसे बड़ा उत्पादक और उपभोक्ता देश भारत है। काफी के उत्पादन में भी भारत का अपना खास स्थान है। काफी भारत से निर्यात की जाने वाली कृषि फसलों में प्रमुख है।

भारत में कोयला, लोहा और अन्य खनिज पदार्थ भी काफी मात्रा में पाए जाते हैं। बिहार और बंगाल में काफी कोयला मिलता है। बिहार, उड़ीसा, मध्यप्रदेश, मद्रास, मुम्बई और मैसूर में बढ़िया किस्म का कच्चा लोहा पर्याप्त मात्रा में मिलता है। भारत संसार का 75 प्रतिशत अभ्रक उत्पन्न करता है। यहाँ मैंगनीज, बॉक्साइट, टाइटैनियम, क्रोमाइट और जिप्सम की भी कई खानें हैं।

महात्मा गांधी और पण्डित जवाहरलाल नेहरू के नेतृत्व में एक लम्बे स्वाधीनता आंदोलन के बाद सन् 1947 में भारत ने अंग्रेजी राज्य से मुक्ति प्राप्त की। भारत में गणराज्य की स्थापना हुई। भारत का कुछ भाग पाकिस्तान के रूप में भारत से अलग हो गया। स्वतन्त्र भारत बड़ी तेजी से उन्नति कर रहा है। यहाँ इस्पात तथा भारी पेचीदा मशीनें बनने लगी हैं। सूचना प्रौद्योगिकी में भारत ने अमरीका तथा अन्य विकसित पश्चिमी देशों को टक्कर दी है। भारतीय कपड़ों, जूतों और जूट के माल की विदेशों में बड़ी खपत है। कृषि की उन्नति और सिंचाई की सुविधा के लिए बड़े-बड़े बाँध बनाए गए हैं। इनसे बिजली भी प्राप्त की जाती है। कई वैज्ञानिक प्रयोगशालाएँ स्थापित हुई हैं और विश्वविद्यालयों की संख्या भी बढ़ी है।

कोलकाता, मुम्बई और मद्रास भारत के सबसे बड़े नगर और मुख्य बन्दरगाह भी हैं। नई दिल्ली भारत की राजधानी है।

भारत के राज्य तथा संघीय क्षेत्र

भारत संघ में 28 राज्य और 6 केन्द्रशासित क्षेत्र हैं। राज्यों में क्षेत्रफल की दृष्टि से मध्य प्रदेश और जनसंख्या की दृष्टि से उत्तर प्रदेश सबसे बड़ा है। भारत के राज्यों और संघीय क्षेत्रों का क्रमवार परिचय इस प्रकार है :

अरुणाचल प्रदेश (ARUNACHAL PRADESH)–यह उत्तर-पूर्वी सीमान्त क्षेत्र है। इसे पहले नेफा कहा जाता था। 20 फरवरी, 1987 को इसे पूर्ण राज्य का दर्जा दिया गया। यहाँ 79% के लगभग आबादी अनुसूचित जनजातियों की है। इन सब फिरकों की भाषाएँ अलग हैं। इसका क्षेत्रफल 83,743 वर्ग किमी. है और जनसंख्या 10,97,968 है। यहाँ का प्रमुख कार्य कृषि पद्धति है। अब यहाँ लकड़ी काटने की आरा मिलें, प्लाईवुड, फल संरक्षण तथा तेल उत्पादन से सम्बन्धित कारखाने खुल गए हैं। कागज बनाने का काम भी प्रारम्भ हो गया है। राजधानी ईटानगर है।

असम (ASOM)––इसका क्षेत्रफल 78,438 वर्ग किमी. और जनसंख्या 2,66,55,528 है। राजधानी दिसपुर है। गोहाटी, डिब्रूगढ़, सिल्चर और डिग्बोई प्रमुख नगर हैं। असम की मुख्य भाषाएं असमिया और बंगला हैं। असम एक पहाड़ी प्रदेश है और चारों ओर से पहाड़ों से घिरा हुआ है। पश्चिमी घाट पर असम के बराबर ही वर्षा होती है। असम के चेरापूंजी नामक स्थान में संसार में सबसे अधिक, वर्ष में लगभग 500 इंच, वर्षा होती है। असम की जलवायु ठण्डी और नम है। जंगलों की दृष्टि से असम का भारत में प्रथम स्थान है। इन जंगलों से विभिन्न प्रकार की लकड़ी प्राप्त होती है। यहाँ भारत

भारत में सभी धर्मों के लोग रहते हैं और सभी के मंदिर, मस्जिद आदि पूजागृह भी हैं

में सबसे अधिक बेंत मिलती है। चावल और चाय यहाँ की प्रमुख उपज हैं। भारत में जितनी चाय होती है उसकी आधी असम के चायबागान से आती है। खेती के अलावा हथकरघा और रेशम-उद्योग, हाथीदाँत, बांस और बेंत का काम तथा मधुमक्खी-पालन में भी यहाँ बहुत से लोग लगे हैं। असम में खनिज तेल भी खूब मिलता है। नूनमाटी में तेल साफ करने का कारखाना है।

हैदराबाद की प्रसिद्ध चारमीनार नगर के मध्य में स्थित है

आन्ध्र प्रदेश (ANDHRA PRADESH)—इसका क्षेत्रफल 2,75,045 वर्ग किमी. और जनसंख्या 7,62,10,007 है। हैदराबाद इसकी राजधानी है और विजयवाड़ा, गुंटूर, विशाखापट्टनम, वारंगल, राजमुन्द्री आदि इसके प्रमुख नगर हैं। इसकी मुख्य भाषा तेलुगू है। इसके पूर्व में बंगाल की खाड़ी का 960 किमी. लम्बा समुद्रतट है। भारत में सबसे अच्छा और अधिक तम्बाकू आन्ध्र में होता है। यहाँ जंगल भी काफी हैं। कृष्णा और गोदावरी के डेल्टा क्षेत्र में लिग्नाइट की खानें हैं और नेलोर ज़िले में यूरेनियम मिलता है। आन्ध्र में लोहा, कोयला और अभ्रक भी बड़ी मात्रा में मिलता है तथा सोने और हीरे की खानें भी हैं। यहाँ, जहाज़, बिजली का भारी सामान तैयार करने वाले बड़े कारखाने भी हैं। यह एक सम्पन्न राज्य है।

उड़ीसा (ORISSA)—इसका क्षेत्रफल 1,55,707 वर्ग किमी. और जनसंख्या 3,68,04,660 है। भुवनेश्वर इसकी राजधानी है और कटक, पुरी, संभलपुर, राउरकेला आदि इसके प्रमुख नगर हैं। इसकी मुख्य भाषा उड़िया है। उड़ीसा में चावल की पैदावार अधिक होती है। यहाँ जूट भी काफी होती है। उड़ीसा में महानदी पर विशाल हीराकुण्ड बाँध बन चुका है। इससे जहाँ राज्य के बहुत से भाग में सिंचाई होने लगी है वहीं इससे बिजली उत्पादन में भी भारी वृद्धि हुई है। इसके बाद यहाँ डेढ़ सौ से अधिक बड़े उद्योग और नौ हज़ार से अधिक छोटे उद्योग चालू हुए हैं। राउरकेला का इस्पात का कारखाना, चौद्वार की कागज़ और ट्यूब की फैक्ट्रियाँ आदि बड़े उद्योग हैं। उड़ीसा में लोहा, अभ्रक और क्रोमाइट काफी मिलता है।

भुवनेश्वर से 64 किलोमीटर की दूरी पर स्थित कोणार्क का विख्यात सूर्य मंदिर

उत्तर प्रदेश (UTTAR PRADESH)—इसका क्षेत्रफल 2,38,566 वर्ग किमी और जनसंख्या 16,61,97,921 है। लखनऊ इसकी राजधानी है। कानपुर, आगरा, वाराणसी, इलाहाबाद, मेरठ, अलीगढ़ आदि इसके अन्य प्रमुख नगर हैं। इसकी मुख्य भाषा हिन्दी है। भारत में उत्तर प्रदेश का जनसंख्या की दृष्टि से पहला और क्षेत्रफल की

वाराणसी में गंगातट के विश्वप्रसिद्ध घाट

दृष्टि से चौथा स्थान है। उत्तर प्रदेश में गर्मी में अधिक गर्मी और जाड़े में अधिक ठण्ड पड़ती है। यहाँ वर्षा पर्याप्त होती है और गंगा, जमुना तथा उनकी सहायक नदियों और नहरों से सिंचाई के लिए पर्याप्त जल मिल जाता है। यहाँ गेहूँ, जौ, चना, ज्वार, बाजरा, मक्का, गन्ना, चावल और तिलहन खूब होता है। यहाँ उद्योगों का बहुत विकास हुआ है। यहाँ अनेक प्राचीन तीर्थ और दर्शनीय स्थान हैं।

उत्तराखंड (UTTARAKHAND)—यह राज्य 9 नवम्बर, 2000 को पहले के उत्तर प्रदेश में आने वाले कुमाऊं-गढ़वाल पर्वतीय क्षेत्र से मिलकर बना। अल्मोड़ा, देहरादून, हरिद्वार, नैनीताल, आदि 13 जिलों वाले इस राज्य का क्षेत्रफल 53,483 वर्ग किमी., जनसंख्या 84,89,349 तथा राजधानी देहरादून है। अपनी भौगोलिक स्थिति, जलवायु, प्राकृतिक सौन्दर्य, तीर्थस्थानों एवं संसाधनों की प्रचुरता के कारण यह राज्य देश में प्रमुख स्थान रखता है। कृषि, फलोत्पादन के अलावा, पर्यटन की दृष्टि से भी इसका अपना महत्त्व है।

कर्नाटक (KARNATAKA)—इसका क्षेत्रफल 1,91,791 वर्ग किमी. और जनसंख्या 5,28,50,562 है। बंगलौर इसकी राजधानी

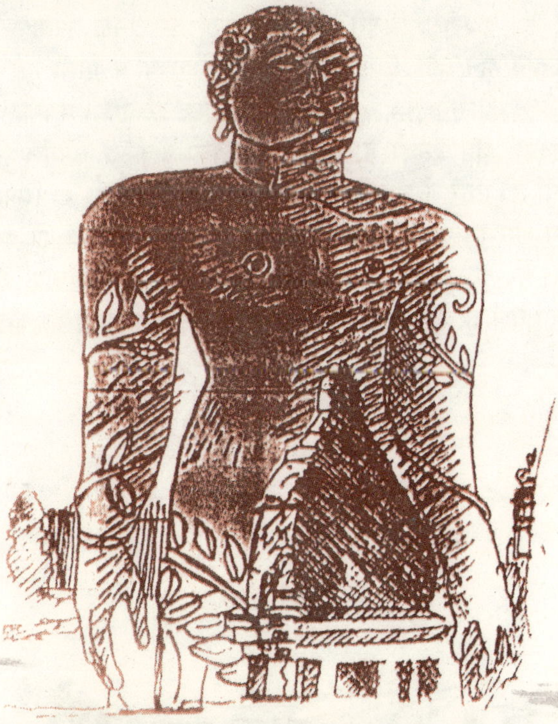

श्रवणबेलगोला (मैसूर) में गोमटेश्वर की 60 फुट ऊंची मूर्ति, जो केवल एक चट्टान को तराश कर बनाई गई है

है और मैसूर, कोलार, हुबली-धारवाड़, मंगलौर, बेलगांव प्रमुख नगर हैं। कन्नड़ यहां की मुख्य भाषा है। कर्नाटक में मशीनी औजार, विद्युत उपकरण, घड़ियाँ, संचार उपकरण, हिन्दुस्तान एयरोनाटिक्स, एच.एम.टी., टेलीफोन उद्योग, इस्पात और खनिज लौह से सम्बन्धित प्रमुख कारखाने हैं। कर्नाटक मैदानी और पहाड़ी क्षेत्रों में बँटा है। मैदानी क्षेत्र में धान की फसल मुख्य है। संसार में सबसे अधिक चन्दन कर्नाटक में होता है तथा चंदन की लकड़ी और तेल में इसे विशिष्टता प्राप्त है। कर्नाटक अपने सुन्दर प्राकृतिक दृश्यों के लिए विख्यात है। इरावती नदी का जोग प्रपात, बंगलौर का लाल बाग, मैसूर का वृंदावन बाग और संसार की दूसरी बड़ी कृत्रिम झील कृष्णराजसागर, एशिया की सबसे बड़ी गोमतेश्वरप्रतिमा यहां के प्रमुख आकर्षण हैं।

केरल (KERALA)—इसका क्षेत्रफल 38,863 वर्ग किमी. और जनसंख्या 3,18,41,374 है। त्रिवेन्द्रम इसकी राजधानी है और एर्णाकुलम, कोज़ीकोड, क्विलोन, पालघाट, त्रिचूर अन्य प्रमुख नगर हैं। मलयालम यहाँ की मुख्य भाषा है। यह एक छोटा राज्य है, लेकिन शिक्षा और साक्षरता में यह भारत के सभी राज्यों में आगे है। केरल

केरल अपने सुन्दर प्राकृतिक दृश्यों के लिए प्रसिद्ध है

अपनी समुद्री जलवायु और सुन्दर प्राकृतिक दृश्यों के लिए प्रसिद्ध है। यहाँ धान, नारियल, गन्ना, चाय, कहवा, तिलहन, रबर, काजू, मसाले आदि खूब होते हैं। केरल इनमें से अधिकांश वस्तुओं का विदेशों को निर्यात करता है। समुद्र तट पर बड़े पैमाने पर मछलियाँ पकड़ी जाती हैं। केरल के जंगल विभिन्न प्रकार की इमारती लकड़ी के लिए प्रसिद्ध हैं। खनिज पदार्थों की दृष्टि से केरल झारखण्ड के बाद सबसे सम्पन्न राज्य है। यहाँ इल्मेनाइट, मोनाज़ाइट ज़िर्कन और सिलिमानाइट जैसे दुर्लभ खनिज भी पर्याप्त मात्रा में मिलते हैं। केरल औद्योगिक दृष्टि से भी एक उन्नत राज्य है। यहाँ रबर, टाईल, चाय, तेल, कपड़े, खाद, रसायन, चीनी, सीमेंट, रेयन, शार्क लिवर ऑयल आदि तैयार करने के कई कारखाने हैं।

गुजरात (GUJARAT)—इसका क्षेत्रफल 1,96,024 वर्ग किमी. और जनसंख्या 5,06,71,017 है। गांधीनगर इसकी राजधानी है और बड़ोदरा, सूरत, राजकोट, जामनगर आदि इसके प्रमुख नगर हैं। यहाँ की मुख्य भाषा गुजराती है। गुजरात के अधिकांश निवासी खेती करते हैं। गेहूँ, कपास, धान, ज्वार, दालें, तम्बाकू और मूंगफली यहाँ की मुख्य फसलें हैं। यहाँ कई स्थायी चरागाह हैं, जहाँ भेड़-बकरी और दूसरे जानवर चराए जाते हैं। गुजरात अपनी अच्छी नस्ल की गायों और भैसों के लिए प्रसिद्ध है। यहाँ का गिरवन अपने सिंहों के लिए प्रसिद्ध है। गुजरात खनिज पदार्थों की दृष्टि से भी सम्पन्न है। यहाँ चूना पत्थर, बॉक्साइट, अभ्रक और स्फटिक की कई खानें हैं। गुजरात में तेल और प्राकृतिक गैस का बहुत बड़ा भण्डार है। कैम्बे और अंकलेश्वर में तेल निकाला जाने लगा है। अहमदाबाद

में सूती कपड़े की कई बड़ी मिलें हैं। गुजरात में नमक भी बड़े पैमाने पर तैयार किया जाता है। गुजरात में मुख्य बड़े उद्योग कपड़ा, खाद्य तेल, रासायनिक खाद, पेट्रोल और गैस और तेल शुद्ध करने से सम्बन्धित हैं। कैम्बे और अंकलेश्वर में नए उद्योग स्थापित हो चुके हैं। गुजरात देश का 60% नमक का उत्पादन करता है। गुजरात में एक लाख से अधिक छोटे-बड़े कारखाने और मिलें काम कर रही हैं। चीनी मिट्टी की चीज़ें, पेंट और वार्निश, हथकरघा और डेरी-उद्योग यहाँ के अन्य प्रमुख उद्योग हैं। गुजरात में कई प्राचीन धार्मिक और ऐतिहासिक महत्त्व के दर्शनीय स्थल हैं।

गोआ (GOA)—1961 तक यह पुर्तगाली उपनिवेश था। उसके बाद केन्द्र द्वारा शासित प्रदेश रहा। 1987 में गोआ को पूर्ण राज्य का दर्जा मिला। दमन और दीव अभी भी केन्द्र शासित प्रदेश हैं। इसका क्षेत्रफल 3,702 वर्ग किमी. है और जनसंख्या 13,47,668 है। राजधानी पणजी है। यहाँ से कच्चे लोहे का मार्मागोआ बन्दरगाह से निर्यात होता है। यहाँ का प्रमुख व्यवसाय पर्यटन है। प्रतिवर्ष 10 लाख से अधिक व्यक्ति सैलानी के रूप में यहाँ आते हैं। यहाँ अनेक प्राचीन गिरजाघर, मन्दिर, जलप्रपात आदि दर्शनीय स्थल हैं।

छत्तीसगढ़ (CHATTISGARH)—यह भारत के नए राज्यों में है, जिसे मध्य प्रदेश पुनर्गठन विधेयक 1998 के जरिये सृजित किया गया। यह मूलतः आदिवासी बहुल ग्रामीण प्रदेश है और रायपुर, रायगढ़, दुर्ग, विलासपुर, राजनांदगांव, सरगुजा, बस्तर आदि 16 जिलों से मिलकर बना है। 1 नवम्बर, 2000 को राज्य के रूप में सामने आए इस प्रदेश का क्षेत्रफल 1,35,191 वर्ग किमी. और जनसंख्या 2,08,33,803 है। रायपुर इसकी प्रादेशिक राजधानी है। शिक्षा की दृष्टि से शुरू से ही पिछड़े रहे इस प्रदेश की अर्थव्यवस्था कृषि प्रधान है। चावल यहाँ की मुख्य खाद्यान्न उपज है। सीमित मात्रा में गेहूँ, मक्का, ज्वार, बाजरा आदि खाद्यान्न भी होते हैं। खनिज सम्पदा के मामले में इस प्रदेश का अपना अलग ही महत्त्व है। बेलाडीला में लौह अयस्क के अकूत भण्डार हैं। पूरे देश में टिन अयस्क का एकमात्र उत्पादक राज्य यही है। चूना पत्थर, डोलोमाइट, कोयला तथा बाक्साइट की भी प्रचुरता है। एलेक्जेंड्राइट व कार्नपीन नाम के दुर्लभ और बहुमूल्य पत्थर भी यहीं मिलते हैं। अन्य अनेक खनिज भी यहाँ प्राप्य हैं। उद्योगों की दृष्टि से भी छत्तीसगढ़ विकासशील प्रदेश है। भिलाई इस्पात संयंत्र, कोरबा का विशाल थर्मल पावर संयंत्र, बाल्को इस्पात संयंत्र, आइ.बी.पी. एक्सप्लोसिव संयंत्र, रायपुर में रेलवे वैगनों की मरम्मत का कारखाना इस दृष्टि से उल्लेखनीय हैं। लोक संस्कृति और लोककलाओं में भी यह समृद्ध है।

जम्मू एवं कश्मीर (JAMMU AND KASHMIR)—इसका क्षेत्रफल 2,22,236 वर्ग किमी. और जनसंख्या 1,01,43,700 है। श्रीनगर यहाँ की राजधानी है। जम्मू, अनन्तनाग और बारामूला प्रमुख नगर हैं। कश्मीरी, डोगरी और उर्दू यहाँ की प्रमुख भाषाएँ हैं। अफगानिस्तान और चीन की सीमाएँ इस राज्य से मिली हुई हैं। कश्मीर घाटी समुद्रतल से लगभग 5000 फुट ऊँची है। कश्मीर का अधिकांश क्षेत्र पहाड़ी है, लेकिन जम्मू का क्षेत्रफल समतल और मैदानी है। उत्तर के पर्वतों पर छः मास बर्फ जमी रहती है। चिनाब, झेलम और सिन्धु की घाटियों में घने जंगल हैं। इस राज्य की मुख्य फसलें हैं : धान, गेहूँ, मक्का, जौ, तिलहन, कपास, तम्बाकू और केसर। यहाँ से बहुत बड़ी मात्रा में फलों का निर्यात होता है। जस्ता,

कश्मीर की डल झील में नौका-विहार

कश्मीर के शाल, कालीन, नक्काशीदार बर्तन आदि अपनी सुन्दरता के लिए विश्वविख्यात हैं

तांबा, सीसा, बॉक्साइट, स्लेट, ऐसबेस्टस तथा सोना और नीलम जैसे यहाँ अनेक खनिज उपलब्ध हैं, लेकिन इन्हें अभी बड़े पैमाने पर निकालना आरम्भ नहीं हुआ है। कश्मीर में रेशम के कोये से रेशम प्राप्त करने का उद्योग संसार में सबसे बड़ा है। यहाँ के शाल और कालीन विश्वविख्यात हैं। कश्मीर अपने जंगली जीव-जन्तुओं और शिकार के पक्षियों के लिए प्रसिद्ध है। संसार के सुन्दरतम क्षेत्रों में इसकी गणना होती है और प्रतिवर्ष हज़ारों सैलानी यहाँ आते हैं।

झारखण्ड (JHARKHAND)–अपनी विशिष्ट झारखण्डी संस्कृति की पहचान लिए हुए यह प्रदेश 15 नवम्बर, 2000 को अस्तित्व में आया। जिस प्रकार मध्य प्रदेश को विभाजित करके छत्तीसगढ़ राज्य बना, वैसे ही बिहार के उद्योगों और खनिज सम्पदा के केन्द्र आदिवासी बहुल दक्षिणी भाग से यह प्रदेश बना। एक तरह से कह सकते हैं कि पूर्व-बिहार प्रदेश की लगभग समस्त औद्योगिक एवं खनिज सामर्थ्य झारखंड राज्य के हिस्से आ गई। टिस्को, टेल्को, बोकारो स्टील प्लांट, एच.ई.सी. कोल इंडिया के सभी कोयला उत्पादन-क्षेत्र, तांबा व यूरेनियम के उत्खनन की सभी कम्पनियाँ इसी राज्य में हैं। आदिवासी बहुल क्षेत्र होने के कारण श्रमिक और कार्मिक शक्ति भी इस राज्य के हिस्से आई। उद्योगों और खानों के अलावा कृषि भी इस राज्य का प्रमुख पेशा है। धनबाद, बोकारो, हजारीबाग, रांची आदि 18 जिलों के इस राज्य का क्षेत्रफल 79,714 वर्ग किमी., जनसंख्या 2,69,45,829 तथा प्रादेशिक राजधानी रांची है।

तमिलनाडु (TAMILNADU)–इसका क्षेत्रफल 1,30,058 वर्ग किमी. और जनसंख्या 6,24,05,679 है। चेन्नै इसकी राजधानी है। मदुरई, तिरुच्चिरापल्लि, सलेम, कोयम्बतूर, वेल्लोर आदि प्रमुख नगर हैं। तमिल इसकी मुख्य भाषा है। तमिलनाडु की जलवायु गरम है। यहाँ वर्षा कम होती है। केवल एक बड़ी नदी है–कावेरी, शेष छोटी नदियाँ हैं। मूंगफली, कपास, गन्ना, नारियल, टैपिआको, धान और दालें यहाँ की मुख्य फसलें हैं। चेन्नै के जंगलों से विभिन्न प्रकार की इमारती लकड़ी प्राप्त होती है। पूर्वी भाग के जंगलों में चन्दन के वृक्ष हैं। चेन्नै में लोहा, बॉक्साइट और जिप्सम की कुछ खानें भी हैं। उत्तरी अर्काट ज़िले में लिग्नाइट का बहुत बड़ा भण्डार है। वस्त्र-उद्योग, इंजीनियरी, चीनी, तम्बाकू, दियासलाई, सीमेंट आदि तमिलनाडु के प्रमुख उद्योग हैं। होज़री, ऊनी वस्त्र, लोहा और इस्पात, चाय और कहवा, खाद, कपड़ा, रस्से, चीनी मिट्टी और शीशे की चीज़ें यहाँ के अन्य औद्योगिक उत्पादक हैं। हथकरघे के कपड़े, पीतल के बर्तन, नारियल की जटा की चीज़ें, हाथीदाँत और चमड़े की चीज़ें भी मद्रास में खूब तैयार होती हैं। चेन्नै साहित्य, चित्रकला, मूर्तिकला, संगीत और नृत्य के क्षेत्र में बहुत आगे बढ़ा हुआ है। यहाँ की भरतनाट्यम शैली सबसे अधिक प्रामाणिक और प्राचीन है तथा कर्नाटक संगीत उत्तर भारत के हिन्दुस्तानी संगीत से अधिक पुराना है। तंजोर, महाबलिपुरम्, कांजीवरम् और मदुराई के प्राचीन मन्दिर तथा रामेश्वरम् जैसे तीर्थस्थान सारे भारत में प्रसिद्ध हैं।

चेन्नै में दक्षिण-भारतीय शैली के अनेक मंदिर है

नागालैंड (NAGALAND)–इसका क्षेत्रफल 16,579 वर्ग किमी. और जनसंख्या 19,90,036 है। इसमें नागा पहाड़ियाँ और त्वेनसांग क्षेत्र सम्मिलित हैं। कोहिमा इसकी राजधानी और मुख्य नगर है। यह भारत के नए राज्यों में से है। पहले यह राज्य असम का ही एक अंग था। यह असम की ब्रह्मपुत्र की घाटी और म्याँमार (बर्मा) के बीच एक संकरी पहाड़ी पट्टी के रूप में है। पहाड़ों की ऊँचाई दो हज़ार से दस हज़ार फुट तक है। यहाँ के निवासी नागा कहलाते हैं, जो लगभग 20 प्रमुख जातियों में बंटे हैं और विभिन्न भाषाएँ और बोलियाँ बोलते हैं। कृषि के साथ यहाँ चीनी, कागज और सीमेंट बनाने के कारखाने भी खुल गए हैं।

पंजाब (PUNJAB)–इसका क्षेत्रफल 50,362 वर्ग किमी. और जनसंख्या 2,43,58,999 है। चंडीगढ़ यहाँ की राजधानी है और अमृतसर, पटियाला, जालन्धर, लुधियाना आदि प्रमुख नगर हैं। पंजाबी और हिन्दी यहाँ की प्रमुख भाषाएँ हैं। यहाँ की जलवायु शुष्क है और वर्षा अधिक नहीं होती। लेकिन यहाँ की मिट्टी बड़ी उपजाऊ है और सिंचाई के लिए अनेक नहरों से पानी प्राप्त होता है। कृषि-उत्पादन की दृष्टि से पंजाब का भारत में प्रमुख स्थान है। पिछले कुछ वर्षों में पंजाब एक मुख्य औद्योगिक राज्य बन गया था, परन्तु

अमृतसर का स्वर्ण मंदिर सिखों का पवित्र स्थान है

भारत-पाक युद्ध के पश्चात् यहाँ के उद्योगों को क्षति पहुँची है। यहाँ बड़े और मझोले आकार के एक लाख से अधिक कारखाने हैं। जालन्धर लुधियाना, बटाला, अमृतसर और धारीवाल खेल-कूद का सामान, हल्की मशीनें, सूती और ऊनी कपड़े, साइकिलें, कागज़ और रबर के टायर आदि के निर्माण के प्रमुख केन्द्र हैं। छोटे पैमाने के उद्योगों की दृष्टि से पंजाब अन्य सभी राज्यों से आगे है। देश के विभाजन में इस राज्य को सबसे अधिक क्षति उठानी पड़ी थी। लेकिन थोड़े ही समय में पंजाब के निवासियों ने अपने राज्य को एक सम्पन्न और उन्नत राज्य बना लिया। गेहूँ की सबसे अधिक पैदावार यहीं होती है। अनेक दर्शनीय स्थानों में अमृतसर का स्वर्ण मन्दिर भी है।

पश्चिम बंगाल (WEST BENGAL)–इसका क्षेत्रफल 88,752 वर्ग किमी. और जनसंख्या 8,01,76,197 है। कोलकाता यहाँ की राजधानी है और हावड़ा, खड्गपुर, आसनसोल, बर्दवान आदि प्रमुख नगर हैं। बंगला यहाँ की प्रमुख भाषा है। केवल दार्जिलिंग और जलपाईगुड़ी के पहाड़ी क्षेत्र को छोड़कर यह पूरा राज्य समतल और मैदानी है। इसमें गंगा की एक शाखा भागीरथी के साथ ही अन्य कई छोटी नदियाँ बहती हैं। यहाँ की मिट्टी उपजाऊ है। जलवायु बहुत नम है और वर्षा खूब होती है। जूट के उत्पादन में पश्चिम बंगाल का पहला, चाय में दूसरा तथा धान में तीसरा स्थान है। यहाँ

कोलकाता का जैन मंदिर अपनी सुन्दरता के लिए प्रसिद्ध है

जौ, चना, तिलहन, गन्ना, कपास और तम्बाकू की खेती भी होती है। उद्योग के क्षेत्र में पश्चिम बंगाल भारत के अन्य सभी राज्यों से आगे है। भारत की कुल पंजीकृत (रजिस्टर्ड) फैक्टरियों में से 23 प्रतिशत पश्चिम बंगाल में स्थित हैं। यहाँ जूट की 90 मिलें हैं। कोलकाता के आसपास 32 सूती मिलें हैं। कागज़ के कारखाने भी सबसे अधिक यहीं हैं। इंजीनियरी उद्योग में भी यह राज्य सबसे आगे है। भारत में कोयले के कुल उत्पादन का एक-चौथाई पश्चिम बंगाल में होता है। इस्पात के दो सबसे बड़े कारखाने यहीं स्थित हैं–बर्नपुर और दुर्गापुर में। बेलूर और आसनसोल में ऐल्युमीनियम के बड़े कारखाने हैं। उत्तरपाड़ा में मोटरों का बड़ा कारखाना है। पश्चिम बंगाल गृह उद्योग में भी काफी आगे बढ़ा हुआ है। शान्तिनिकेतन, बॉटेनिकल गार्डन, राष्ट्रीय पुस्तकालय, हावड़ापुल आदि सुप्रसिद्ध स्थान हैं। कोलकाता देश का बड़ा बन्दरगाह और व्यवसाय केन्द्र है।

बिहार (BIHAR)–इसका क्षेत्रफल 94,163 वर्ग किमी. और जनसंख्या 8,29,98,509 है। पटना इसकी राजधानी है। हिन्दी यहाँ की मुख्य भाषा है। बिहार की जलवायु न तो बहुत नम है और न बहुत सूखी है। गंगा घाटी की अपेक्षा पठारों पर वर्षा अधिक होती है। कोसी, गंडक और सोन नदियों में हर साल बहुत बाढ़ आती है, जिससे खेती के लिए नई और खूब उपजाऊ मिट्टी प्राप्त हो जाती है, लेकिन साथ ही हानि भी बहुत अधिक होती है। धान, गन्ना, तम्बाकू, जूट, गेहूँ और दालें यहाँ की मुख्य फसलें हैं। उत्तर प्रदेश के बाद बिहार में सबसे अधिक चीनी तैयार होती है। रेशम-उद्योग

बिहार का मुख्य गृहोद्योग है। अशोक और चन्द्रगुप्त की इस भूमि पर अनेक महत्त्वपूर्ण ऐतिहासिक एवं दर्शनीय स्थान हैं।

मणिपुरी युवती

मणिपुर (MANIPUR)–इसका क्षेत्रफल 22,327 वर्ग किमी., जनसंख्या 22,93,896 और राजधानी इम्फाल है। यह भारत की पूर्वी सीमा पर स्थित एक छोटा-सा क्षेत्र है और चारों ओर पहाड़ों से घिरा है। यहाँ के अधिकांश निवासी खेती करते हैं। हथकरघा और रेशम्-उद्योग यहाँ के प्रमुख उद्योग हैं। मणिपुर अपने हस्तशिल्प और मणिपुरी नृत्य के लिए विख्यात है। मणिपुर को 1972 में पूर्ण राज्य का दर्जा मिला, उससे पूर्व यह केन्द्र शासित प्रदेश था। यहाँ हैण्डलूम कपड़ा बनाने का काम बहुत प्रमुख है। कुछ बड़े उद्योग भी स्थापित हो गए हैं।

मध्य प्रदेश (MADHYA PRADESH)–इसका क्षेत्रफल 3,08,144 वर्ग किमी. और जनसंख्या 6,03,48,023 है। भोपाल यहाँ की राजधानी है और ग्वालियर, इंदौर, उज्जैन, जबलपुर आदि प्रमुख नगर हैं। हिन्दी यहाँ की मुख्य भाषा है। यह भारत के मध्य में स्थित सबसे बड़े क्षेत्रफल वाला राज्य है। इसकी जलवायु उत्तरी भाग में गर्मी में अधिक गरम और जाड़े में अधिक ठण्डी तथा पूर्वी और दक्षिणी भाग में साधारणतया गरम और नम है। ज्वार, गेहूँ, धान, चना और गन्ना यहाँ की मुख्य फसलें हैं। मालवा के पठार की उपजाऊ काली मिट्टी में कपास की फसल खूब होती है। जंगलों की दृष्टि से असम के बाद मध्य प्रदेश का भारत में दूसरा स्थान है। इन जंगलों से विभिन्न प्रकार की लकड़ी के अलावा कई प्रकार के उद्योग-धंधों

ईसा से दो सौ वर्ष पूर्व निर्मित
मध्य प्रदेश स्थित सांची का प्रसिद्ध स्तूप

के लिए कच्चा माल मिलता है। खजुराहो के मन्दिर, बाघ की गुफाएँ, ग्वालियर का किला, सांची का स्तूप और जबलपुर के समीप नर्मदा का भेड़ा घाट आदि यहाँ के प्रमुख दर्शनीय स्थान हैं।

मध्यप्रदेश में वन्य जीवन

महाराष्ट्र (MAHARASHTRA)–इसका क्षेत्रफल 3,07,713 वर्ग किमी. और जनसंख्या 9,68,78,627 है। मुंबई इसकी राजधानी और पूना, नागपुर, शोलापुर, कोल्हापुर आदि प्रमुख नगर हैं। मराठी यहाँ की मुख्य भाषा है। इसका काफी बड़ा भाग दक्षिण के पठार का अंश है। पश्चिमी घाट समुद्रतट के समानान्तर चले गए हैं और इस पर्वतमाला और समुद्रतट के बीच कोंकण की संकरी पट्टी है जो कहीं

महाराष्ट्र स्थित अजंता की गुफा का मुख्यद्वार

भी 96 किमी. से अधिक चौड़ी नहीं है। इस पट्टी पर सबसे अधिक वर्षा होती है। पश्चिमी घाट के पीछे के बड़े भाग में बहुत कम वर्षा होती है। तिलहन और कपास इस राज्य की प्रमुख फसलें हैं। नागपुर, अमरावती और वर्धा में नारंगी के प्रसिद्ध बाग हैं। इस राज्य के काफी बड़े भाग में जंगल हैं। महाराष्ट्र में मैंगनीज़, चूनापत्थर, कोयला आदि भी मिलता है। यहाँ सूती, कपड़े, बिजली और इंजीनियरी का सामान, रसायन आदि तैयार करने के बड़े-बड़े कारखाने हैं। मुम्बई प्रसिद्ध बन्दरगाह है, फिल्म उद्योग तथा अन्य व्यवसायों का बड़ा केन्द्र है। विश्वप्रसिद्ध अजंता, एलोरा और एलिफेंटा गुफाएँ भी इसी राज्य में हैं।

मिज़ोरम (MIZORAM)–लुशाई पहाड़ी क्षेत्र का नाम 1972 में मिज़ोरम रखा गया। इसे 1987 में पूर्ण राज्य का दर्ज़ा दिया गया। पहले यह असम का एक ज़िला था। इसका क्षेत्रफल 21,081 वर्ग किमी. और जनसंख्या 8,88,573 है। इसकी राजधानी एज़्ल है। यहाँ रेशम के कीड़े से रेशम बनाने का काम ज़ोरों पर है। घरेलू उद्योगों के साथ हथकरघा, शहतीर चीरने, साबुन तथा ईंटें बनाने के उद्योग स्थापित हो चुके हैं। पर्यटन को भी काफी प्रोत्साहन मिला है।

मेघालय (MEGHALAYA)–यह खासी, जैन्तिया और गारो कबीलों का प्रदेश है। इसे 1972 में पूर्ण राज्य का दर्जा मिला। इसका क्षेत्रफल 22,429 वर्ग किमी. और जनसंख्या 23,18,822 है। राजधानी शिलांग है। यहाँ के लोग नृत्य, संगीत और खेलों के प्रेमी हैं। अब मेघालय में प्लाईवुड, शराब बनाने के कारखाने, रसायन और तेल तथा अन्य कई उद्योग आरम्भ हो गए हैं।

राजस्थान (RAJASTHAN)–इसका क्षेत्रफल 3,42,239 वर्ग किमी. और जनसंख्या 5,65,07,188 है। जयपुर इसकी राजधानी है और अजमेर, जोधपुर, बीकानेर, कोटा, उदयपुर आदि प्रमुख नगर हैं। राजस्थानी और हिन्दी यहाँ की मुख्य भाषाएँ हैं। यहां की अधिकांश भूमि रेगिस्तानी है और यहाँ वर्षा भी बहुत कम होती है। लेकिन लूनी नदी में भूगर्भीय जल का पता लगने से शीघ्र ही इस क्षेत्र के कायापलट की सम्भावना है। ज्वार, बाजरा, गेहूँ, मक्का, जौ, चना आदि यहाँ की मुख्य फसलें हैं। 680 किमी. लम्बी राजस्थान नहर के निर्माण के बाद यहां का कृषि-उत्पादन बहुत बढ़ा है। यहां चूनापत्थर और जिप्सम की कई खानें हैं। झारखण्ड के बाद यहाँ सबसे अधिक अभ्रक मिलता है। मलमल जैसे बारीक कपड़े, कालीन और कम्बल तैयार करना, हाथीदांत और गोटा-किनारी का काम यहाँ के प्रमुख उद्योग हैं। राजस्थान अच्छी नस्ल के गाय-बैलों के लिए भी प्रसिद्ध है।

सिक्किम (SIKKIM)–पूर्वी हिमालय क्षेत्र में बसा भारतीय प्रदेश है। यह प्रदेश भारत के लिए सामरिक महत्त्व का है। यह अधिकांश पर्वतीय क्षेत्र है। इसे 1975 में भारत का अंग बनाया गया। इसका क्षेत्रफल 7,096 वर्ग किमी. और जनसंख्या 5,40,851 है। यहाँ की मुख्य भाषाएँ लेपचा, भूटिया, हिन्दी, नेपाली और लिम्बू हैं।

एक राजस्थानी गाड़िया लुहार परिवार

राजधानी गंगतोक है। मक्का, धान, गेहूँ, जौ, नारंगी, चाय और इलायची आदि कृषि उत्पादों के अतिरिक्त फलों की डिब्बाबन्दी, चर्मव्यवसाय, शराब उत्पादन तथा एच एम टी घड़ियों के निर्माण उद्योग आरम्भ हो गए हैं। पिछले कुछ समय से पर्यटन को भी बढ़ावा मिला है।

हरियाणा (HARYANA)—इसका क्षेत्रफल 44,212 वर्ग किमी. और जनसंख्या 2,11,44,564 है। पंजाब की भाँति चंडीगढ़ यहाँ की भी राजधानी है और अम्बाला, रोहतक, हिसार, गुड़गाँव, पानीपत, सिरसा और कुरुक्षेत्र प्रमुख नगर हैं। कुरुक्षेत्र में विश्वविद्यालय है जहाँ आधुनिक ज्ञान-विज्ञान के अतिरिक्त संस्कृत तथा प्राचीन शास्त्रों की शिक्षा विशेष रूप से दी जाती है। यह मुख्यतः हिन्दी भाषी राज्य है और इसका निर्माण पुराने पंजाब राज्य का विभाजन करते समय 1 नवम्बर, 1966 को किया गया। कृषि प्रधान होने के साथ यहाँ फरीदाबाद, गुड़गांव आदि में मारुति मोटर, सीमेण्ट, चीनी, कागज, कपड़ा, फ्रिज, टी. वी., मोटर साइकिल, ट्रैक्टर, ट्यूब, प्लास्टिक बनाने के अनेक कारखाने हैं। अभी और कारखाने यहाँ लग रहे हैं। यहाँ कुछ कारखाने पहले से थे, पर दिल्ली निकट होने के कारण विभाजन के बाद यहाँ कारखाने लगाने की होड़-सी लग गई। बढ़िया नस्ल के गाय-बैल भी यहाँ मिलते हैं।

औद्योगिक उत्पादन की दृष्टि से हरियाणा भारत के अग्रणी राज्यों में है। राजधानी दिल्ली से लगा होने के कारण यहाँ पहले से ही बहुत-से कल-कारखाने चल रहे थे। अब उनकी संख्या निरन्तर बढ़ती जा रही है। यहाँ इस समय लगभग तीन हज़ार कारखाने हैं, जिनमें अनेक प्रकार की वस्तुएँ बनती हैं। यहाँ के उद्योगों का बड़ा केन्द्र फरीदाबाद है।

हिमाचल प्रदेश (HIMACHAL PRADESH)—हिमाचल प्रदेश का क्षेत्रफल 55,673 वर्ग किमी. तथा जनसंख्या लगभग 60,77,900 और राजधानी शिमला है। इस क्षेत्र का अधिकांश भाग जंगलों से भरा है और वनोद्योग यहाँ का प्रमुख उद्योग है। यहाँ के सेब के बाग बहुत प्रसिद्ध हैं। यहाँ आलू की खेती भी बहुत बड़े पैमाने पर होती है। इसी प्रदेश के भूतपूर्व राजपूत राज्यों में कांगड़ा शैली की चित्रकला का विकास हुआ था। हिमाचल प्रदेश में नाहन फौण्ड्री, रॉल और तारपीन के तेल के कारखाने, इलैक्ट्रॉनिक कारपोरेशन, और फलों के पेय या अन्य उत्पादों के बड़े उद्योग काम कर रहे हैं। यहाँ से सेब का भारी निर्यात होता है।

त्रिपुरा (TRIPURA)—इसका क्षेत्रफल 10,491.69 वर्ग किमी., जनसंख्या 31,99,203 और राजधानी अगरतला है। 1949 में भारत में विलय से पूर्व यह राजा द्वारा शासित क्षेत्र था। 1972 में इसे पूर्ण राज्य का दर्जा दिया गया। असम और मिजोरम के थोड़े से भाग से जुड़े होने के अतिरिक्त यह बंगलादेश से घिरा है। यहाँ का मुख्य उत्पादन और व्यवसाय चाय है। फलों की डिब्बाबन्दी के साथ जूट के सामान, पी.वी.सी. पाइप, अल्यूमीनियम कण्डक्टर, चमड़े का सामान और प्लाईवुड आदि का उत्पादन भी होने लगा है। हथकरघा कपड़ों का निर्माण यहाँ प्रमुख घरेलू उद्योग है। पर्यटन को भी विकसित किया जा रहा है। यहाँ या तो हवाई जहाज़ से पहुँचा जा सकता है या असम से, हाल में ही बनी, एक पहाड़ी सड़क से। धान, जूट, चाय, गन्ना और कपास यहाँ की मुख्य फसलें हैं।

भारत के केन्द्रशासित संघीय क्षेत्रों का परिचय इस प्रकार है :

अंडमान तथा निकोबार द्वीपसमूह (ANDAMAN AND NICOBAR)—इनका सम्मिलित क्षेत्रफल 8,249 वर्ग किमी., जनसंख्या 3,56,152 और मुख्यालय पोर्ट ब्लेयर है। यह द्वीपसमूह कोलकाता से 1248 किमी. दूर बंगाल की खाड़ी में स्थित है। अंडमान द्वीपसमूह में छोटे-बड़े 300 द्वीप हैं, पर इनमें 265 बहुत छोटे हैं इसलिए वहाँ आबादी नहीं। निकोबार द्वीपसमूह में 19 द्वीप हैं। स्वाधीनता से पहले अपराधियों को 'कालापानी' की सज़ा देकर इन द्वीपों में भेजा जाता था। अब इन द्वीपों का विकास हो रहा है और बहुत से किसान-परिवार यहाँ आकर बस गए हैं। यहाँ से चावल, रबर, कोकोआ, काली मिर्च, कहवा और इमारती लकड़ी बाहर भेजी जाती है।

चण्डीगढ़ (CHANDIGARH)—योजनाबद्ध तरीके से बसाया गया यह एक आधुनिक नगर है। इस सुन्दर नगर को बसाने की योजना फ्रैंच वास्तुशिल्पी ले कार्ब्यूजिये ने तैयार की थी। इसका क्षेत्रफल 114 वर्ग किमी. और जनसंख्या 9,00,635 है। यह पंजाब और हरियाणा दोनों राज्यों की राजधानी है। दोनों राज्यों के उच्च न्यायालय, सरकारी कार्यालय, विश्वविद्यालय, विधानसभाएँ भी यहीं हैं। यहाँ का पी.जी. आई. (पोस्ट ग्रेजूएट इंस्टीच्यूट) अस्पताल देश का प्रमुख चिकित्सा केन्द्र है। इसके पास ही मोहाली बड़ा औद्योगिक क्षेत्र बनता जा रहा है। यहाँ का गुलाब उद्यान, राक गार्डन, झील, संग्रहालय आदि स्थान दर्शनीय और पर्यटकों के लिए आकर्षण के केन्द्र हैं।

दमन और दीव (DAMAN AND DIU)—दमन और दीव को 1987 में गोआ से पृथक् कर दिया गया और गोआ को पूर्ण राज्य का दर्जा दिया गया। तब दमन और दीव को पृथक् केन्द्र शासित प्रदेश बना दिया गया। दोनों अलग-अलग टुकड़े हैं। दमन गुजरात के तट पर और दीव काठियावाड़ के क्षेत्र में एक छोटा द्वीप-सा है। इन दोनों का क्षेत्रफल 112 वर्ग किमी. है और जनसंख्या 1,58,204 है।

दादरा और नागर हवेली (DADRA AND NAGAR HAVELI)—यह भारत के पश्चिमी तट के पास गुजरात और महाराष्ट्र प्रदेशों से घिरे हुए क्षेत्र हैं। इनका क्षेत्रफल 491 वर्ग किमी. और जनसंख्या 2,20,490 है। राजधानी सिलवासा है। पुर्तगाल से स्वतन्त्र करवाने के बाद इसे अगस्त, 1961 में भारत का अभिन्न अंग बना लिया गया। यहाँ के उद्योगों में ऐनकों के फ्रेम, मकानों के फर्श के लिए टाइलें, बाल्टियाँ, बिस्कुट और कत्थे आदि का निर्माण सम्मिलित हैं। खेती भी होती है। अधिक आबादी आदिवासियों की है।

दिल्ली (DELHI)—देश की राजधानी दिल्ली को राष्ट्रीय राजधानी क्षेत्र का दर्जा प्राप्त है। 1956 में इसे संघ शासित प्रदेश का दर्जा दिया गया था। 1966 में दिल्ली प्रशासन एक्ट के द्वारा यहाँ एक महानगर परिषद् की व्यवस्था की गई। दिसम्बर, 1991 में संसद ने संविधान संशोधन अधिनियम (74वां संशोधन) के द्वारा

भारत का मानचित्र
राज्य एवं केन्द्र शासित प्रदेश

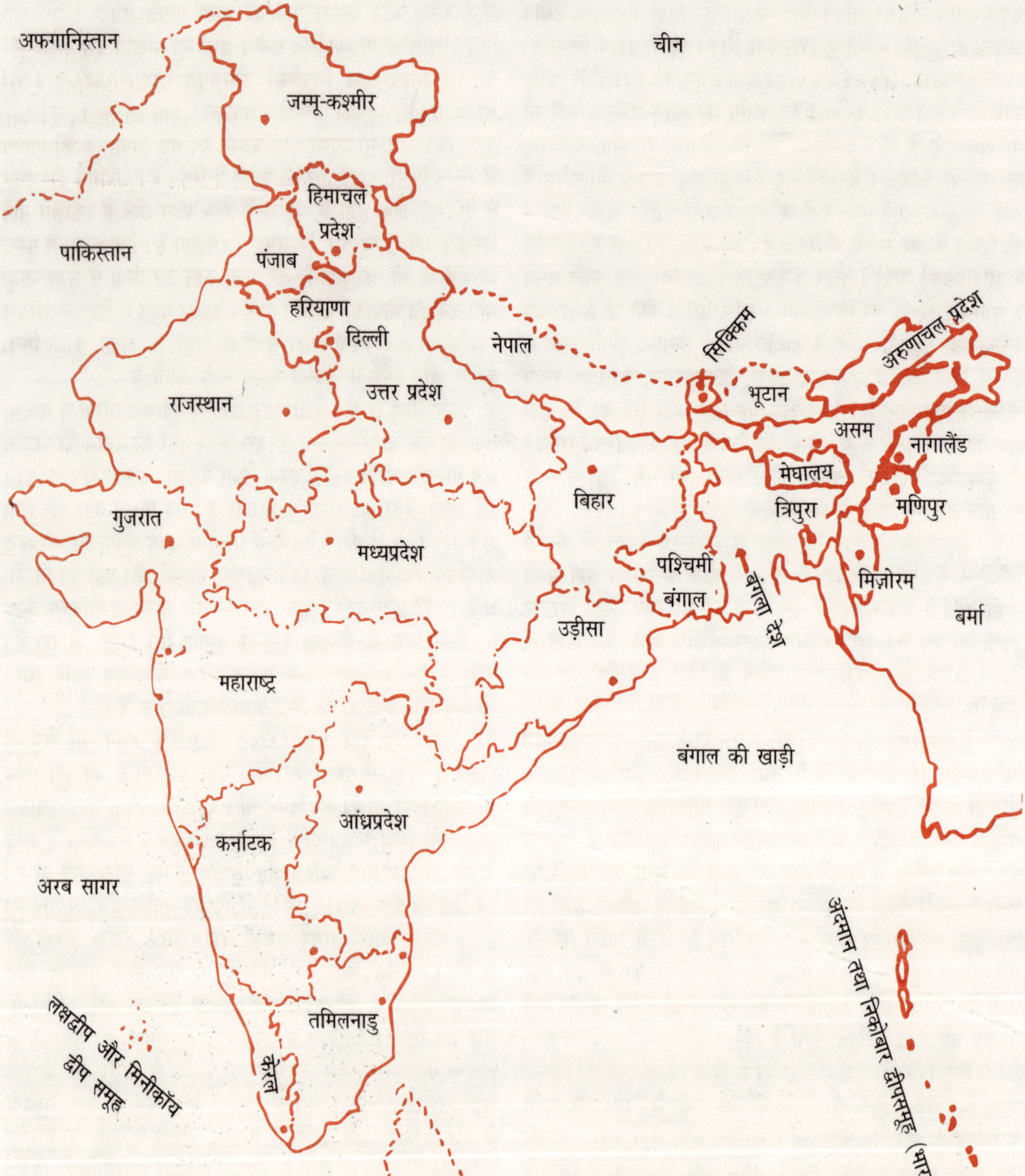

दिल्ली को राष्ट्रीय राजधानी क्षेत्र घोषित किया और यहाँ 70 सदस्यीय विधान सभा कायम की गई। इसका क्षेत्रफल 1,483 वर्ग किमी., जनसंख्या 1,38,50,507 तथा राजधानी दिल्ली है।

दिल्ली का इतिहास महाभारत काल तक जाता है। महाभारत में वर्णित इन्द्रप्रस्थ और हस्तिनापुर इसी क्षेत्र में थे। लेकिन इस शहर की विधिवत स्थापना 11वीं सदी में तोमर वंश के एक राजपूत राजा

ने की। तोमरों के बाद चौहान राजाओं का यहाँ वर्चस्व रहा। बाद में कई मुस्लिम शासक दिल्ली की सरजमीं पर सरसब्ज हुए, लेकिन मुगल शासकों ने इसे जो पहचान दी, नगर-निर्माण के जो कीर्तिमान बनाए, उसे आज तक याद किया जाता है। मुगलों के बाद अंग्रेजों का वर्चस्व दिल्ली ने देखा। 1912 में ब्रिटिश शासन की राजधानी कोलकाता से दिल्ली स्थानांतरित हुई, तो फसील वाली पुरानी दिल्ली से बाहर नई दिल्ली की नींव पड़ी। आजादी के बाद केन्द्रीय शासन की लगभग सभी गतिविधियों का केन्द्र भी नई दिल्ली ही रही और आज भी है। कभी दिल्ली के आसपास कृषि आधारित समृद्ध ग्रामीण बस्तियाँ हुआ करती थीं, लेकिन जैसे-जैसे इसके शहर क्षेत्र का विस्तार होता गया, वे सभी ग्रामीण क्षेत्र शहर में समाते चले गए। आज दिल्ली औद्योगिक, शिक्षा-संस्कृति, प्रशिक्षण एवं पर्यटन की दृष्टि से अत्यन्त विकसित और देश का सिरमौर है। समूचे देश ही नहीं, दुनिया भर से लोग खिंचे हुए दिल्ली चले आ रहे हैं और इसकी जनसंख्या सवा करोड़ से ऊपर पहुँच चुकी है।

पांडिचेरी (PUDUCHERRY)–यह आज भी भारत में फ्रेंच संस्कृति के स्मारक के रूप में दिखाई देता है। इस क्षेत्र के चार भाग हैं। पांडिचेरी नगर और करेकल तमिलनाडु के अरकाट और तंजाबूर जिलों से घिरे हैं, माहे केरल प्रदेश और यनम आन्ध्र प्रदेश में है। इन क्षेत्रों को फ्रांस ने नवम्बर, 1954 में भारत सरकार को सौंप दिया और 1963 में यह प्रदेश केन्द्र शासित प्रदेश बना दिया गया। चावल, रागी, बाजरा, दाल, गन्ना, मूंगफली और कपास इस क्षेत्र की मुख्य फसलें हैं। कपड़ा, चीनी और कागज बनाने के कारखाने भी हैं। अरविन्द आश्रम, ओरोविल नगर संग्रहालय, समुद्रतट आदि अनेक दर्शनीय स्थान हैं। इसका क्षेत्रफल 492 वर्ग किमी. और जनसंख्या 9,74,345 है। यनम और केरल तट पर स्थित बस्तियों को सन् 1962 में विधिवत् भारत संघ में सम्मिलित कर लिया गया। यहां की मुख्य भाषाएँ फ्रांसीसी और तमिल हैं।

लक्षद्वीप, मिनिकाय तथा अमीनदीवी द्वीपसमूह (LAKSHDWEEP)–इनका सम्मिलित क्षेत्रफल 32 वर्ग किमी., जनसंख्या 60,650 और मुख्यालय करावात्ती है। यह भारत के पश्चिमी तट से लगभग 320 किमी. दूर अरब सागर में फैले हुए छोटे-छोटे द्वीपों का एक समूह है। नारियल यहाँ की मुख्य उपज है। नारियल की जटा से यहाँ बहुत-सी चीजें बनती हैं, जिसे कॉयर उद्योग कहते हैं। मछली पकड़ना और नारियल को सुखाकर खोपरा बनाना भी यहाँ का प्रमुख उत्पादन है। सभी निवासी प्रायः मुसलमान हैं, परन्तु रीति-रिवाज तटवर्ती मलयालम भाषी हिन्दुओं जैसे हैं।

भूटान (BHUTAN)–यह हिमालय क्षेत्र में स्थित निरंकुश राजतन्त्र वाला एक देश है। इसके उत्तर में तिब्बत, दक्षिण में असम और पश्चिम बंगाल, पूर्व में अरुणाचल प्रदेश (पहले नेफा) और पश्चिम में सिक्किम स्थित हैं। इसका क्षेत्रफल 46,500 वर्ग किमी. और जनसंख्या 23,27,849 है। इसकी राजधानी थिम्फू है। यह एक कृषि प्रधान देश है। चावल, मक्का, बाजरा, मुख्य फसलें हैं। गोंद, मोम व कस्तूरी वनों से प्राप्त होती है। इमारती लकड़ी व फलों का निर्यात होता है।

मंगोलिया (MONGOLIA)–एशिया के मध्य में और रूस तथा चीन के बीच मंगोलिया जनवादी गणराज्य स्थित है। इसका क्षेत्रफल 15,65,000 वर्ग किमी. और जनसंख्या 29,51,786 है। इसकी राजधानी उलान बतोर है।

किसी जमाने में मंगोल बड़े शक्तिशाली थे। चंगेज खां मंगोल ही था और चीन का सम्राट कुबले मंगोल ही था। चीन की बड़ी दीवार मंगोलिया और चीन की सीमा पर मंगोल आक्रमणकारियों को रोकने के लिए बनवाई गई थी।

घुमक्कड़ मंगोल चरवाहे तंबुओं में रहते हैं

मंगोलिया में खेती का काम सहकारी रूप में किया जाता है। यहाँ किसान प्रायः पशुपालन का काम अधिक करते हैं। पशुओं में घोड़े, भेड़ें, बकरियाँ, ऊँट और भैंसें पाली जाती हैं। किसी समय के खानाबदोश लोग अब सहकारी ढंग से उन्नति कर रहे हैं।

मंगोलिया का काफी बड़ा भाग गोबी के रेगिस्तान में पड़ता है जो समुद्रतल से एक मील ऊँचा है। इसलिए यह गर्मियों में भी ठण्डा रहता है।

मंगोलिया का एक भाग चीन के अधिकार में है। इसे भीतरी मंगोलिया कहा जाता है। अब मंगोलिया बड़ी तेज़ी से उन्नति करता जा रहा है। यहाँ जूते और चमड़े की अन्य चीज़ें तैयार करने के कारखाने हैं।

मध्य अफ्रीकी गणराज्य (CENTRAL AFRICAN REPUBLIC)–अफ्रीका महाद्वीप में स्थित यह राज्य उत्तर में चाड, पूर्व में सूडान, दक्षिण में कांगो और पश्चिम में केमेरून से घिरा है। यह पहले फ्रांस का उपनिवेश था, किन्तु 1960 में पूर्ण स्वतन्त्र हो गया। इसका क्षेत्रफल 6,22,984 वर्ग किमी. और जनसंख्या 43,69,038। बांगुई इसकी राजधानी है। यह देश कपास और हीरों का भारी निर्यात करता है।

मलेशिया (MALAYSIA)–16 सितंबर, 1963 को मलयेशिया संघ नामक एक नए राष्ट्र का उदय हुआ। प्रारम्भ में

इसमें मलाया, सिंगापुर, सारावाक और साबा जौहोर आदि भी सम्मिलित थे, किन्तु 1965 में सिंगापुर इस संघ से अलग हो गया। मलाया, मलय प्रायद्वीप के दक्षिणी सिरे पर स्थित है। 13 राज्यों वाले मलयेशिया संघ का क्षेत्रफल 3,30,434 वर्ग किमी. और जनसंख्या 2,48,21,286 है। इसकी राजधानी क्वालालम्पुर है।

मलयेशिया एक गरम और भारी वर्षा वाला देश है। यहाँ काफी घने जंगल हैं और उनमें तरह-तरह के जीव-जन्तु पाए जाते हैं। उन उष्णकटिबंधीय जंगलों में बहुत कम लोग रहते हैं। मलयेशिया संसार में सबसे अधिक रबर और टीन उत्पन्न करनेवाले देशों में माना जाता है। इसके अधिकांश रबर के बाग, टीन की खानें और चावल के खेत, मलय प्रायद्वीप के पश्चिमी किनारे की संकरी पट्टी में स्थित हैं।

मलयेशिया के काफी बड़े भाग में घने जंगल हैं

मलयेशिया से गोलमिर्च और शहतीर भी भारी मात्रा में निर्यात होते हैं। कॉफी, चाय और अनन्नास खूब पैदा होते हैं। तम्बाकू लोहा, पेट्रोल, बिजली का सामान, लकड़ी की चीज़ें तथा खाद्य सामग्री से निर्मित पदार्थ प्रमुख निर्यात की चीजें हैं।

मलय भाषा मलयेशिया की राष्ट्रभाषा है, लेकिन सारावाक और उत्तरी बोर्नियो में अभी कुछ समय तक अंग्रेजी राजभाषा रहेगी। इस्लाम को मलयेशिया का धर्म घोषित किया गया है, लेकिन सारावाक और उत्तरी बोर्नियो को धर्म के मामले में भी छूट प्रदान की गई है।

मलयेशिया संसार के एक प्रमुख जहाज़ी मार्ग पर स्थित है जो यूरोप और अमरीका को दक्षिण-पूर्वी एशिया से मिलाता है।

मलावी (MALAWI)–पूर्व में न्यासालैण्ड के नाम से मशहूर रहा यह देश अफ्रीका महाद्वीप में तंजानिया, मोजाम्बीक और जाम्बिया के बीच स्थित है। इसका क्षेत्रफल 1,18,784 वर्ग किमी., जनसंख्या 1,36,03,181 तथा राजधानी लिलांग्वे है। पहले यहाँ राष्ट्रपति बांडा का एकतन्त्रीय शासन था। 1993 के मध्य में हुए मतदान के बाद से बहुदलीय शासन प्रणाली है। पर्यटकों का स्वर्ग माना जाने वाला यह देश संसाधनों के मामले में विपन्न है। कृषि भी सन्तोषजनक नहीं है। मुख्य नकदी फसलें चाय, तम्बाकू, गन्ना और कपास हैं।

माइक्रोनेशिया (MICRONESIA)–पश्चिमी प्रशान्त महासागर में स्थित यह एक संघीय राज्य है और इसकी चार सरकारें हैं। कुल 607 द्वीपों में फैले इस राज्य का क्षेत्रफल 702 वर्ग किमी. , जनसंख्या 1,07,862 और राजधानी पालिकिर है। भौगोलिक दृष्टि से यहाँ की जमीन ऊबड़-खाबड़ है। पहले यह संयुक्त राज्य अमरीका के अधीन था। 10 मई, 1979 को यह स्वतन्त्र हुआ और नवम्बर, 1986 में संयुक्त राज्य अमेरिका ने इसे मान्यता दे दी। 1991 में यह संयुक्त राष्ट्र का सदस्य बना। इसकी रक्षा का भार संयुक्त राज्य अमरीका पर है। वही इसे आर्थिक मदद देता है।

मॉरिशस (MAURITIUS)–मॉरिशस हिन्द महासागर में, मेडागास्कर से कोई 500 मील पूर्व में है। इसे 1668 में पुर्तगालियों ने बसाया था। 1721 में यह फ्रांसीसियों के कब्जे में चला गया। 1810 में इस पर ब्रिटेन का प्रभुत्व हो गया, जो 1968 तक रहा। 1992 में यहाँ गणतन्त्रात्मक शासन कायम हुआ। मॉरिशस में प्रवासी भारतीयों की संख्या बहुत है। इन भारतीयों के पूर्वज 19वीं सदी में, अंग्रेजों के गन्ने के खेतों में मजदूरी करने के लिए ले जाए गए थे। आज भी मॉरिशस की अर्थव्यवस्था गन्ने की खेती पर निर्भर करती है। शीरे, चाय और तम्बाकू का निर्यात होता है। पर्यटन उद्योग काफी उन्नत है। मॉरिशस का क्षेत्रफल 2,040 वर्ग किमी., जनसंख्या 12,50,882 और राजधानी पोर्टलुई है।

मार्शल द्वीप समूह (MARSHALL ISLANDS)–संयुक्त राज्य अमरीका के वर्चस्व वाला यह द्वीप समूह प्रशान्त महासागर में है। इसका क्षेत्रफल 181 वर्ग किमी., जनसंख्या 61,815 और राजधानी माजुरो प्रवाल द्वीप पर दलाप-डलिगा-डेरिट है। माजुरो से 3200 किमी. दक्षिण-पश्चिम में होनोलुलू है। 1986 में यह संयुक्त राज्य अमेरिका की अधीनता से मुक्त हुआ, लेकिन अब भी इसकी रक्षा-नीति और वित्तीय सहायता अमरीका ही तय करता है। 1991 से यह संयुक्त राष्ट्र का सदस्य है। यहाँ नारियल, टमाटर की खेती आजीविका का मुख्य आधार है। कुछेक खनिज भंडार भी हैं।

मालटा (MALTA)–भूमध्य सागर के मध्य में सिसिली से 58 मील दक्षिण की ओर स्थित यह छोटा-सा द्वीप सामरिक दृष्टि से बहुत ही महत्त्व रखता है। मालटा पहले ब्रिटेन के अधीन था और उसका एक प्रसिद्ध नौसैनिक अड्डा था। किन्तु 1964 से यह स्वतन्त्र हो गया है। इसका क्षेत्रफल 316 वर्ग किमी. और जनसंख्या 4,01,880 है। वेलेटा इसकी राजधानी है।

मालदीव (MALDIVES)–यह हिन्द महासागर में भारत के दक्षिण-पश्चिम में और श्रीलंका के पश्चिम में एक द्वीपसमूह है। उत्तर से दक्षिण तक यह लगभग 300 मील लम्बा है। 1965 में यह

स्वतन्त्र हुआ और नवम्बर 1968 में गणराज्य बना। इसका क्षेत्रफल 298 वर्ग किमी., जनसंख्या 3,69,031 तथा राजधानी माले है। यहाँ के अधिकांश निवासी नाविक हैं। मछली पकड़ना मुख्य व्यवसाय है और संसाधित मछलियों के उद्योग हैं। नारियल, फल और ज्वार, बाजरा मुख्य फसलें हैं।

माली (MALI)–उत्तरी-पश्चिमी अफ्रीका के भीतर स्थित यह देश पहले फ्रांस का उपनिवेश था। नवम्बर, 1958 में यह फ्रेंच राष्ट्रकुल का एक स्वायत्त गणराज्य बना और जून, 1960 में सेनेगल के साथ मिल जाने पर संघीय गणराज्य के रूप में पूर्ण स्वतन्त्र हो गया। किन्तु सेनेगल इससे शीघ्र ही अलग हो गया और यह तब से माली गणराज्य कहलाता है। अब यह फ्रेंच राष्ट्रकुल का भी सदस्य नहीं है। यहाँ से खालों और मछली का निर्यात होता है।

माली का क्षेत्रफल 12,40,192 वर्ग किमी. और जनसंख्या 1,79,95,402 है। बामाको इसकी राजधानी है।

मास्को (MOSCOW)–यह पूर्व सोवियत संघ और मौजूदा रूस की राजधानी है। मास्को संसार का पाँचवाँ सबसे बड़ा नगर है। मास्को उद्योग, यातायात और शिक्षा का एक बहुत बड़ा केन्द्र है। इसका रूसी नाम 'मस्क्वा' है।

आठ सौ साल पहले मास्को एक मामूली-सा गाँव था। मस्क्वा नदी इसके बीच से और कुछ छोटी नदियाँ इसके पास से होकर बहती हैं। उन दिनों अधिकतर व्यापार नदियों के ज़रिये ही होता था। इसलिए धीरे-धीरे यह व्यापार का केन्द्र बन गया। सोलहवीं सदी में यह रूसी साम्राज्य की राजधानी रहा। लेकिन क्रान्ति के कुछ समय बाद फिर से मास्को राजधानी बन गया।

मास्को के मध्य में क्रेमलिन का विशाल किला स्थित है। इसमें ज़ार सम्राटों द्वारा बनवाए गए बड़े-बड़े महल और गिरजे हैं। क्रेमलिन के पास ही प्रसिद्ध लाल मैदान है जहाँ बड़े-बड़े सैनिक प्रदर्शनों और उत्सवों का आयोजन होता है। इसी मैदान में क्रेमलिन की दीवार के पास लेनिन की प्रसिद्ध समाधि है।

मास्को का प्रसिद्ध लाल मैदान

मास्को अपनी चौड़ी-चौड़ी सड़कों, विशाल भवनों तथा ज़मीन के नीचे चलनेवाली रेलगाड़ी के सुन्दर स्टेशनों के लिए प्रसिद्ध है। यहाँ लोहा और इस्पात, बिजली का सामान, तेल के इंजन और कपड़ा तैयार करनेवाले बड़े-बड़े कारखाने हैं। मास्को के पास ही लोहा, कोयला और अन्य खनिज पदार्थ खूब मिलते हैं।

मिस्र (EGYPT)–सन् 1961 तक मिस्र, सीरिया और यमन ने मिलकर संयुक्त अरब गणराज्य के रूप में काम किया, पर इसके बाद सब अलग हो गए। अब इस गणराज्य के स्थान पर मिस्र अकेला स्वाधीन राष्ट्र है। 1922 से यहाँ राजवंश राज्य करता था, पर कर्नल नासिर ने 1952 में यहाँ गणतन्त्र स्थापित किया। मिस्र एक अत्यन्त प्राचीन देश है। भूमध्य सागर के पूर्वी छोर पर नील नदी के उपजाऊ

काहिरा के समीप ईसा से 2600 वर्ष पूर्व निर्मित खूफू का पिरामिड संसार के सात आश्चर्यों में है

डेल्टा की भूमि को आमतौर से सभ्यता का गहवारा कहा जाता है। प्राचीन काल में यहाँ एक समृद्ध सभ्यता का विकास हुआ था। किसी ज़माने में मिस्र का साम्राज्य दूर-दूर तक फैला हुआ था। इस प्राचीन सभ्यता के आश्चर्यजनक भग्नावशेषों को देखने के लिए हर साल संसार के कोने कोने से हज़ारों सैलानी यहाँ आते हैं।

रेगिस्तान की यात्रा के लिए तैयार ऊंट

मिस्र का क्षेत्रफल 9,97,677 वर्ग किमी. और जनसंख्या 7,88,87,007 है। नील नदी की घाटी और उसका डेल्टा ही मिस्र की सबसे अधिक उपजाऊ भूमि है। मिस्र की रूई संसार-भर में प्रसिद्ध है। कपास के अलावा यहाँ धान, गेहूँ, मक्का और गन्ना भी खूब होता है। मिस्र का काफी बड़ा भाग रेगिस्तान है, जिसमें जगह-जगह उपजाऊ ज़मीन के मरुद्यान पाए जाते हैं, जिनमें खजूर और फलों के बाग हैं। स्वेज़ की खाड़ी और लालसागर के किनारे तेल के कुएँ और फॉस्फेट की खानें हैं।

काहिरा मिस्र की राजधानी है। यहाँ के राष्ट्रपति होस्नी मुबारक 1999 में चौथी बार राष्ट्रपति चुने गए। यह अफ्रीका का सबसे बड़ा नगर और अरब राजनीति का केन्द्र है। सिकंदरिया एक प्राचीन नगर और बहुत बड़ा बन्दरगाह है। स्वेज़ नहर भूमध्य सागर को लाल सागर से मिलाती है। यह संसार का एक प्रमुख जहाज़ी मार्ग है।

मुम्बई (MUMBAI)–पहले 'बम्बई' के नाम से प्रसिद्ध रहे मुम्बई की गिनती भारत के सबसे बड़े नगर के रूप में की जाती है। यह संसार के महानगरों में से एक माना जाता है।

इसका प्राचीन नाम मुम्बई ही था। यहाँ मुंबा देवी का एक प्राचीन मन्दिर है जिसकी बड़ी मान्यता है।

मुम्बई महाराष्ट्र राज्य की राजधानी है। यह उद्योग और व्यापार का एक बहुत बड़ा केन्द्र है और अपनी सूती मिलों के कारण विश्वविख्यात है। भारत के विशाल फिल्म-उद्योग का यह सबसे बड़ा केन्द्र है।

मुम्बई भारत का एक बहुत महत्त्वपूर्ण बन्दरगाह भी है। यह पश्चिम भारत के सिंहद्वार का काम करता है। दुनिया के प्रायः सभी देशों से जहाज़ यहाँ माल लाते हैं और यहाँ से माल लादकर ले जाते हैं। इस बन्दरगाह में उन्हें कोई परेशानी नहीं होती।

मुम्बई भारत के राष्ट्रीय आन्दोलन का एक मुख्य केन्द्र रहा है। सुप्रसिद्ध आगा खां महल इसी महानगर में है।

मुम्बई पर्यटकों का आकर्षण-केन्द्र है। अजंता और एलीफेंटा की विख्यात गुफाओं को देखने के लिए बम्बई से स्टीमर में बैठकर जाना होता है।

मेक्सिको (MEXICO)–यह संयुक्त राज्य अमरीका के दक्षिण में और पनामा के उत्तर में स्थित एक स्वतन्त्र गणराज्य है। पहले यहाँ स्पेन का राज्य था, लेकिन 1821 में यह स्वतन्त्र हो गया। इसका क्षेत्रफल, 19,72,547 वर्ग किमी. और जनसंख्या 10,87,00,891 है। मेक्सिको नगर इसकी राजधानी है।

मेक्सिको की सभ्यता बड़ी पुरानी है। स्पेन वालों के आने के पहले यहाँ अज्तेक जाति के लोग बसते थे। वे लोग काफी सभ्य थे। उस सभ्यता के प्राचीन भग्नावशेष अभी भी मेक्सिको में यहाँ-वहाँ बिखरे हुए हैं।

मेक्सिको के घास के मैदानों में मवेशी पाले जाते हैं। खेतों में किसान अनाज पैदा करते हैं और साग-सब्जियाँ उगाते हैं। उत्तरी मेक्सिको में खानों से सोना, चाँदी, तांबा आदि निकाला जाता है। मेक्सिको के दक्षिणी क्षेत्र में दो ऊँचे-ऊँचे ज्वालामुखी पर्वत हैं। पहाड़ी इलाकों के पास ही फलों के बड़े-बड़े बाग हैं। उत्तर में टाम्पिको बन्दरगाह के पास तेल के कुछ कुएँ हैं जो उत्तरी अमरीका के सबसे अच्छे कुओं में जाने जाते हैं। यह तेल का निर्यातक देश है।

मेक्सिको के कुछ दृश्य

मैसेडोनिया (MACEDONIA)–पूर्व-युगोस्लाविया का यह गणराज्य 1991 में स्वतन्त्र हुआ। इसकी सीमाएँ बुल्गारिया, मिस्र, अल्बानिया और युगोस्लाविया से मिलती हैं। स्वाधीनता मिलने के बाद से ही नाम, झंडा और राष्ट्रीय चिह्न को लेकर यूनान (ग्रीस) के साथ इसके तीखे मतभेद उभरे, जिसके चलते संयुक्त राष्ट्र व यूरोपी समुदाय से इसे मान्यता भी नहीं मिल पाई। दो साल बाद,

1993 में युगोस्लाव रिपब्लिक ऑफ मेसेडोनिया के अस्थायी नाम से इसे संयुक्त राष्ट्र की सदस्यता मिल पाई। बाद में, यूनान के साथ इसके मतभेद कुछ कम हुए। इसका क्षेत्रफल 25,713 वर्ग किमी., जनसंख्या 20,55,915 तथा राजधानी स्कोपे है। यहाँ गरीबी बहुत है। गेहूँ, मक्का, कपास, पशुपालन यहाँ के कृषि-आधार हैं। बिजली, कोयला, इस्पात, सीमेंट के कतिपय उद्योग भी हैं।

मैंचेस्टर (**MANCHESTER**)–यह ब्रिटेन का एक सबसे बड़ा और महत्त्वपूर्ण नगर है। लम्बे समय तक यह रूई की संसार की सबसे बड़ी मंडी माना जाता रहा है। यह लंकाशायर के दक्षिण में एक नदी के किनारे बसा है। मैंचेस्टर रेल और सड़कों द्वारा ब्रिटेन के सभी बड़े नगरों से जुड़ा हुआ है। यहाँ कई बड़े-बड़े कारखाने भी हैं। मैंचेस्टर विश्वविद्यालय बहुत प्रसिद्ध है।

मैडागास्कर (**MADAGASCAR**)–1960 तक फ्रांस के अधीन रहा। यह अफ्रीका महाद्वीप के पूर्वी किनारे के पास स्थित है। यह फ्रांसीसी समुदाय का एक स्वतन्त्र सदस्य है।

इसके बीच का भाग पठारी है और किनारे की ज़मीन दलदली और जंगलों से भरी है। धान यहाँ की मुख्य उपज है। यहाँ यूरेनियम, ग्रेफाइट और सोने की खानें भी हैं। मैडागास्कर के जंगलों में विभिन्न प्रकार के विचित्र जीव पाए जाते हैं। इसका क्षेत्रफल 5,87,341 वर्ग किमी. और जनसंख्या 1,94,48,815 है। इसकी राजधानी अंतनाना रिवो है।

मोज़ाम्बीक (**MOZAMBIQUE**)–पूर्वी अफ्रीका का यह भूतपूर्व पुर्तगाली उपनिवेश 470 साल के औपनिवेशिक उत्पीड़न के बाद, मोज़ाम्बीक मुक्ति मोर्चा 'फ्रेलिमो' के प्रतिरोध आन्दोलनों के परिणामस्वरूप 1975 में मुक्त हुआ। तत्पश्चात् सत्तासीन देशभक्त क्रान्तिकारी मोर्चा और स्थानीय दक्षिणपंथी कबीलाई गिरोहों के बीच गृहयुद्ध की शुरुआत हो गई। दुर्भिक्ष जैसी प्राकृतिक आपदाओं की चपेट में भी मोज़ाम्बीक आया। यह गृहयुद्ध 15 वर्ष चला, जिसमें कोई छः लाख लोग मारे गए, दस लाख लोग निर्वासन के शिकार हुए। मोज़ाम्बिक का क्षेत्रफल 7,83,030 वर्ग किमी., जनसंख्या 2,09,05,585 और राजधानी मपूतो है। यहाँ की आधी से अधिक आबादी सहायता में प्राप्त खाद्यान्न से गुजारा करती है। वैसे कृषि फसलों और खनिज सम्पदा में यह देश बहुत समृद्ध है। काजू, चीनी, कपास यहाँ की मुख्य नकदी फसलें हैं। मक्का, केले, चावल और नारियल की फसलें भी होती हैं। खनिज सम्पदा के मामले में पन्ना के उत्पादन में दुनिया में इसका दूसरा स्थान है। टेटेलाइट के भी प्रचुर भण्डार यहाँ हैं। कोयला, हीरा और बॉक्साइट का निर्यात प्रमुख रूप से होता है।

मोंटेनेग्रो (**MONTENEGRO**)–दुनिया का यह नवीनतम राष्ट्र 3 जून, 2006 को स्वतन्त्र हुआ। पहले यह युगोस्लाविया का गणराज्य था। बाद में सर्बिया के साथ नत्थी हुआ और अन्त में स्वतन्त्र रिपब्लिक राष्ट्र बना। इसका क्षेत्रफल 14,026 वर्ग किमी., जनसंख्या 6,84,736 तथा राजधानी पोदगोरिका (प्रशासनिक) व सेतिने (**Cetinee**) राजधानी शहर है। यहाँ की 60 प्रतिशत जमीन पर ऊँचे-ऊँचे पहाड़ हैं। पहले विश्वयुद्ध से पहले यह देश स्वतन्त्र था, बाद में यह सर्बिया के अधीन हुआ और 1929 में युगोस्लाविया के अधीन हुआ। यहाँ की अर्थव्यवस्था कृषि और पशुपालन आधारित है। खाद्यान्न, तम्बाकू, अंगूर, अंजीर और जैतून आदि यहाँ की मुख्य कृषि फसलें हैं। लकड़ी की कटाई-चिराई, नमक व तम्बाकू को संसाधित करने के उद्योग हैं।

मोनाको (**MONACO**)–यूरोप का यह देश इतना छोटा है कि इसे मीलों में नहीं नापा जा सकता। इसका क्षेत्रफल लगभग 1.95 वर्ग किमी. और जनसंख्या 32,671 है। मोनाको यूरोप की मशहूर सैरगाह है। यह फ्रांस के नीस नगर से कुछ मील दूर भूमध्य सागर के किनारे बसा है। मोनाको के नगर पहाड़ी इलाकों में बसे हैं जहाँ से भूमध्य सागर का सुन्दर दृश्य दिखाई देता है। यहाँ बहुत बड़ी संख्या में पर्यटक आते हैं। मोनाको विले, फोण्टेवेली और मॉण्टे कोर्लो नगर अपने जुआघरों, नाचघरों, शानदार होटलों के कारण आपस में जुड़े से हैं। मॉण्टे कार्लो मोटर रेस, मोनाको ग्रैंड प्री, जुए और तम्बाकू पर एकाधिकार के लिए प्रसिद्ध हैं। मोनाको राजतन्त्र है। यहाँ का समुद्री वस्तुओं का संग्रहालय संसार में अपने ढंग का सबसे अच्छा संग्रहालय है।

मोरक्को (**MOROCCO**)–अफ्रीका महाद्वीप के उत्तर-पश्चिमी छोर पर स्थित मोरक्को पर, कहने के लिए, पहले एक सुल्तान का शासन था। वैसे, पूरा देश तीन भागों में बंटा था। फ्रेंच मोरक्को

फ्रांस का और स्पेनिश मोरक्को स्पेन का प्रभाव-क्षेत्र था, जबकि टेंजियर ज़ोन अन्तर्राष्ट्रीय और तटस्थ क्षेत्र माना जाता था। लम्बे संघर्ष के बाद 1956 में पूरा देश एक स्वतन्त्र प्रभुसत्ता सम्पन्न राज्य घोषित किया गया और 1962 से यहाँ संवैधानिक राजतन्त्र है।

मोरक्को का क्षेत्रफल 4,58,730 वर्ग किमी. और जनसंख्या 3,37,57,175 है। रबात इसकी राजधानी है। खजूर और अंगूर खूब

मोरक्को निवासी अपनी परम्परागत वेशभूषा में

पैदा होते हैं।

मोल्डोवा (MOLDOVA)–पूर्व-सोवियत संघ का मोल्देविया गणराज्य, जो बाद में मोलदोवा नाम से स्वतन्त्र गणराज्य बना। उक्रेन और रोमानिया इसके पड़ोसी देश हैं। यहाँ का क्षेत्रफल 33,700 वर्ग किमी., जनसंख्या 43,20,490 तथा राजधानी किशिनेव है। 1940 तक यह देश रोमानिया के अधीन था। आज भी यहाँ की मुख्य भाषाएँ रोमानियाई और उक्रेनी हैं। यहाँ की मिट्टी काली है, जो बहुत उपजाऊ है। प्रमुख खाद्यान्नों, चुकंदर, अंगूर तथा अन्य कई फलों व सब्जियों की कृषि फसलें यहाँ होती हैं। शराब, तम्बाकू, डेयरी, लकड़ी, कपड़ा, मैटेलर्जी, टी.वी. फ्रिज, वाशिंग मशीनों के उद्योग यहाँ हैं।

मौरिटानिया (MAURITANIA)–पश्चिमी अफ्रीका में स्थित यह देश एक इस्लामी गणराज्य है। यह पहले एक फ्रेंच इलाका था, जो नवम्बर 1960 में पूर्ण स्वतन्त्र हो गया। यह फ्रेंच राष्ट्रकुल का सदस्य तो नहीं है, पर फ्रांस के साथ इसके अच्छे सम्बन्ध हैं। मौरिटानिया का क्षेत्रफल 10,30,700 वर्ग किमी. और जनसंख्या 32,70,065 है। नोआकचोट इसकी राजधानी है। अधिकांश निवासी खानाबदोश हैं।

म्यांमार-बर्मा (MYANMAR)–यह भारत का एक पड़ोसी देश है और हिन्द-चीन प्रायद्वीप के पश्चिमी भाग में स्थित है। इसके उत्तर में चीन, पूर्व में लाओस और थाइलैंड, दक्षिण में बंगाल की खाड़ी और पश्चिम में भारत का असम राज्य तथा बंगलादेश और बंगाल की खाड़ी है। इसका क्षेत्रफल 6,76,553 वर्ग किमी. और जनसंख्या 4,73,73,958 है।

म्यांमार (बर्मा) पहले अंग्रेज़ों के अधीन ब्रिटिश भारत का ही एक अंग था। 1935 में इसे भारत से अलग कर दिया गया। बाद में 4 जनवरी 1948 को यह पूर्ण स्वतन्त्र देश बन गया।

म्यांमार (बर्मा) की जलवायु गरम है और यहाँ बहुत अधिक वर्षा होती है। यही कारण है कि यहाँ बहुत घने जंगल पाए जाते हैं। यहाँ के अधिकांश निवासी खेती करते हैं या मछली पकड़ने का काम करते हैं। ये लोग या तो नदियों के किनारे या समुद्र के किनारे रहते हैं। कुछ लोग जंगलों में इमारती लकड़ी के पेड़ काटते हैं। यहाँ चावल अधिक होता है और बहुत बड़ी मात्रा में बाहर भेजा जाता है। टीक की लकड़ी भी बाहर भेजी जाती है। जंगलों में टीक के भारी कुंदे हाथियों से उठवाकर नदियों में बहा दिए जाते हैं और इस तरह बड़ी-बड़ी आरा मिलों तक पहुँचाए जाते हैं। बर्मा में टीन और चाँदी तथा उच्च कोटि के लाल, जेड व कुछ अन्य रत्न भी मिलते हैं।

म्यांमार-बर्मा का सबसे बड़ा नगर रंगून है। अभी तक रंगून ही वहाँ की राजधानी थी, किन्तु अब वहाँ से हटा कर नेपीदा, जिसे पिनमाना भी कहते हैं, ले जाई जा रही है। इस डेल्टा की कुछ ज़मीन बहुत उपजाऊ है। रंगून समुद्र से 20 मील दूर स्थित है। इरावदी नदी में होकर काफी बड़े जहाज़ भी यहाँ पहुँच सकते हैं। यहाँ का दूसरा सबसे बड़ा नगर मांडले है।

बर्मी युवती अपनी परम्परागत वेशभूषा में

म्यांमार कई छोटे-छोटे राज्यों से बना एक संघीय गणराज्य है। बौद्ध धर्म यहाँ का मुख्य धर्म है। स्वतन्त्रता के बाद 26 वर्ष तक जनरल नेविन ने वहां शासन किया। 1988 के मध्य उन्हें सत्ता छोड़नी पड़ी। जून 1990 में वहाँ पहली बार, 30 वर्ष बाद, निष्पक्ष चुनाव हुए। नेशनल लीग फॉर डेमोक्रेसी को भारी बहुमत मिला। लेकिन सेना सत्ता हस्तांतरित करने में आनाकानी करती रही। लोकतन्त्र की ध्वजवाहक नेता सू की लम्बी जेलयात्राओं के बावजूद अपने लक्ष्य के लिए प्रतिबद्ध हैं।

यमन (YEMEN)–यह अरब प्रायद्वीप के दक्षिण-पश्चिमी भाग में स्थित एक छोटा-सा, किन्तु प्राचीन पहाड़ी अरब देश है। पहले यहाँ इमाम का शासन था। यमन का क्षेत्रफल 5,31,000 वर्ग कि.मी. और जनसंख्या 2,22,30,531 है। साना इसकी राजधानी है। यहाँ की अर्थव्यवस्था तेल और कृषि पर आधारित है।

यूरोप (EUROPE)–यह एशिया का पड़ोसी महाद्वीप है। कई बार यूरोप और एशिया को मिलाकर यूरेशिया के नाम से पुकारा

यूरोप का मानचित्र

जाता है। यूराल पर्वतमाला और कैस्पियन सागर को दोनों महाद्वीपों की सीमा मान लिया गया है। वास्तव में भौगोलिक दृष्टि से यूरोप की स्थिति एशिया के एक प्रायद्वीप की तरह है। स्वयं यूरोप में अनेक प्रायद्वीप हैं इसीलिए इसे कभी-कभी प्रायद्वीपों का प्रायद्वीप कहा जाता है। क्षेत्रफल की दृष्टि से यूरोप आस्ट्रेलिया के बाद संसार का सबसे छोटा महाद्वीप है लेकिन जनसंख्या की दृष्टि से एशिया के बाद यह संसार का सबसे बड़ा महाद्वीप है।

उत्तर में स्थित होने के बावजूद यूरोप के अधिकांश देशों की जलवायु सुहावनी है। अटलांटिक महासागर से जो गरम और नम हवाएँ चलती हैं वे सर्दियों में भी इन देशों को जमने नहीं देतीं। इन हवाओं के कारण वर्षा भी अच्छी हो जाती है। पूर्वी यूरोप के देशों में ठण्ड अधिक पड़ती है और वर्षा कम होती है। भूमध्य सागर के चारों ओर के देशों की जलवायु महाद्वीप के अन्य देशों की अपेक्षा गरम है, और वहाँ वर्षा भी कम होती है।

जलवायु की ही भाँति यूरोप की वनस्पति में भी भारी अन्तर है। टुंड्रा में काई के अलावा कुछ होता ही नहीं। इसके दक्षिण में एक पट्टी चली गई है जिसमें कोनिफर पेड़ों के जंगल हैं। इसके भी दक्षिण में पतझड़ी पेड़ों के जंगल और चरागाह हैं। भूमध्य सागर के देशों में छोटी घास, जैतून के पेड़ और कुछ झाड़ियाँ ही पाई जाती हैं।

यूरोप महाद्वीप में कई पर्वतमालाएँ हैं। इनमें पिरेनीज़, सियरा निवादा, कार्पेथियन और ऐपेनाइन प्रसिद्ध हैं, लेकिन आल्प्स पर्वत इन सबसे अधिक प्रसिद्ध है। यूरोप की सबसे ऊँची चोटी मोन ब्लाक है, जिसकी ऊँचाई 15,000 फुट है।

यूरोप की प्रसिद्ध नदियों में वोल्गा, डैन्यूब, डॉन, राइन, टेम्स, सीन और पो प्रमुख हैं। इनमें वोल्गा सबसे बड़ी है, जो रूस

विश्व के सात महान् आश्चर्य

ब्रिटेन की इतिहास प्रसिद्ध महारानी विक्टोरिया और राजकुमार एलबर्ट।

कुछ यूरोपीय देशों के बंदरगाह मछली पकड़ने की नावों से अटे रहते हैं

में बहती है।

इस छोटे-से महाद्वीप में अनेक देश हैं। कुछ देश तो इतने छोटे हैं कि साधारण नक्शे में उन्हें दिखाना भी सम्भव नहीं है। इनके नाम हैं—वैटिकन नगर-राज्य, लक्सेम्बर्ग, सानमारिनो, लीख्टेन्स्टाइन, ऐंडोरा और मोनाको। इसके विपरीत, इसी महाद्वीप में संसार का सबसे बड़े क्षेत्रफल वाला देश रूस है जो यूरोप के पूर्वी भाग पर फैला हुआ है।

यूरोप के एक-तिहाई निवासी खेती या मछली पकड़ने का काम करते हैं, फिर भी यूरोपीय देशों को बाहर से खाद्य सामग्री मँगानी पड़ती है। इसके बदले में यूरोपीय देश तैयार माल और मशीनें आदि बाहर भेजते हैं। इंग्लैंड, उत्तरी फ्रांस, इटली, उत्तरी जर्मनी और पश्चिमी रूस संसार के प्रसिद्ध औद्योगिक क्षेत्र हैं।

यूरोप अनेक देशों, विभिन्न भाषाओं, रीति-रिवाजों और विचारधाराओं वाला महाद्वीप है। इन प्रश्नों को लेकर पड़ोसी राष्ट्रों में कई बार युद्ध भी हुए हैं। यूरोप ने बहुत युद्ध देखे हैं। पहले मध्य एशिया की अनेक आक्रामक जातियों ने यूरोपीय देशों पर आक्रमण करके उन्हें तहस-नहस करने की कोशिश की, फिर हमारे युग में दोनों विश्वयुद्धों में यूरोपीय देशों को प्रमुख भाग लेना पड़ा।

रवाण्डा (RWANDA)—मध्य अफ्रीका के पूर्व में स्थित यह राज्य पहले रुआण्डा-बुरुण्डी राज्य का एक भाग था, जिस पर बेल्जियम और संयुक्त राष्ट्रसंघ ट्रस्टी की हैसियत से शासन करते थे। 1961 से यह एक स्वतन्त्र गणराज्य है और अब रवाण्डा कहलाता है। इसका क्षेत्रफल 26,338 वर्ग किमी. और जनसंख्या 99,07,509 है। किगाली इसकी राजधानी है। 1993 से लगातार यह देश जातीय हिंसा की लपटों में झुलस रहा है।

रूमानिया (ROMANIA)—दक्षिण-पूर्वी यूरोप के इस देश का क्षेत्रफल 2,37,500 वर्ग किमी. और जनसंख्या 2,22,76,056 है।

रूमानिया का मध्यवर्ती भाग पहाड़ी है लेकिन पूर्व और पश्चिम की ओर नीचे होते चले गए मैदानों की ज़मीन बड़ी उपजाऊ है। वर्षा भी अच्छी होती है। यहाँ की मुख्य उपज मक्का और गेहूँ है। इसके अलावा जौ, राई, चुकन्दर, अंगूर और तम्बाकू भी पैदा किया जाता है। कुछ लोग पशु-पालन भी करते हैं।

रूमानिया का किसान

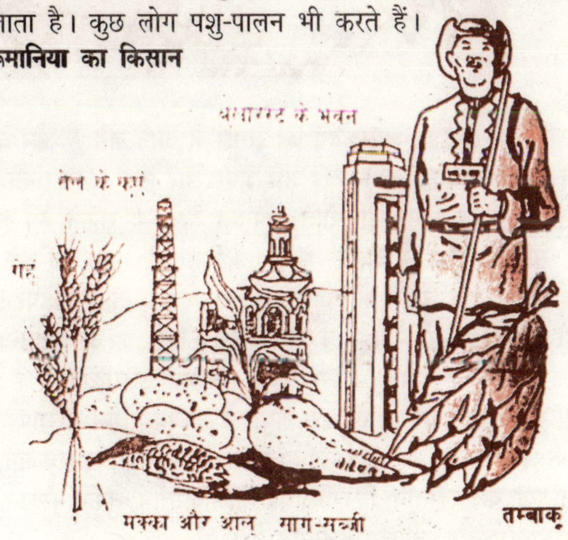

रूमानिया उन थोड़े-से यूरोपीय देशों में से है जिनमें तेल के कुएँ हैं। यहाँ कपड़े के कारखाने और आटे की चक्कियाँ हैं। 1990 तक यहां समाजवादी शासन प्रणाली थी। अब पूंजीवादी लोकतंत्र है।

यहाँ की राजधानी और सबसे बड़ा नगर बुखारेस्ट है।

रूस (RUSSIA)—1917 से पहले का रूस, जो बाद में सोवियत संघ का केन्द्रीय स्थल बना, अब फिर अपने पूर्व-रूप में वापस आ गया है और रूसी फेडरेशन के संवैधानिक नाम से जाना जाता है। क्षेत्रफल की दृष्टि से यह दुनिया का सबसे बड़ा देश है। पूर्व-सोवियत संघ का 75 प्रतिशत क्षेत्रफल और 50 प्रतिशत जनसंख्या रूस में ही है। सोवियत दौर का 70 प्रतिशत औद्योगिक और कृषि-उत्पादन भी रूस में है। 1990 में समाजवाद विरोधी लहर में सोवियत संघ का विघटन जरूर हो गया, लेकिन उसके दुष्परिणाम

रूस का मानचित्र

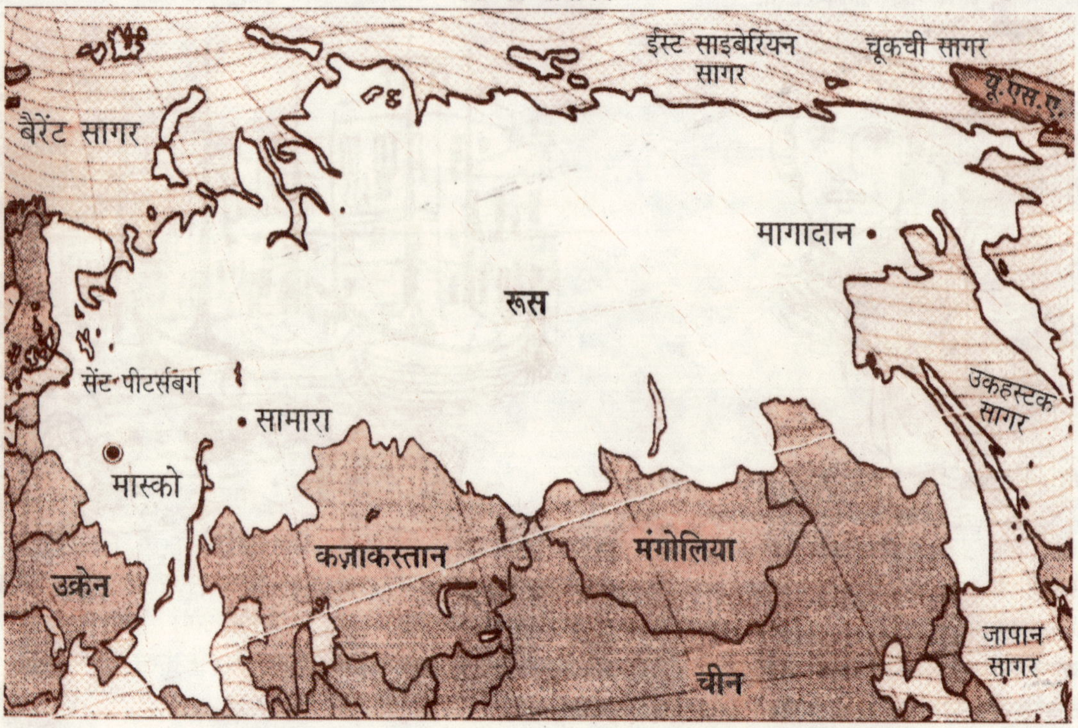

अब धीरे-धीरे वहाँ के शासकवर्ग की समझ में आने लगे हैं और वे काफी-कुछ पिछली कार्यनीतियों की ओर वापस लौट रहे हैं। अन्तर्राष्ट्रीय मामलों में भी वे विगत राजनीति अपनाते देखे जा सकते हैं।

सोवियत संघ के विघटन के बाद 8 दिसम्बर, 1991 को रूस, बाइलोरशिया और उक्रेन की पहल पर 'कामनवेल्थ ऑफ इंडिपेंडेंट स्टेट्स' नाम से एक राज्य महासंघ की स्थापना की गई, जो अन्तर्राष्ट्रीय मामलों और नियम-कानून में सोवियत संघ का उत्तराधिकारी है। इसका मुख्यालय मिंस्क में है। इस समूह में उपर्युक्त तीन संस्थापक देशों के अलावा आठ अन्य पूर्व-सोवियत देश–आर्मीनिया, अज़रबैजान, मोल्दाविया, कजाखस्तान, किरगीजिया, ताजिकिस्तान, तुर्कमेनिस्तान, उजबेकिस्तान और जार्जिया–शामिल हैं।

रूस में अब धर्म की पुनर्स्थापना हो गई है और आर्थोडाक्स चर्च, इस्लाम, यहूदी व बौद्ध धर्म को राजकीय मान्यता दे दी गई है। सोवियत दौर में राज्य के अधीन रहे सभी बड़े और लघु उद्योगों का निजीकरण हो गया है और कभी पश्चिमी देशों द्वारा सोवियत संघ से निबटने के लिए बनाए गए सैन्य संगठन 'नाटो' (नार्थ अटलांटिक ट्रीटी ऑर्गेनाइजेशन) का रूस सदस्य हो गया है। जिस ज़ार के विरुद्ध 1917 की अक्तूबर क्रान्ति हुई थी और उसे गोली मार दी गई थी उसे उसका सम्मानित रुतबा दिया गया और लेनिन-ग्राद का नाम बदल कर फिर से पीटर्सबर्ग कर दिया गया।

इस सबके बावजूद, मौजूदा दौर में अमरीका जिस तरह पूरी दुनिया को अपने शिकंजे में लेने के लिए युद्ध और षड्यन्त्रों का जाल बिछाये चला जा रहा है और समूची दुनिया एकध्रुवीय हो गई है। उस सबको देखते हुए रूस को अब शीतयुद्ध के समय वाली रणनीति और कूटनीति पर फिर से विचार करने को विवश होना पड़ रहा है।

रूस का क्षेत्रफल 1,70,75,000 वर्ग किमी. जनसंख्या 14,13,77,752 तथा राजधानी मास्को है।

रूस का स्वर्ण उद्योग दुनिया में दूसरे स्थान पर है। लौह खदान, तेल, प्लेटिनम, तांबा, जस्ता, सीसा और टिन के प्राकृतिक स्रोत भी वहाँ प्रचुर मात्रा में हैं। स्टील मिलें, बड़े बाँध, तेल और गैस उद्योग रूस की अर्थव्यवस्था के मूल आधार हैं। अनाज, कपास, आलू, चुकंदर, सूरजमुखी रूस के मुख्य कृषि उत्पाद हैं।

लन्दन (LONDON)–यह ब्रिटेन की राजधानी है। लन्दन का इतिहास बड़ा पुराना है। रोमन साम्राज्य के युग में लन्दन टेम्स नदी के किनारे बसा एक छोटा-सा गाँव था। तब इसका नाम लंदिनियम था। नार्मन युग में राजधानी बनने के बाद लंदन का बड़ी तेज़ी से विकास हुआ। धीरे-धीरे यह उद्योग और व्यापार का केन्द्र बन गया। पत्थर और ईंट के बड़े-बड़े महल और भवन बने, लेकिन अधिकांश लोग एक लम्बे समय तक लकड़ी के बने भवनों में ही रहते रहे। किसी ज़माने में लन्दन की सड़कें और गलियाँ बहुत संकरी और गन्दी थीं। कोई महामारी फैलती थी या आग लग जाती थी तो उसे रोकना कठिन हो जाता था। सन् 1665 के प्लेग और 1666 की भयानक आग में लन्दन तबाह हो गया। उस आग के बाद काफी बड़े भाग को नए सिरे से बसाया गया।

लन्दन अपने विशाल भवनों और ऐतिहासिक महलों के लिए प्रसिद्ध है। संसद भवन, वेस्टमिन्स्टर ऐबी नामक प्रसिद्ध गिरजाघर, लन्दन टॉवर आदि यहाँ के दर्शनीय स्थान हैं। बकिंघम पैलेस में ब्रिटेन का राज-परिवार रहता है। लन्दन का ब्रिटिश संग्रहालय संसार का सबसे महत्त्वपूर्ण संग्रहालय है। यहाँ ऐतिहासिक महत्त्व की बड़ी

लंदन के कुछ दृश्य

मूल्यवान वस्तुएँ और पुस्तकें सुरक्षित हैं।

लन्दन संसार का एक बहुत बड़ा व्यापारिक बन्दरगाह भी है। ज्वार का पानी टेम्स नदी में काफी दूर तक आ जाता है, जिससे बड़े-बड़े जहाज़ यहाँ तक पहुँच सकते हैं।

लक्ज़मबर्ग (LUXEMBOURG)—यूरोप के छः सबसे छोटे देशों में लक्ज़मबर्ग सबसे बड़ा है। यह जर्मनी, फ्रांस और बेल्जियम के बीच स्थित है। इसका क्षेत्रफल, 2,586 वर्ग किमी. और जनसंख्या 4,80,222 है। लक्ज़मबर्ग नगर इसकी राजधानी है। लक्ज़मबर्ग औद्योगिक रूप से बहुत विकसित देश है। इस्पात उद्योग में यहाँ के 70% लोग काम करते हैं।

लाइबेरिया (LIBERIA)—लगभग 140 साल पहले कुछ अमरीकी नीग्रो अफ्रीका के पश्चिमी तट पर बस गए और इस प्रकार लाइबेरिया देश का जन्म हुआ। लाइबेरिया भूमध्य रेखा के बहुत पास है। यह कड़ी गर्मी और भारी वर्षा वाला देश है जो जंगलों से ढका है। समुद्र के किनारे जंगलों को साफ करके खेत बनाए गए हैं। इसका क्षेत्रफल 1,11,396 वर्ग किमी. और जनसंख्या 31,95,931 है। मनरोविया इसकी राजधानी है। कसावा, कॉफी, कोको और ताड़-तेल यहां के कृषि-उत्पाद हैं। कच्चा लोहा और रबर का निर्यात होता है। 1990 से यह देश भीतरी विद्रोहों की चपेट में है।

लाओस की एक नौका

लाओस (LAOS)—दक्षिण-पूर्वी एशिया में स्थित लाओस पहले फ्रांस का एक संरक्षित क्षेत्र था। किन्तु 1949 से यह एक स्वतन्त्र राज्य है और यहाँ गणतन्त्र है। इसका क्षेत्रफल 2,36,800 वर्ग किमी., जनसंख्या 65,21,998 है। इसकी राजधानी विएनतिएन है। यहाँ के 95 प्रतिशत लोग किसान हैं। मुख्य फसलें चावल, तम्बाकू और कपास हैं।

लाटविया (LATVIA)—सोवियत संघ से अलग होकर 1991 में अलग देश बना लात्विया बाल्टिक सागर के पास है और एस्तोनिया, लिथुआनिया, बाइलोरशा और रूस इसके पड़ोसी देश हैं। लात्विया का क्षेत्रफल 63,700 वर्ग किमी., जनसंख्या 22,59,810 तथा राजधानी रिगा है। पारम्परिक रूप से कृषि-आधारित देश होने के बावजूद, शहरीकरण ने उसे आधुनिक उद्योग सम्पन्न राष्ट्र बना दिया है। जौ, राई, आलू, चुकंदर, माँस, अण्डे, डेयरी यहाँ के कृषि आधारित उत्पाद और व्यवसाय हैं। औद्योगिक दृष्टि से बिजली, रेलवे, कार, लम्बी दूरी के टेलीफोन एक्सचेंज, कागज, ऊनी वस्त्र, हौजरी, कपड़ा, चर्म उद्योग, केमिकल फाइबर्स, बस, रेडियो रिसीवर के निर्माण और निर्यात में लात्विया अग्रणी है।

लिथुआनिया (LITHUANIA)—सोवियत संघ के विघटन के बाद 1991 में यह एक स्वतन्त्र राष्ट्र बना। लात्विया, बाइलोरशा, पोलैण्ड व रूस से इसकी सीमाएँ मिलती हैं। 1940 तक यहाँ का मुख्य आर्थिक आधार खेती था, किन्तु सोवियत गणतन्त्र बनने के बाद यह पूर्ण औद्योगीकृत क्षेत्र बन गया। आलू, चुकंदर, सब्जी, माँस, दूध, अण्डे यहाँ के कृषि एवं पशु आधारित उत्पाद हैं। इसके वनांचल का क्षेत्र भी बहुत बड़ा है। खनिज सम्पदा में यहाँ के पीट कोयले के भण्डार विख्यात हैं। हैवी इंजीनियरिंग, जहाज-निर्माण, इलेक्ट्रोनिक सामग्री, रसायन, कागज, चमड़ा, चीनी, कपड़ा, यहाँ के विकसित उद्योग हैं। लिथुआनिया का क्षेत्रफल 65,200 वर्ग किमी., जनसंख्या 35,75,430 और राजधानी विलनियस (विलना) है।

लीबिया (LIBYA)—उत्तरी अफ्रीका में मिस्र और ट्यूनीशिया के बीच स्थित यह देश भूमध्य सागर के तट से लगा है और दक्षिण

में सहारा तक चला गया है। पहले यह इटली के अधीन था, किन्तु 1951 से एक स्वतन्त्र राज्य घोषित कर दिया गया। 1969 तक यहाँ राजतन्त्र था। बाद में कर्नल मुअम्मर गद्दाफी के नेतृत्व में यहाँ एक ऐसी शासन प्रणाली अस्तित्व में आई, जिसे सैनिक तानाशाही और समाजवादी साथ-साथ माना जा सकता है। इसका नाम भी बदल कर 'सोशलिस्ट पीपुल्स लीबियन अरब जम्हूरिया' कर दिया गया। इसका क्षेत्रफल 17,59,540 वर्ग किमी. और जनसंख्या 60,36,914 है। इसकी राजधानी त्रिपोली है। तेल यहाँ की अर्थव्यवस्था का मुख्य आधार है। फल और मेवे यहाँ की कृषि फसलें हैं।

लीशतेनस्तिन (LIECHTENSTEIN)–यूरोप का यह नन्हा-सा देश आस्ट्रिया और स्विट्ज़रलैंड के बीच स्थित है। इसका क्षेत्रफल 160 वर्ग किमी. और जनसंख्या 34,247 है। इसकी राजधानी वादूज़ है। यहाँ के निवासी पशुपालन करते हैं, शराब बनाते हैं और संगमरमर की खानों में काम करते हैं।

लीख्टेन्स्टाइन की अपनी कोई सेना नहीं है और पुलिस कीसंख्या भी बहुत कम है। इसका शासक एक राजा है। यह उद्योग-प्रधान अर्थव्यवस्था वाला देश है। यहाँ की कुल आबादी में एक-तिहाई विदेशी श्रमिक हैं।

लेनिनग्राद (LENINGRAD)–यह रूस का प्रमुख नगर और बन्दरगाह है। पहले इसका नाम सेंट पीटर्सबर्ग था। अब फिर वही हो गया है। यह कुछ समय तक रूस की राजधानी भी रह चुका है। इसे लगभग ढाई सौ साल पहले रूस के ज़ार पीटर महान ने बसाया था।

उस समय अटलांटिक महासागर में जाने के लिए रूस के पास अपना कोई बन्दरगाह नहीं था। फिनलैंड की खाड़ी में नेवा नदी के मुहाने पर स्थित कुछ द्वीपों पर एक नया नगर बसाने का निश्चय किया गया। दलदल में खूंटे गाड़े गए और उन पर मकानों की नींव रखी गई। दलदली ज़मीन का पानी निकाला गया और बड़े-बड़े महल और सरकारी भवन बनाए गए। कुछ ही समय में एक सुन्दर नगर बस गया। लेकिन यहाँ की जलवायु नहीं बदली जा सकी। साल में लगभग पाँच महीने तक बर्फ जम जाने के कारण यहाँ का बन्दरगाह साधारण जहाज़ों के लिए लगभग बन्द रहता है। पीटर ने अपने नाम पर इसका नाम रखा और इसे अपनी राजधानी बनाया।

ज़ारशाही का अन्त होने के बाद रूस की राजधानी फिर मास्को चली गई और सेंट पीटर्सबर्ग का नाम बदलकर लेनिनग्राद कर दिया गया। दूसरे विश्वयुद्ध में लेनिनग्राद का बड़ा नुकसान हुआ। लेकिन कुछ ही साल में यह फिर से मास्को के बाद सोवियत संघ का सबसे बड़ा नगर बन गया। सोवियत संघ के विघटन के बाद लेनिनग्राद का नाम फिर से बदलकर पीटर्सबर्ग कर दिया गया।

पीटर्सबर्ग के ऐतिहासिक विंटर पैलेस का मुख्य द्वार

लेबनान (LEBANON)–भूमध्य सागर के तट के साथ यह देश ज़मीन की एक पट्टी के रूप में स्थित है और दक्षिण में इज़राइल और उत्तर-पूर्व में सीरिया से घिरा है। यह स्वतन्त्र, जनवादी देश है जिसका ज़्यादातर भाग पहाड़ी है। अरब राज्यों में यह सबसे छोटा है। तम्बाकू, अंगूर, जैतून, गेहूँ और रेशम यहाँ की मुख्य पैदावार हैं।

लैप लोगों के लिए रेंडियर बहुत उपयोगी जीव है। वे उसका दूध पीते हैं, उसकी खाल के कपड़े बनाते हैं और उसे स्लेज गाड़ियों में जोतते हैं

इसका क्षेत्रफल 10,400 वर्ग किमी. और जनसंख्या 39,25,502 है। बेरुत यहाँ की राजधानी है।

लेसोथो (LESOTHO)–दक्षिण अफ्रीका गणराज्य में स्थित लेसोथो पहले एक ब्रिटिश उपनिवेश था और बासुतोलैण्ड के नाम से जाना जाता था। 4 अक्तूबर, 1966 को इसे स्वाधीनता मिली और संवैधानिक राजतन्त्र के अन्तर्गत यह स्वतन्त्र राज्य बना। इसका क्षेत्रफल 30,355 वर्ग किमी., जनसंख्या 21,25,262 तथा राजधानी मसेरु है। इस कृषि आधारित देश में बिजली और पनबिजली की बहुत सम्भावनाएँ हैं। मवेशी, हीरे, ऊन आदि का निर्यात होता है।

लैपलैंड (LAPLAND)–यहाँ के निवासी लैप जाति के कहलाते हैं। लैप लोगों की भाषा अलग है, लेकिन उनका कोई अलग देश नहीं है। लैपलैंड का क्षेत्रफल नार्वे, स्वीडन और फिनलैंड के उत्तरी भाग में फैला हुआ है। रूस का एक कोना भी लैपलैंड में पड़ता है।

लैपलैंड इतना अधिक उत्तर में है कि यहाँ जाड़े की ऋतु बहुत लम्बी और ठण्डी होती है। लैप लोग यहाँ के कठिन जीवन के आदी हैं। रेंडियर नामक बारहसिंगा इनका सबसे बड़ा सहायक पशु है। लैप लोग रेंडियर का दूध पीते हैं, उसका माँस खाते हैं और उसकी खाल से अपने लिए जूते, कपड़े और तम्बू वगैरह बनाते हैं। रेंडियर इनकी स्लेज गाड़ियाँ भी खींचता है। रेंडियर बर्फ पर होने वाली एक प्रकार की काई खाता है। इसी काई की खोज में लैप चरवाहे अपने तम्बू लेकर एक जगह से दूसरी जगह घूमते रहते हैं।

वाशिंगटन नगर के कुछ दृश्य

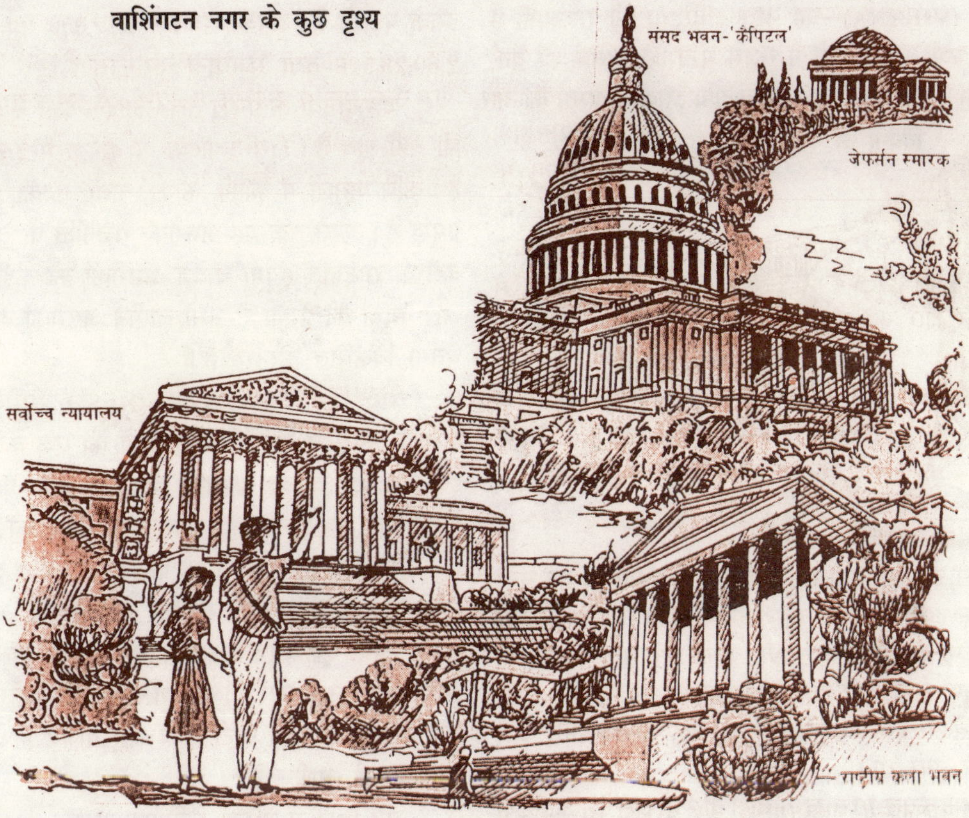

पिछले कुछ सालों में लैपलैंड में काफी परिवर्तन हुए हैं। यहाँ कच्चे लोहे की खानें मिलती हैं।

बहुत से लैप लोग मछली पकड़ने का काम करते हैं। कुछ लोग नदियों की घटियों में खेती भी करते हैं। लेकिन फिर भी रेंडियर पालना लैप लोगों का मुख्य धन्धा है।

वनुआतू (VANUATU)–प्रशान्त महासागर में 13 बड़े और 80 छोटे द्वीपों का यह समूह कभी यूरोप के समुद्री डाकुओं का अड्डा हुआ करता था। 1906 में यह फ्रांस और ब्रिटेन के नियन्त्रण में आया और न्यू हैबराड्स के नाम से जाना गया। जुलाई, 1980 में यह स्वतन्त्र हुआ और इसका नया नाम वनुआतू रखा गया। कृषि और पशुपालन आधारित यह राज्य नारियल, कॉफी और कोको से अपनी अर्थव्यवस्था जुटाता है। सुअर पालन भी बहुतायत में होता है। मैंगनीज के भण्डार भी यहाँ हैं और अधिकांश मैंगनीज जापान को निर्यात किया जाता है। इसका क्षेत्रफल 14,760 वर्ग किमी. जनसंख्या 2,11,971 तथा राजधानी विला है।

वाशिंगटन नगर (WASHINGTON, D.C.)–अमरीका की राजधानी को 'वाशिंगटन डी. सी.' (डिस्ट्रिक्ट कोलंबिया) कहा जाता है। यह संयुक्त राज्य अमेरिका का छोटा-सा भाग है। कोलम्बिया ज़िला मैरीलैंड और वर्जीनिया राज्यों के बीच में है, लेकिन वह न तो इसमें किसी राज्य में शामिल है, और न अलग से अमरीका का राज्य है। अमरीका के प्रथम राष्ट्रपति जॉर्ज वाशिंगटन ने नगर के लिए यह स्थान चुना था और उन्हीं के सम्मान में नगर का नाम वाशिंगटन रखा गया।

'कैपिटल' नाम से विख्यात अमरीकी संसद भवन और राष्ट्रपति भवन 'ह्वाइट हॉउस' यहाँ के देखने योग्य भवन हैं।

वियतनाम (VIETNAM)–यह दक्षिण-पूर्वी एशिया का एक समाजवादी देश है। यह दक्षिणी चीन सागर के साथ-साथ एक संकरी पट्टी के रूप में फैला है। पहले यह देश फ्रांस के अधीन था, परन्तु 1954 में इसे स्वतन्त्रता मिली तो इसके दक्षिणी और उत्तरी भागों में गृहयुद्ध आरम्भ हो गया। इस युद्ध में अमेरिका और साम्यवादी देशों ने दोनों भागों की सहायता की और देश को भारी हानि उठानी पड़ी। 1954 से '73 तक बहादुरी के साथ यह अमरीकी सेनाओं से लड़ता रहा। अन्ततः अमरीका को मुँह की खानी पड़ी। दोनों वियतनामों का 2 जुलाई, 1976 को एकीकरण हुआ और समाजवादी गणतान्त्रिक वियतनाम का उदय हुआ। यहाँ का क्षेत्रफल 3,29,566 वर्ग किमी. है और जनसंख्या 8,52,62,356 है। इस देश के बीचोंबीच लगभग पूरी लम्बाई में एक पर्वतश्रृंखला है। इस पर्वतमाला के एक ओर के उत्तरी भाग में रैड नदी और इसके दक्षिण में मेकांग नदी इन क्षेत्रों को उपजा ऊ बनाती है। इन क्षेत्रों में चावल खूब पैदा होता है। वियतनाम को 'धान का कटोरा' कहा जाता है।

वियतनाम मुख्यतया कृषिप्रधान देश है। मुख्य फसल चावल है और यहाँ से चावल का निर्यात भी होता है। चावल के अतिरिक्त अन्य फसलें हैं रबड़, गन्ना, कॉफी और चाय। खनिजों में कोयला, टिन, तांबा, क्रोमियम और फास्फेट उत्तरी क्षेत्र में मिलते हैं। सीमेंट, धातु का सामान, रसायन, कागज़ और कपड़ा बनाने के कारखाने देश के दक्षिणी भाग में हैं। यह कहा जा सकता है कि उत्तरी भाग जहाँ खनिज प्रधान है, वहाँ दक्षिणी भाग उद्योग प्रधान क्षेत्र है। वियतनाम की राजधानी हनोई है।

वियना (VIENNA)–यह नगर आस्ट्रिया की राजधानी है और यूरोप की सभी राजधानियों में सबसे सुन्दर है। इसके हरे वन, पर्वत और डैन्यूब नदी की घाटी के रमणीय दृश्य इसकी सुन्दरता को और भी बढ़ाते हैं।

वियना के एक प्रसिद्ध बाग का फौवारा

वियना का इतिहास बड़ा समृद्ध है। किसी ज़माने में यह नगर विशाल आस्ट्रिया-हंगरी साम्राज्य की राजधानी था। तब यह व्यापार का एक बड़ा केन्द्र था। वियना संगीत, कला और ज्ञान-विज्ञान का भी एक महत्त्वपूर्ण केन्द्र था। बीथोवेन, मोज़ार्ट, हाइडन और शूबर्ट जैसे महान संगीतकार इसी नगर में रहते थे। यह आमोद-प्रमोद और हास-विलास का नगर था।

आज वियना केवल 70 लाख आबादी वाले छोटे-से देश आस्ट्रिया की राजधानी है। देश के एक-तिहाई लोग अपनी राजधानी में ही रहते हैं। वियना को कभी-कभी 'बिना देश का नगर' कहा जाता है। यह इतना विशाल नगर है कि इस बात पर विश्वास करना कठिन हो जाता है कि आस्ट्रिया जैसे छोटे देश में वियना जैसा बड़ा नगर हो सकता है।

वेनेज़ुएला (VENEZUELA)–यह देश दक्षिणी अमरीका के उत्तरी किनारे पर स्थित है। कोलम्बिया, ब्राज़ील और ब्रिटिश इसके पड़ोसी हैं। इसका क्षेत्रफल 9,12,050 वर्ग किमी., जनसंख्या 2,60,23,528 तथा राजधानी कराकास है।

वेनेज़ुएला के कुछ दृश्य

यह दुनिया के प्रमुख तेल-उत्पादक देशों में है। खनिज सम्पदा भी यहाँ खूब है। हीरा-उत्पादकों में दुनिया में इसका आठवाँ स्थान है। कृषि फसलों में कॉफी, कोको, केला, मक्का, चावल और चीनी प्रमुख हैं। अरसे तक यह अमरीकी राजनीति के चंगुल में रहा। अब वहाँ के राष्ट्रपति ह्यूगो चावेज अमरीका को कड़ी टक्कर दे रहे हैं और क्यूबा की प्रेरणा से सभी लातीन अमरीकी देशों में समाजवादी चेतना विकसित कर रहे हैं।

वेस्ट इंडीज़ (WEST INDIES)–अमरीका के फ्लोरिडा से दक्षिणी अमरीका तक छोटे-बड़े द्वीपों की एक कतार चली गई है। इसे वेस्ट इंडीज़ या पश्चिमी द्वीपसमूह कहा जाता है। ये द्वीप अटलांटिक महासागर और कैरिबियन सागर को अलग करते हैं।

वेस्ट इंडीज़ में क्यूबा, हिस्पेनियोला, जमेका व प्यूर्टो रिको द्वीप सबसे बड़े हैं, और ये चारों ग्रेटर ऐंटिलीज में आते हैं।

क्यूबा एक स्वतन्त्र समाजवादी देश है। हिस्पेनियोला द्वीप के दो भाग हैं : हाइती और डोमिनिकन गणराज्य। ये दोनों ही अलग-अलग और स्वतन्त्र देश हैं। प्यूर्टो रिको और वर्जिन द्वीपों में से कुछ द्वीप अमरीका के अधीन हैं।

सन् 1958 में जमेका, ट्रिनिडाड, टोबागो, बारबाडोज़, सेंटकिट्स और दूसरे बहुत-से द्वीपों ने मिलकर वेस्ट इंडीज़ संघ बनाया था। सन् 1962 में ट्रिनिडाड और टोबागो इससे अलग हो गए और उन्होंने मिलकर एक स्वतन्त्र राष्ट्र का रूप लिया।

वेस्ट इंडीज़ को 'चीनी के द्वीप' कहा जाता है। हर साल यहाँ से सैकड़ों जहाज़ चीनी भरकर विदेशों को भेजी जाती है। चीनी के अलावा यहाँ से तम्बाकू, केले और कॉफी का भी निर्यात होता है।

वेस्ट इंडीज़ अपने प्राकृतिक सौन्दर्य के लिए प्रसिद्ध है

यहाँ के निवासियों के चार वर्ग हैं–(1) गन्ने के खेतों में काम करने के लिए दास बनाकर लाए गए अफ्रीकी लोगों की सन्तानें; (2) ईस्ट इंडीज़ या पूर्वी द्वीपसमूह के निवासी, जो मुख्य रूप से ट्रिनिडाड में बसे हैं; (3) यूरोपीय लोग; और (4) अश्वेत निवासी।

वेस्ट इंडीज़ के लोग कला और संगीत में रुचि रखने वाले, खेलकूद के शौकीन और निश्चिन्त जीवन बिताने वाले लोग हैं।

वेटिकन नगर का एक स्विस पहरेदार

वैटिकन सिटी (VATICAN CITY)–वैटिकन नगर-राज्य की गिनती विश्व के सबसे छोटे देशों में होती है। यह एक स्वतन्त्र देश है जो इटली के रोम नगर के बीच में स्थित है। इसका क्षेत्रफल 0.4 वर्ग किमी., जनसंख्या 900 और राजधानी वैटिकन सिटी है।

इस देश का नाम वैटिकन नगर इसलिए पड़ा क्योंकि इसमें पोप का महल 'वैटिकन' है। इस देश का प्रधान पोप ही है। वही राज्य के गवर्नर को नियुक्त करता है।

इस छोटे-से देश का अपना स्वतन्त्र प्रबन्ध है। इसके अपने डाक-तार घर, टेलीफोन और प्रसारण केन्द्र तथा रेलवे स्टेशन हैं।

शंघाई बंदरगाह में छोटी-छोटी नावों की भीड़ लगी रहती है। इन नावों को साम्पान कहते हैं।

इसका झण्डा, मुहर और मुद्रा सब अलग हैं। ईसाइयों के रोमन कैथोलिक सम्प्रदाय का प्रधान केन्द्र होने के कारण पोप के हज़ारों भक्त यहाँ रोज़ आते हैं।

शंघाई (SHANGHAI)–चीन का प्रमुख बन्दरगाह शंघाई चीन का सबसे बड़ा नगर है। शंघाई यांत्सी नदी की सहायक नदी ह्वांगपू के किनारे से लगभग 13 मील हटकर बसा है।

शंघाई विशाल यांत्सी घाटी का द्वार है। इस घाटी में लगभग बीस करोड़ चीनी रहते हैं। इस घाटी का केन्द्र शंघाई ही है। यह जल, स्थल और हवाई–तीनों मार्गों से घाटी से जुड़ा हुआ है।

शुरू में शंघाई मछेरों का एक छोटा-सा गाँव था। उन्नीसवीं सदी में अंग्रेज़, अमरीकी और फ्रांसीसी व्यापारियों के आगमन से यह एक महानगर बना। शंघाई एक बहुत बड़ा व्यापारिक नगर भी है।

शिकागो के कुछ दृश्य

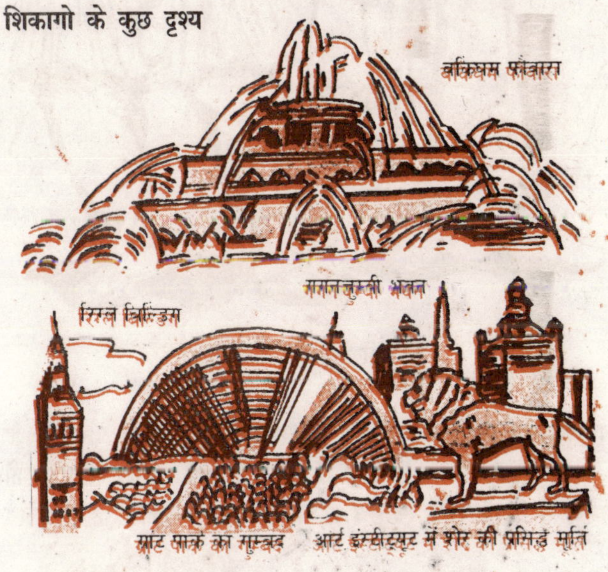

शिकागो (CHICAGO)–यह अमरीकी महानगर है। अमरीका में न्यूयार्क को छोड़कर सभी नगर इससे छोटे हैं।

शिकागो अमरीका का सबसे बड़ा रेलवे केन्द्र है। यहाँ से डिब्बों में बन्द माँस बहुत बड़े पैमाने पर बाहर भेजा जाता है। यह दुनिया के सबसे बड़े इस्पात-निर्माता क्षेत्रों में माना जाता है। शिकागो उत्तरी अमरीका का एक महत्त्वपूर्ण बन्दरगाह भी है। यह महानगर सन् 1830 में एक गाँव के रूप में बसाया गया था। तब इसके वर्तमान रूप के बारे में कोई सोच भी न सकता था।

श्रीलंका (SRI LANKA)–भारत के दक्षिण में, हिन्द महासागर में, श्रीलंका द्वीप स्थित है। यह भारत का एकदम निकट का पड़ोसी है। इन दोनों देशों को पाक-जलसन्धि अलग करती है, जो बहुत संकरी है। भारत के दक्षिणी छोर से श्रीलंका का उत्तरी छोर लगभग तेरह मील दूर है। श्रीलंका का क्षेत्रफल 65,610 वर्ग किमी. और

श्रीलंका का नृत्य

जनसंख्या 2,09,26,315 और राजधानी कोलम्बो है।

श्रीलंका के उत्तरी भाग में भारत मूल के तमिल लोग काफी समय से अपने लिए स्वतन्त्र राज्य की माँग करते रहे हैं, इसलिए

पोलन्नरूव (श्रीलंका) के समीप शयन-मुद्रा में बुद्ध की विशाल-मूर्ति

1985 से वहाँ संघर्ष प्रारम्भ हुए। भारतीय शान्ति सेना वहाँ शान्ति स्थापना के लिए भेजी गई थी। आशा है कि स्थानीय दलों के आपसी विचार-विमर्श से शान्ति स्थापित हो और तमिलों को सुरक्षा प्राप्त हो।

दक्षिणी श्रीलंका में बहुत-से पहाड़ हैं। यहाँ की 'आदम की चोटी' बहुत प्रसिद्ध है। इस चोटी पर पैर के निशान की शक्ल का लगभग पाँच फुट लम्बा एक निशान है जिसे आदम का पदचिह्न कहा जाता है। श्रीलंका के जंगलों में आबनूस की कीमती लकड़ी पाई जाती है। यहाँ कीमती जवाहरात और मोती भी मिलते हैं। इसके अलावा यहाँ लोहे की खानें भी हैं। श्रीलंका की मुख्य पैदावार चाय, कॉफी, चावल, रबर, तम्बाकू और नारियल है।

संयुक्त अरब अमीरात (UNITED ARAB EMIRATES)– इसमें फारस की खाड़ी में स्थित सात शेखों के राज्य–अबूधाबी, दुबई, शारजाह, उम्म-अल-कुवैन, अजमान, फुजुंइराह और रस अल ख़ैमा–शामिल हैं। मूल रूप से यह 2 दिसम्बर, 1971 को गठित हुआ। अबूधाबी संयुक्त अरब अमीरात की राजधानी है और दुबई मुख्य बन्दरगाह। इसकी समूची अर्थव्यवस्था तेल पर निर्भर है। इसका क्षेत्रफल 82,880 वर्ग किमी. और जनसंख्या 44,44,011 है।

सऊदी अरब (SAUDI ARABIA)–अरब प्रायद्वीप का लगभग अस्सी प्रतिशत भाग सऊदी अरब राज्य के अन्तर्गत है। मुसलमानों के दो प्रसिद्ध तीर्थस्थान मक्का और मदीना इसी में हैं। यहाँ राजतन्त्र है और शाह को सलाह देने के लिए एक मन्त्रिपरिषद है जिसका अध्यक्ष प्रधानमन्त्री होता है। सऊदी अरब का क्षेत्रफल 22,50,070 वर्ग किमी. और जनसंख्या 2,76,01,038 है। रियाद इसकी राजधानी है। तेल के विशाल भण्डारों के कारण यह समृद्धतम देश है।

सर्बिया (SERBIA)–यह पूर्व युगोस्लाविया गणराज्य का नया नाम है। इसका क्षेत्रफल 88,361 वर्ग किमी., जनसंख्या 1,01,50,765 तथा राजधानी बेओग्राद है। सर्बिया का इतिहास पीछे 1918 तक जाता है। तब सर्बों, क्रोटों और स्लोवानियों ने मिलकर एक शाही राज्य की स्थापना की थी। 1929 में उसका नाम बदलकर युगोस्लाविया कर दिया गया। दूसरे विश्वयुद्ध में जब नाजी जर्मनी ने युगोस्लाविया पर कब्जा कर लिया, तो मार्शल टीटो आगे आए और उनकी अगुआई में शानदार प्रतिरोध आन्दोलन चला। दूसरे विश्वयुद्ध के बाद टीटो के ही नेतृत्व में युगोस्लाविया एक विशाल समाजवादी राज्य-संघ के रूप में पुनर्गठित हुआ और उसने दुनिया में अपनी एक हैसियत बनाई। 1990 की समाजवाद विरोधी लहर का प्रभाव युगोस्लाविया पर भी पड़ा और तब से वह लगातार बिखराव, हिंसा, विद्रोह, युद्ध और दमन की चपेट में है। वह दौर अब भी थमा नहीं है। स्लोवेनिया, क्रोएशिया, मेसेदोनिया, बोस्निया-हर्जेगोविना आदि सभी 1991-92 में अलग हो गए और अपनी स्वतन्त्रता की घोषणा कर दी। 1992 में सर्बिया और मोंटेनेग्रो ने एक नए युगोस्वालिया फेडरेशन की स्थापना की। दमन और उत्पीड़न का दौर तेज हुआ, तो संयुक्त राष्ट्र ने सर्बिया पर आर्थिक प्रतिबन्ध लगा दिए। युद्धों का और बर्बादी का दौर और तेज हुआ। अमरीका और पश्चिमी देशों ने आग में घी डालने का काम किया। नाटो ने सर्बिया पर बमबारी की। काफी दूर तक साथ देने के बाद, अन्त में, जनादेश के आधार पर मोंटेनेग्रो भी 2006 में फेडरेशन से अलग हो गया और अपनी स्वतन्त्रता की घोषणा कर दी। इस तरह अन्ततः अब सर्बिया एक अलग देश है और कोसोवो व वोयेवोदिना उसके स्वशासित क्षेत्र हैं। कोसोवो (क्षेत्रफल 10,887 वर्ग किमी., जनसंख्या 20 लाख) की राजधानी प्रिस्टीना और वोयेवोदिना (क्षेत्रफल 21,506 वर्ग किमी., जनसंख्या 20 लाख 50 हजार) की राजधानी नोवी साद है।

गेहूँ, मक्का, शकरकंद, तम्बाकू, लकड़ी सर्बिया के कृषि-उत्पाद हैं। पशुपालन भी एक पेशा है। बिजली, कोयला, लोहा, इस्पात, सीमेंट, मोटरगाड़ियाँ, लकड़ी के सामान और पर्यटन यहाँ के औद्योगिक आधार हैं।

साइप्रस (CYPRUS)–भूमध्य सागर का यह द्वीप पहले ब्रिटिश साम्राज्य का एक उपनिवेश था। अगस्त, 1960 में यह स्वतन्त्र हुआ और 1961 में ब्रिटिश राष्ट्रमण्डल का सदस्य बन गया। साइप्रस में ग्रीक और तुर्क लोग रहते हैं और गणराज्य व्यवस्था है। इसका क्षेत्रफल 9,251 वर्ग किमी. और जनसंख्या 7,88,457 है। निकोसिया इसकी राजधानी है। उत्तरी साइप्रस पर तुर्की का अधिकार है। सब्जियाँ और फल यहाँ की कृषि फसलें हैं। इन्हीं का निर्यात होता है। कुछेक उद्योग भी हैं।

साओ तोमे एंड प्रिंसिप (SAO TOME & PRINCIPE)–गिनी की खाड़ी में गैबोन से 125 मील दूर स्थित दो द्वीपों का यह देश 1975 में पुर्तगाल की अधीनता से आजाद हुआ। इसमें कई छोटे-छोटे निकटवर्ती टापू भी शामिल हैं। इसका क्षेत्रफल 924 वर्ग किमी., जनसंख्या 1,99,579 और राजधानी साओ तोमे है। यह विषुवत् रेखा के उत्तर में स्थित है, अतः गर्मी का मौसम काफी गर्म रहता है। वर्षा भी काफी होती है। नारियल यहाँ की एकमात्र उपज है, जिसका निर्यात होता है। खाद्य वस्तुएँ लगभग सभी बाहर से मँगानी होती हैं। साबुन और पेय पदार्थों का निर्माण यहाँ के एकमात्र उद्योग हैं।

सान मारिनो (SAN MARINO)–मोनाको और वैटिकन नगर-राज्य के बाद सान मारिनो विश्व का सबसे छोटा देश है। यह यूरोप के ऐपेनाइन पर्वतमाला में स्थित है और इसके चारों ओर इटली फैला हुआ है। सान मारिनो के प्रायः सभी निवासी किसान हैं। सान मारिनो यूरोप का प्राचीन देश होने का दावा करता है, क्योंकि इसकी स्थापना 301 ई. में की गई थी। इसका क्षेत्रफल 61 वर्ग किमी. और आबादी 29,615 व राजधानी सान मारिनो है।

सिंगापुर (SINGAPORE)–अगस्त, 1965 में एक स्वतन्त्र गणराज्य के रूप में अस्तित्व में आया सिंगापुर एक छोटा द्वीप है, जिसके आसपास 54 अन्य छोटे-छोटे टापू हैं। यह मलाया प्रायद्वीप के दक्षिणी सिरे पर स्थित है और पुल द्वारा प्रायद्वीप से संपर्कित है। इसका क्षेत्रफल 613.3 वर्ग किमी., जनसंख्या 45,53,009 तथा राजधानी सिंगापुर सिटी है। यहाँ मिलीजुली चीनी, मलय एवं भारतीय आबादी है, जिसमें सबसे बड़ा प्रतिशत (76.5%) चीनियों का है। सिंगापुर कई दक्षिण-पूर्वी एशियाई देशों का प्रमुख व्यापारिक केन्द्र है। टिन शोधन, रबड़ के सामान, लकड़ी से बनी वस्तुएँ, जहाज निर्माण, कपड़ा व इलेक्ट्रोनिकी वस्तुएँ यहाँ के उद्योगों का आधार हैं। पर्यटन उद्योग भी काफी विकसित है। रबड़ व टिन का निर्यात होता है।

सिएरा लिओन (SIERRA LEONE)–अफ्रीका महाद्वीप के पश्चिमी तट पर यह एक प्रायद्वीप है, जो पहले ब्रिटेन का उपनिवेश और संरक्षित क्षेत्र था। 1961 में यह पूर्ण स्वतन्त्र हो गया और 1971 में गणराज्य बना। सिएरा लिओन का क्षेत्रफल 71,740 वर्ग किमी. और जनसंख्या 61,44,562 है। फ्रीटाउन इसकी राजधानी है। यह हीरों का उत्पादक देश है।

सिकंदरिया (ALEXANDRIA)–मिस्र को जीत लेने के बाद सिकंदर ने नील नदी के मुहाने पर एक नगर बसाया जिसका नाम सिकंदरिया रखा गया। जल्दी ही सिकंदरिया दुनिया के सबसे महत्त्वपूर्ण और सुन्दर नगरों में गिना जाने लगा और व्यापार का प्रमुख केन्द्र हो गया।

सिकंदरिया नगर के केन्द्रीय भाग का एक दृश्य

सिकन्दर के बाद मिस्र के बादशाह तोलेमी प्रथम ने सिकंदरिया में एक विशाल पुस्तकालय बनवाया, जिसमें लगभग सात लाख पुस्तकें थीं। सिकंदरिया में एक विशाल प्रकाश-स्तम्भ था, जो बाद में एक भूकम्प के कारण गिर गया। इस प्रकाश-स्तम्भ की गणना प्राचीन विश्व के सात आश्चर्यों में की जाती थी। अठारहवीं सदी तक आते-आते सिकंदरिया की पुरानी शान खत्म हो चली, क्योंकि अनेक बार विदेशियों ने इस नगर को लूटा और बर्बाद किया। किन्तु

सिकंदरिया का प्राचीन प्रकाश-स्तंभ, जो संसार का एक आश्चर्य माना जाता था। वह चौदहवीं सदी में एक भूकम्प में नष्ट हो गया

उन्नीसवीं सदी में एक बन्दरगाह बनाया गया और एक नहर खोदकर सिकंदरिया को उससे मिला दिया गया। इस तरह एक बार फिर सिकंदरिया एक महत्त्वपूर्ण बन्दरगाह बन गया।

आजकल सिकंदरिया मिस्र का एक प्रमुख बन्दरगाह और दस लाख से अधिक आबादी वाला नगर है।

सीरिया (SYRIA)–पश्चिमी एशिया में मरुद्यान के भीतर यह एक सूखा और बंजर देश है, जो कभी ओटोमन साम्राज्य का एक भाग था। प्रथम विश्वयुद्ध के बाद यह फ्रेंच मेंडेट के अधीन आ गया और द्वितीय विश्वयुद्ध के बाद 1946 में एक स्वतन्त्र गणराज्य बन गया। सीरिया अरब-इज़रायल संघर्ष में 1948 से ही जुड़ा रहा है। आज भी इस सन्दर्भ में इसका नाम प्रमुखता में आता है। सीरिया का क्षेत्रफल 1,93,14,747 वर्ग किमी. और जनसंख्या 1,88,81,361 है। इसकी राजधानी दमिश्क है। तेल समृद्ध देश है। तेल ही यहाँ का प्रमुख निर्यात है। कपास, गेहूँ, तम्बाकू और जैतून कृषि फसलें हैं। कुछेक छोटे उद्योग भी हैं।

सूडान (SUDAN)–अफ्रीका महाद्वीप में स्थित यह देश उत्तर में लीबिया और मिस्र, पूर्व में लाल सागर और इथियोपिया, दक्षिण में उगांडा, केनिया और कांगो तथा पश्चिम में चाड गणराज्य, मध्य अफ्रीकी गणराज्य और लीबिया से घिरा है। 1936 की एक सन्धि के अनुसार इस पर पहले ब्रिटेन और मिस्र की ओर से गवर्नर-जनरल का शासन था, लेकिन 1956 से यह एक पूर्ण स्वतन्त्र देश है। पिछले 16 वर्षों से दि सूडानीज़ पीपुल्स लिबरेशन आर्मी और इस्लामिक सरकार के बीच गृहयुद्ध और भुखमरी के कारण वहाँ जनजीवन की बड़ी क्षति हो रही है। इसका अधिकतर भाग रेगिस्तानी है। संसार को अरबी गोंद मुख्यतया सूडान से ही प्राप्त होता है। इसका क्षेत्रफल 25,05,813 वर्ग किमी. और जनसंख्या 3,93,79,358 है। खार्तुम इसकी राजधानी है।

सूडान के मरूद्यान खजूर के लिए प्रसिद्ध हैं

सूरीनाम (SURINAME)–विगत में डच-गायना के नाम से जाना जाता रहा यह देश 25 नवम्बर, 1975 को एक स्वतन्त्र देश बना और सूरीनाम के नाम से नक्शे पर दर्ज हुआ। दक्षिणी अमरीका के उत्तर-पूर्वी तट पर स्थित सूरीनाम का क्षेत्रफल 1,63,820 वर्ग किमी., जनसंख्या 4,70,784 और राजधानी परिमारिबो है। यहाँ की आबादी में एक काफी बड़ा हिस्सा प्रवासी भारतीयों का है, जिनके पूर्वज आज से कोई सौ-सवा सौ साल पहले गन्ने के खेतों में मजदूरी करने के लिए ले जाए गए थे। चावल यहाँ की मुख्य कृषि फसल है। खनिज सम्पदा में बॉक्साइट यहाँ की अर्थव्यवस्था का सर्वप्रमुख घटक है। दुनिया में सबसे अधिक बॉक्साइट यहीं होता है। यहाँ से 90 प्रतिशत निर्यात बॉक्साइट, एल्यूमीनियम और एल्यूमिना का ही होता है।

सेंट किट्स-नेविस (St. KITTS-NEVIS)–पूर्वी कैरिबियन सागर में स्थित दो द्वीपों का यह समूह 8 सितम्बर, 1983 को स्वतन्त्र राज्य बना। पहले, 1967 से इन्हें ब्रिटेन के साथ सह राज्य का दर्जा मिला चला आ रहा था। इसका क्षेत्रफल 269 वर्ग किमी., जनसंख्या 39,349 और राजधानी बस्सेटेरे हैं। यहाँ अधिसंख्य आबादी अश्वेतों की है। अर्थव्यवस्था का मुख्य आधार कृषि है–कपास और गन्ना मुख्य फसलें हैं।

सेंट विंसेंट एण्ड दी ग्रेनाडाइंस (St. VINCENT AND THE GRENADINES)–सेंट विंसेंट विंडवार्ड द्वीप समूह का एक द्वीप है, जो बारबडोस के पश्चिम में स्थित है। 1969 में यह ब्रिटेन का सह राज्य बना और 27 अक्तूबर, 1979 को स्वतन्त्र हुआ। ग्रेनाडाइंस छोटे-छोटे टापुओं का एक समूह है, जिनका कुल क्षेत्रफल 43 वर्ग किमी. है। यहाँ की आबादी यूरोपी नीग्रो और कैरीबियाई इंडियनों के मिश्रित मूल की संकर प्रजाति है। इसका कुल क्षेत्रफल 388 वर्ग किमी., जनसंख्या 1,18,149 तथा राजधानी किंग्स टाउन है। यहाँ की अर्थव्यवस्था का मूलाधार केले, अरारुट, नारियल, कपास, मसाले आदि कृषि-उत्पाद हैं। खाद्य वस्तुओं का प्रसंस्करण, इलेक्ट्रोनिकी उपकरणों का निर्माण, कपड़े और पर्यटन यहाँ के उद्योग हैं।

सेंट लूसिया (St. LUCIA)–कैरीबियन के पूर्वी भाग में स्थित सेंट लूसिया विंडगार्ड समूह का दूसरा सबसे बड़ा द्वीप है। 1814 में फ्रांस ने इसे ब्रिटेन को सौंपा था। 1967 में इसे स्वशासन का अधिकार मिला और 22 फरवरी, 1979 को यह पूरी तरह स्वतन्त्र हो गया। यहाँ 17 सदस्यीय विधायिका है। कैस्ट्रीज़ (Castries) यहाँ की राजधानी है। सेंट लूसिया का क्षेत्रफल 619 वर्ग किमी. तथा जनसंख्या 1,70,649 है। यहाँ की अर्थव्यवस्था कृषिप्रधान है। नारियल, केला और कोको मुख्य कृषि फसलें हैं। साबुन, प्लास्टिक, सिले-सिलाए कपड़े और बियर यहाँ की औद्योगिक सक्रियता में आते हैं।

सेनेगल (SENEGAL)–पश्चिमी अफ्रीका में स्थित सेनेगल पहले फ्रांस के अधीन था, किन्तु 1960 में यह एक स्वतन्त्र गणराज्य बन गया। आरम्भ में यह माली संघ में शामिल था, पर शीघ्र ही उससे अलग हो गया। इसका क्षेत्रफल 1,96,162 वर्ग किमी. और जनसंख्या 1,25,21,851 है। दकार इसकी राजधानी है।

सेशेल्स (SEYCHELLES)–पश्चिमी हिन्द महासागर में स्थित सेशेल्स खूबसूरत द्वीपों का एक समूह, जिसमें लगभग 92 द्वीप सम्मिलित हैं। इसका मुख्य द्वीप माहे राजधानी-द्वीप का रुतबा रखता है। यहाँ की राजधानी विक्टोरिया इसी द्वीप में है। 1767 में जब फ्रांसीसियों ने इसकी खोज की और बस्तियाँ बसानी शुरू कीं, तब यह निपट निर्जन था। 1794 में ब्रिटेन ने इस द्वीपसमूह पर कब्जा कर लिया। 1814 से मॉरिशस के एक हिस्से के रूप में इसकी शासन-व्यवस्था चलती रही और 1903 में इसे एक स्वतन्त्र उपनिवेश की हैसियत मिली। 29 जून, 1976 को यह द्वीप-समूह स्वतन्त्र हुआ। जून, 1993 से यहाँ बहुदलीय शासन प्रणाली है। सेशेल्स द्वीप-समूह का क्षेत्रफल 308 वर्ग किमी. तथा जनसंख्या 81,895 है। नारियल, दालचीनी, चाय, वनीला यहाँ की प्रमुख कृषि-फसलें हैं। खाद्य प्रसंस्करण, मछली व पर्यटन यहाँ की औद्योगिक गतिविधियाँ हैं।

सैमोआ (SAMOA)–यह ज्वालामुखी-निर्मित नौ द्वीपों का समूह है और आस्ट्रेलिया से लगभग 2,000 मील दूर दक्षिण-पश्चिम प्रशान्त महासागर में स्थित है। इसका पूर्वी भाग अमरीका के अधीन है और उसकी राजधानी फोगोटोगो है। पश्चिमी सैमोआ में 4 द्वीप हैं। 1 जनवरी, 1962 को यह पूर्ण स्वतन्त्र देश बना। इसका क्षेत्रफल 2,835 वर्ग किमी. जनसंख्या 2,14,265 और राजधानी एपिआ है।

सोमालिया (SOMALIA)–यह देश पूर्वी अफ्रीका में स्थित है और पहले के ब्रिटिश सोमालीलैंड और इटेलियन सोमालिया से बना एक स्वतन्त्र गणराज्य है। यहाँ गणराज्य की स्थापना 1960 में हुई थी। सोमालिया उत्तर में अदन की खाड़ी, पूर्व और दक्षिण में हिन्द महासागर और पश्चिम में केनिया तथा इथियोपिया से घिरा है। इसका क्षेत्रफल 6,37,657 वर्ग किमी. और जनसंख्या 91,18,773 है। मोगाडिशु इसकी राजधानी है। 1992 से सोमालिया भीषण सूखे और गृहयुद्ध के बीच अराजकता की गिरफ्त में रहा है। दस वर्ष बाद अगस्त, 2006 में पहली बार नए राष्ट्रपति का निर्वाचन सम्भव हो पाया। अब अमरीका की शह पर इथियोपिया ने उस पर हमले किए हैं।

सोलोमन द्वीपसमूह (SOLOMON ISLANDS)–दक्षिण-पश्चिमी प्रशान्त क्षेत्र में पापुआ-न्यू गिनी के पूर्व में स्थित यह द्वीपसमूह अतीत में एक ब्रिटिश संरक्षित क्षेत्र था। 1978 में यह स्वतन्त्र हुआ। यहाँ के शासन का स्वरूप संवैधानिक राजतन्त्र का है। इसका क्षेत्रफल 29,758 वर्ग किमी., जनसंख्या 5,66,842 तथा राजधानी होनियारा है। नारियल यहाँ की मुख्य नकदी फसल है। चावल मुख्य खाद्य फसल है। मछली यहाँ के जीवन और अर्थव्यवस्था का मूल आधार है। भोजन में भी इसका उपयोग होता है और निर्यात भी किया जाता है। मछली प्रसंस्करण, चावल की पालिश, तम्बाकू यहाँ के प्रमुख उद्योग हैं।

स्पेन (SPAIN)–पुर्तगाल के पश्चिम में स्थित यह देश किसी ज़माने में यूरोप का सबसे अधिक शक्तिशाली देश था। सन् 1492 में कोलम्बस ने अमरीका की खोज की, तो स्पेन एक विशाल औपनिवेशिक साम्राज्य बन गया। 1588 में इंग्लैंड द्वारा स्पेनिश अरमाडा की पराजय के बाद स्पेन एक लघु प्रायद्वीपीय शक्ति के रूप में सिमट गया। 1939 में यह जनरल फ्रांको की तानाशाही की गिरफ्त में चला गया। 1975 में फ्रांको की मृत्यु के बाद यहाँ संवैधानिक राजतन्त्र की स्थापना हुई। इसका क्षेत्रफल 5,04,750 वर्ग किमी., जनसंख्या 4,04,48,191 तथा राजधानी माद्रिद है।

स्पेन के कुछ दृश्य

'बुल फाइटिंग' (सांड़ की लड़ाई)

स्पेनी फ्लामेंको नृत्य

स्पेन का अन्दरूनी भाग एक बड़ा सूखा पठार है। पठार के मध्य में स्पेन की राजधानी और सबसे बड़ा नगर माद्रिद है। यह रेलों, हवाई मार्ग, व्यापार शिक्षा और आमोद-प्रमोद का केन्द्र है। स्पेन का प्रसिद्ध खेल 'बुल फाइटिंग' या सांड से युद्ध वहाँ देखा जा सकता है।

स्पेन के समुद्रतट के पास के निचले प्रदेशों में लोहे की खानें हैं। वहाँ नदियों के पानी से बिजली प्राप्त की जाती है और उससे धातुओं का सामान बनाने वाले कारखाने चलते हैं।

स्पेन के ग्रैनाडा नगर के पास प्राचीन मूर लोगों का प्रसिद्ध किला—'अल्हाम्ब्रा'

बार्सीलोना स्पेन का दूसरा प्रमुख नगर है। यह कपड़े की मिलों के लिए प्रसिद्ध है।

स्पेन के भूमध्य सागरीय तट पर अंगूर, संतरा, नींबू और जैतून के बड़े-बड़े बाग हैं। यहाँ फलों से बढ़िया शराब बनाई जाती है।

स्लोवाकिया (SLOVAKIA)—चेकोस्लोवाकिया नामक पूर्वी योरोप का संघीय गणराज्य 1990 की समाजवाद विरोधी लहर के दौरान विघटित हुआ, तो जनवरी 1993 में दो अलग-अलग देश अस्तित्व में आए—1. चेक 2. स्लोवाकिया। स्लोवाकिया की सीमाएँ पोलैण्ड, उक्रेन, चेक गणराज्य, ऑस्ट्रिया और हंगरी को छूती हैं। इसका क्षेत्रफल 49,036 वर्ग किमी., जनसंख्या 5,47,502 तथा राजधानी ब्रातिस्वावा (**Bratislava**) है। चेक और स्लोवाकिया जब एक संयुक्त देश थे, औद्योगिक दृष्टि से स्लोवाकिया तब भी अल्प विकसित था। गेहूँ, जौ, आलू, सब्जी, फल और चुकंदर यहाँ की प्रमुख कृषि फसलें हैं। मेटलर्जी, इंजीनियरिंग, केमिकल, टेक्सटाइल यहाँ के प्रमुख उद्योग हैं। केमिकल, प्लास्टिक, ट्रेक्टर और इलेक्ट्रोनिक वस्तुओं का निर्यात होता है। कोयला की कुछ खानें भी हैं।

स्लोवेनिया (SLOVENIA)—स्लोवेनियों का इतिहास 6वीं-7वीं सदी तक जाता है। तब भी वे इसी क्षेत्र में बसे थे। 9वीं सदी में उन पर जर्मनों का प्रभुत्व हो गया। 1848 में एकीकरण के लिए संघर्ष की शुरुआत हुई और 1918 में यह क्षेत्र और यहाँ के स्लोवानी मूल निवासी नवगठित युगोस्लाविया का अंग हो गए। टीटो के नेतृत्व वाले युगोस्लाव संघ में सबसे अधिक समृद्ध स्लोवानिया गणराज्य ही था। 25 जून, 1991 को यह युगोस्लाविया से अलग हुआ और फरवरी, 1992 में यूरोपीय समुदाय ने स्वतन्त्र देश के रूप में इसे मान्यता दे दी। मई, 1992 में इसे राष्ट्रसंघ की सदस्यता मिल गई। मई, 2004 को इसे यूरोपी समुदाय में शामिल कर लिया गया। स्लोवेनिया का क्षेत्रफल 20,251 वर्ग किमी., जनसंख्या 20,09,245 तथा राजधानी ल्यूब्लियाना है। गेहूँ, आलू, मक्का, लकड़ी और पशुपालन यहाँ के कृषि-उत्पाद हैं। स्टील, टेक्सटाइल, बिजली, मोटरवाहन, सल्फ्यूरीक एसिड और बॉक्साइट यहाँ के प्रमुख उद्योग हैं।

स्वाज़ीलैण्ड (SWAZILAND)— स्वाज़ीलैण्ड तीन तरफ से दक्षिण अफ्रीका से घिरा है। पूर्व में मोज़ाम्बीक से इसकी सीमाएँ लगती हैं। पहले यह ब्रिटिश संरक्षित क्षेत्र था। 6 सितम्बर, 1968 को इसे औपनिवेशिक शासन से मुक्ति मिली और 1973 में शासन के समस्त अधिकार राजा को मिल गए। 1978 में सभी राजनीतिक दलों पर प्रतिबंध लगा दिया गया। 1990 के दशक में अन्ततः राजशाही के अन्तर्गत बहुदलीय शासन प्रणाली की व्यवस्था सम्भव हुई। अब यहाँ संवैधानिक राजतन्त्र है। स्वाज़ीलैण्ड का क्षेत्रफल 17,363 वर्ग किमी., जनसंख्या 1,33,066 तथा राजधानी म्बाबने (**Mbabane**) है। यहाँ की अर्थव्यवस्था का मुख्य आधार चीनी है। कपास, चावल, मक्का और नीबू प्रजाति के फल भी यहाँ की प्रमुख कृषि फसलें हैं। यहाँ पशुधन भी अर्थव्यवस्था का महत्त्वपूर्ण स्रोत है। सीमेण्ट, लोहा और कोयला यहाँ की मुख्य खनिज सम्पदा हैं।

स्विट्ज़रलैण्ड (SWITZERLAND)—स्विट्ज़रलैण्ड के चारों ओर फ्रांस, जर्मनी, आस्ट्रिया और इटली देश स्थित हैं। इस देश की अपनी कोई भाषा नहीं है। अधिकांश निवासी जर्मन का प्रयोग करते हैं, कुछ फ्रांसीसी और इटालियन भाषाओं का। इसका क्षेत्रफल 71,293 वर्ग किमी. और जनसंख्या 75,54,661 व राजधानी बर्न है।

स्विट्ज़रलैण्ड धातुओं की दृष्टि से निर्धन है, किन्तु फिर भी यह एक उद्योग प्रधान और सम्पन्न देश है। यहाँ अनेक कारखाने हैं जिनमें घड़ियाँ, कपड़े, रसायन और कल-पुर्जे बनते हैं। यहाँ की घड़ियाँ विश्वविख्यात हैं। यहाँ का सबसे बड़ा नगर ज़ूरिख है।

इस देश के लगभग बीस प्रतिशत लोग किसान हैं। दक्षिणी स्विट्ज़रलैंड में बड़े-बड़े चरागाह हैं।

प्रतिवर्ष यूरोप के इस अत्यन्त रमणीय देश में लगभग दस लाख सैलानी आते है। सैलानियों के लिए यहाँ अधिक से अधिक

स्विट्ज़रलैंड के कुछ दृश्य

सुविधाएँ और मनोरंजन के साधन जुटाए गए हैं।

यहाँ के बर्फ से ढके पहाड़ और सुन्दर झीलें सभी देशों के लोगों को आकर्षित करती हैं। बिजली की रेलों में बैठकर आसपास बर्फ से ढकी चोटियों के बीच से गुजरना अपने-आप में एक विचित्र अनुभव है।

स्विट्ज़रलैण्ड में विश्वयुद्ध के दिनों में शान्ति का वातावरण रहा। यह पूर्णरूपेण एक तटस्थ देश है। पिछले वर्षों में, मतदाताओं की सहमति पर, स्विट्ज़रलैंड के 125 वर्ष पुराने संविधान में कुछ संशोधन किए गए हैं। उनमें हड़ताल का अधिकार भी शामिल है।

स्वीडन (SWEDEN)–यह उत्तर पश्चिमी यूरोप में स्कैंडिनेविया प्रायद्वीप पर नार्वे के दक्षिण में स्थित है। स्वीडन के पश्चिमी तट पर ऊँचे-ऊँचे पहाड़ हैं। इसलिए अटलांटिक महासागर से चलने वाली गरम हवाओं का असर इस देश पर नार्वे की तुलना में कम पड़ता है, और स्वीडन का पूर्वी तट और उस पर स्थित स्टॉकहोम आदि बन्दरगाह सर्दियों में जम जाते हैं। स्वीडन का क्षेत्रफल 449,793 वर्ग किमी., जनसंख्या 90,31,088 तथा राजधानी स्टॉकहोम है।

नार्वे के मुकाबले स्वीडन में मछलियाँ कम पकड़ी जाती हैं,

स्वीडन के कुछ दृश्य

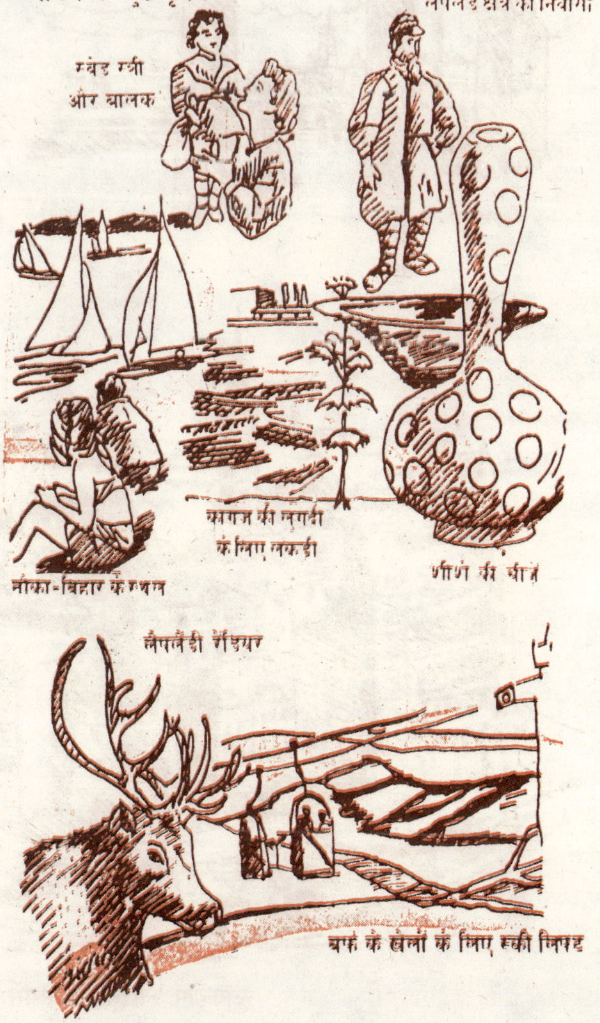

लेकिन इस देश में खेती करने योग्य ज़मीन नार्वे से कहीं अधिक है। यहाँ घने जंगल भी हैं। सुदूर उत्तर में किरूना के पास बढ़िया लोहे की खानें हैं। स्वीडन एक समृद्ध देश है। औद्योगिक रूप से भी अग्रणी है।

स्वीडन का प्रसिद्ध वार्नहेम गिरजा

एक स्वीड गांव की सड़क

दक्षिणी स्वीडन सबसे घना बसा इलाका है। गेहूँ और आलू यहाँ की मुख्य उपज है। इस प्रदेश में अनेक कारखाने भी हैं। यहाँ का प्रमुख व्यवसाय डेयरी-उद्योग है। स्वीडन मक्खन, पनीर, कागज़ और मशीनों का निर्यात करता है।

स्टॉकहोम यहाँ का सबसे बड़ा नगर और राजधानी है। यह एक सुन्दर और समृद्ध आधुनिक नगर है।

इस देश में प्रजातान्त्रिक राजतन्त्र है। पिछले 150 वर्षों से स्वीडन ने युद्ध में भाग नहीं लिया। विश्वविख्यात नोबेल पुरस्कार स्वीडन के ही नागरिक ऐल्फ्रेड नोबेल के कोष से दिया जाता है। उसका निर्णय भी स्वीडिश एकेडेमी करती है।

स्टॉकहोम

स्टॉकहोम स्वीडन का सबसे बड़ा नगर और प्रसिद्ध बंदरगाह है

हंगरी (HUNGARY)—प्रथम विश्वयुद्ध के पहले आस्ट्रो-हंगरी यूरोप का एक काफी सम्पन्न और महत्त्वपूर्ण देश था। युद्ध के अन्त में उसका एक भाग हंगरी बना और दूसरा आस्ट्रिया, तथा शेष भाग अन्य देशों में मिल गए। 1919 में हंगरी एक समाजवादी गणतन्त्र देश बन गया था। 1990 में सोवियत संघ के विघटन तक हंगरी का शासनतन्त्र समाजवादी रहा। बाद में वह बाजार-अर्थव्यवस्था और पूंजीवादी लोकतन्त्र की गोद में चला गया।

कालमार दुर्ग

हंगरी के कुछ दृश्य

हंगरी एक खेतिहर देश है। डैन्यूब नदी के किनारे के मैदानों में गेहूँ और जौ की पैदावार अच्छी होती है। घास के मैदानों में पशुपालन का काम होता है। हंगरी के लोग घोड़ों के बड़े शौकीन हैं। हंगरी में बॉक्साइट की कुछ खानें भी हैं।

कृषिप्रधान देश होते हुए भी दूसरे विश्वयुद्ध के बाद इसकी अर्थव्यवस्था में उद्योगों का योगदान 50 प्रतिशत से भी अधिक हो गया है। यह इंजीनियरिंग के सामान, मशीनी औजारों, मोटर गाड़ियों, बिजली व इलेक्ट्रोनिक्स वस्तुओं का निर्यात करता है। कृषि उत्पादों में सबसे अधिक अंगूर वहाँ पैदा होता है।

हंगरी का क्षेत्रफल 93,033 वर्ग किमी. और जनसंख्या लगभग 99,56,108 है। बुडापेस्ट इसका सबसे बड़ा नगर और राजधानी है। असल में यह नगर दो नगरों से मिलकर बना है—एक है बुडा और दूसरा है पेस्ट। डैन्यूब नदी इनके बीच से बहती है और ये एक पुल के जरिए एक-दूसरे से जुड़े हुए हैं।

हांगकांग (HONGKONG)—यह दक्षिण-पूर्वी चीन की सीमा पर स्थित है। 150 वर्षों तक यह ब्रिटेन का उपनिवेश रहा। एक समझौते के अन्तर्गत अन्त में ब्रिटेन को इसे चीन को सौंपना पड़ा। अब यह चीन का एक विशेष प्रशासनिक क्षेत्र है। इसका क्षेत्रफल 1,071 वर्ग किमी., जनसंख्या 69,80,412 और राजधानी विक्टोरिया है।

हांगकांग का एक बड़ा रेस्त्रां

हांगकांग विश्व भर का सुप्रसिद्ध व्यापारिक बन्दरगाह है। इसके प्राकृतिक बन्दरगाह में विशाल मालवाही जहाज, यात्री जहाज और स्थानीय लोगों की डोंगियाँ आदि चौबीसों घण्टे व्यस्त दिखाई देते हैं। दुनिया भर का माल यहाँ आता और इधर-उधर भेज दिया जाता हैं। यह मुक्त बन्दरगाह है। चीन का माल तो यहाँ से बाहर जाता

ही है, परन्तु यहाँ चावल, रेशम, चीनी और अनन्नास भारी मात्रा में पैदा किया जाता है और इनका व्यापक निर्यात भी होता है। यहाँ चावल पर पालिश करने, चीनी को साफ करने, जहाज, रस्से और सीमेंट बनाने के अनेक कारखानें हैं। यहाँ गहरे समुद्र में मछली पकड़ने का उद्योग भी व्यापक रूप धारण कर चुका है।

हांगकांग अपने प्राकृतिक बन्दरगाह के लिए प्रसिद्ध है

हैती **(HAITI)**–कैरिबियन सागर का यह राज्य वेस्ट इण्डीज़ का एक भाग है और हिस्पेनियोला द्वीप पर स्थित है। यह एक नीग्रो गणराज्य है जहाँ फ्रेंच भाषा बोली जाती है। इसका क्षेत्रफल 27,750 वर्ग किमी. और जनसंख्या 87,06,497 है। पोर्ट-ओ-प्रिंस इसकी राजधानी है। यह एक कृषिप्रधान देश है, जो मुख्य रूप से कॉफी

हाइती की राजधानी पोर्ट-आओ-प्रिंस का एक भाग

निर्यात करता है।

होनोलुलु **(HONOLULU)**–7 दिसम्बर, 1941 को सुबह जब इस सुन्दर शहर के नागरिक मीठी नींद ले रहे थे, तो जापानी बमबाजों ने होनोलुलू, उसके पास पर्लहार्बर और आसपास के क्षेत्रों पर भारी बमबारी की। हजारों की संख्या में आदमी, औरतें, बच्चे और सैनिक उस नींद से कभी उठ ही न सके। इस दर्दनाक घटना के बाद द्वितीय विश्वयुद्ध का पासा ही पलट गया। अमरीका ने जापान के हिरोशिमा और नागासाकी नामक दो नगरों पर एटम बम गिरा कर इसका बदला भले ले लिया, लेकिन 20वीं सदी के मानवता के इतिहास पर कभी न मिटने वाला एक काला धब्बा भी छोड़ दिया। मानव जाति सम्भवतः इसे कभी भी भुला न पायेगी।

होनोलुलू हवाई द्वीपसमूह का एक सुन्दर अमरीकी नगर है। इसका विशाल बन्दरगाह, पृष्ठभूमि में पहाड़, चारों ओर फैले ताड़, चीड़, देवदार और फूलों के सुन्दर बाग और बीच में सन्तरी की भांति खड़ा पुराना ज्वालामुखी इस नगर को अनोखा ही रूप देते हैं। यहाँ का मौसम भी बहुत बढ़िया है–न अधिक सर्दी और न अधिक गर्मी। लोग दूर-दूर से यहाँ के मौसम का आनन्द लूटने आते हैं और यहाँ के आलीशान होटलों में ठहरते हैं। यहाँ आकर ऐसा दीखता है कि विशाल बन्दरगाह और कपास जैसे फूलों से लदे बागों के अतिरिक्त कुछ है ही नहीं। पर ऐसी बात नहीं, यहाँ अनन्नास की भारी मात्रा में डिब्बाबन्दी होती है, मशीनी संयंत्र और चीनी का भारी मात्रा में निर्यात भी होता है।

अब यहाँ मूल आदिवासियों की संख्या नहीं के बराबर रह गई है। वे गोरे अमरीकियों में घुल-मिल गए हैं, विवाह-शादियाँ भी हुई हैं और अब वे पूरी तरह अमरीकी बन गए हैं। वैसे यहाँ बहुत से चीनी और जापानी तथा अन्य देशवासी भी हैं।

हण्डुरास **(HONDURAS)**–मध्य अमरीका में स्थित यह गणराज्य उत्तर में कैरिबियन सागर, पूर्व और दक्षिण में निकारागुआ,

ग्लोब पृथ्वी

दक्षिण और पश्चिम में अल सल्वाडोर और पश्चिम में ग्वाटेमाला से घिरा है। अटलांटिक तट पर यहाँ केले और नारियल बहुत होते हैं। इसका क्षेत्रफल 1,12,088 वर्ग किमी. और जनसंख्या 74,83,763 है। टेगुसिगाल्पा डी.सी. इसकी राजधानी है। यह देश मुख्य रूप से केला निर्यात करता है। कॉफी, कपास, मक्का और तम्बाकू की पैदावार भी होती है।

हण्डुरास की खोज 1502 में नई दुनिया की अपनी खोज-यात्रा में कोलम्बस ने की थी। उसने इसे स्पेन के अधीन तो कर लिया, पर कोई बस्ती नहीं बसाई थी। कोर्ट्ज़ द्वारा मैक्सिको पर अधिकार के बाद हण्डुरास ग्वाटेमाला के अधीन हो गया, परन्तु यह मैक्सिको के अधीन थोड़े काल के लिए ही रहा। 15 दिसम्बर, 1821 में इसे स्वतन्त्रता प्राप्त हुई। परन्तु यह देश इतना कमजोर और पिछड़ा हुआ रहा कि पड़ोसी देश इसके आन्तरिक मामलों में बहुत दिनों तक हस्तक्षेप करते रहे।

पहाड़ी प्रदेश होने के कारण प्रारम्भ में यात्रा-सुविधाओं की कमी थी। घने जंगलों के कारण सड़कें बनाना कठिन था। इसलिए सड़क अथवा रेल यातायात की बजाय हवाई यात्रा का विकास शीघ्र हो गया। अब तो वहाँ सभी तरह की यात्रा-सुविधाएँ उपलब्ध हैं।

अन्य उत्पादनों के साथ यहाँ महोगनी वृक्ष बहुत हैं, जिसकी लकड़ी फर्नीचर के लिए बहुत मूल्यवान मानी जाती है। इस पेड़ की ऊँचाई 100 फुट और घेरा 12 फुट से भी अधिक होता है।

विश्व का मानचित्र

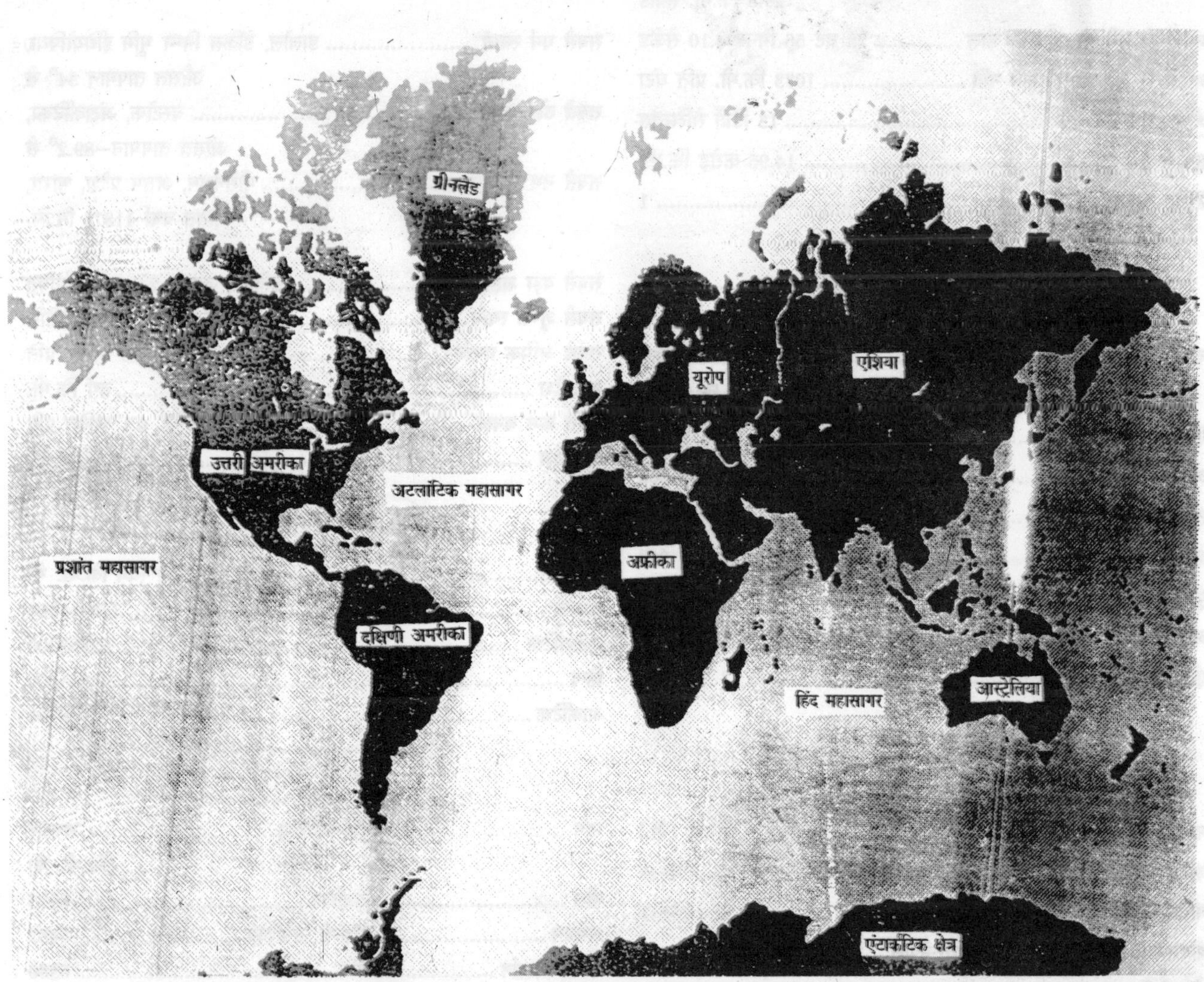